JN435356

# 내러티브, 학교교육을 다시 디자인하다

*Narrative Schooling:*
*Experiantial Learning and the Transformation*
*of American Education*

# NARRATIVE SCHOOLING:
## Experiential Learning and the Transformation of American Education

by Richard L. Hopkins

Copyright © 1994 by Teachers College Press
First published by Teachers College Press, Teachers College, Columbia University, New York, New York USA.
All Rights Reserved.

Korean translation copyright © 2013 by CHANG-JI CO., PUBLISHERS
Korean translation rights arranged with TEACHERS COLLEGE PRESS through EYA(Eric Yang Agency).

이 책의 한국어판 저작권은 EYA(에릭양 에이전시)를 통한
TEACHERS COLLEGE PRESS 사와의 독점계약으로
한국어 판권을 '도서출판 창지사' 가 소유합니다.
저작권법에 의하여 한국 내에서 보호를 받는 저작물이므로
무단전재와 복재를 금합니다.

**국립중앙도서관 출판시도서목록(CIP)**

내러티브, 학교교육을 다시 디자인하다 / 지은이: 리처드 L. 홉킨스 ; 옮긴이: 강현석, 홍은숙, 장사형, 허희옥, 조인숙 역. -- 서울 : 창지사, 2013
p. ; cm

원표제: Narrative schooling
원저자명: Richard L Hopkins
영어 원작을 한국어로 번역
ISBN 978-89-426-1104-1 93370 : ₩16000

학습 지도[學習指導]

373-KDC5
371.3-DDC21 CIP2013011716

# 내러티브, 학교교육을 다시 디자인하다

*Narrative Schooling:*
*Experiantial Learning and the Transformation*
*of American Education*

리처드 L. 홉킨스 지음
강현석 · 홍은숙 · 장사형 · 허희옥 · 조인숙 옮김

창지사

학습은 순환되어 돌아가는 상태에 놓여 있게 된다. 지식은 이제 더 이상 움직일 수 없는 딱딱한 고정된 상태가 아니라 액체 상태로 흘러야 한다. 그래서 학습은 우리가 사는 사회의 모든 문제에 스며들어 활발하게 움직여야 한다.

– John Dewey의

학교와 사회(The School and Society)

우리 자신의 존재는 우리가 자신에 대하여 설명하고 이야기하는 것과 떨어질 수 없는 것이다. 우리는 오직 우리 자신에 대한 스토리를 말하는 행위 속에서만이 자신에게 정체성을 부여하게 된다.

– Paul Ricouer의

내러티브와 실천으로서의 역사(History as Narrative and Practice)

# ❖❖ 역자 서문

왜 우리 아이들은 학교 생활을 지겹게 생각하고 공부에 의미나 가치를 찾지 못하는 것일까? 자신들이 하는 학교 경험에서 자신의 존재를 느끼지 못하는 것일까? 왜 그들은 불행한 것일까? 지식을 전달하는 일이 교육이 본령인가? 교육의 과정에서 학생들의 경험과 삶의 의미는 어떻게 다루어져야 하는가? 학교교육에서 학생들이 주체적으로 자신의 삶을 살아가지 못하는 이유는 어디에 있는가? 왜 한국의 교육학자들은 이 문제에 대해서 이론적으로나 실천적으로 답을 내놓지 못하는 것일까?

이상의 문제들은 교육(학)의 분야에서 어제 오늘의 문제는 아닐진대, 요즘처럼 더욱 생생하게 감지되고 연구자로서 그 어느때보다 두려워지는 것은 무슨 연유일까? 아마도 이 책을 붙들게 된 이유가 여기에 있었지 않았을까!

최근 들어 내러티브에 대한 교육학의 논의가 부쩍 증가하고 있다. 교육이론이나 교육과정과 교수 방법에서 내러티브에 대한 가치나 활용 방안이 다양하게 제안되고 있으며 심지어 교육 활동의 본질이나 교육현상을 새롭게 조명하는 수준에서도 등장하고 있다. 이러한 학계의 동향이나 현장의 요구를 볼 때 이 분야에 대한 체계적이고 전문적인 자료가 필요하다는 점에 대해서 오래전부터 많은 공감이 있어 왔다. 이번 역서는 이런 점에서 우리에게 매우 반가운 책이어서 연구하는 사람으로서 여간 기쁜 게 아니다.

이 책이 소중한 이유는 Jerome Bruner의 *Acts of Meaning*(1990)에 본격적으로 등장하는 내러티브라는 개념에서 촉발되었기 때문이다. 내러티브는 삶의 경험을 학교의 교과에 연결시킬 수 있는 중요한 개념이다. 내러티브는 인간적이고 언어적인 과정이며 태고의 발달적 충동이기 때문에 우리는 이야기를 들려주는 피조물이다. 우리는 이야기를 하고 그것을 살고 지어내며 그것을 통해 우리 스스로를 정의한다. 이 점을 본 역서는 우리에게 역설하고 있다.

본 역서는 Richard L. Hopkins(1994)의 *Narrative Schooling: Experiantial Learning and the Transformation of American Education*을 우리말로 옮긴 것이다. 거칠게 직역을 하면 "내러티브 학교교육: 경험학습과 미국 교육의 전환" 쯤 된다고 볼 수 있다. 직역대로 풀이해 보면 이 책은 미국의 학교교육의 문제는 도관(conduit)을 통한 전달식 모형에 의해서 많은 문제가 야기되었고 이제는 학생의 내러티브에 주목하는 경험학습을 통하여 미국의 교육을 전면적으로 쇄신해 보자는 내용이다. 참으로 많은 공감을 불러일으키는 대목이다. 서명이 이렇다고 하여 교육의 방향을 지식보다는 경험만을 강조하자는 식으로 단순하게 보아서는 안 된다.

서문에서도 밝히고 있듯이 저자는 도관의 전달식 교육 모형이 야기하는 문제점을 매우 정치하게 분석하고 있다. 우리 학생들은 학교교육을 중요한 의미나 실제 경험과는 동떨어진 황량한 것으로 보며 많은 이들이 지루해하고 심지어 성공한 학생들조차 힘들고 단조로운 것으로 본다. 이러한 절망적인 실패에 대한 Hopkins의 해결책은 내러티브 학교교육이라는 근원적인 은유를 채택하고 있다. 그 방안 중에서는 쓰면서 배우는 글쓰기와 포트폴리오 평가에서부터 Bruner가 내러티브를 인간 마음을 보는 방식으로 전환한 것에 이르기까지 오늘날 실제로 이루어지는 많은 일에 타당하게 적용이 가능한 것들이다.

특히 본 저서에서 Hopkins는 철학적으로 경험과 경험학습의 개념을 명쾌하고 설득력 있게 설명하고 있으며, 두 개의 다른 전통인 현상학과 실용주의를 도출하고 그것을 성공적으로 연결시키고 있다. 즉, Merleau-Ponty와 John Dewey의 주요 개념을 통하여 학교교육의 문제를 조망하고 있다. 이 과정에서 Dewey의 핵심 개념인 재구성과 질의 개념을 확대시키기 위해 Justus Buchler의 저작물을 사용하고 있다.

본 역서의 목차는 4개의 부(Part)와 각 부별로 3개의 장과 마지막 13장으로 이루어져 있다. 이 4개의 부의 전체적인 구조는 Calvin Schrag의 현상학적 흐름에 따라서 설정되어 있다. 그 흐름은 경과, 발전, 이동, 진화 그리고 새로운 사건의 등장으로 넘겨지는 것이다. 따라서 이 책의 부 순서는 들어가기와 통과하기, 발달과 운동, 발전과 진전, 산출에 맞추어 구성되어 있다. 이 흐름은 일종의 끝없는 현상학적 환원인 재구성과 탐구의 실행으로서 전개되며 이러한 과정을 인간 발달에서 다루고 있다.

앞에서도 지적하였듯이 본 역서는 내러티브를 기반으로 하는 학교교육의 지향점과 실천적인 문제를 다루고 있다는 점에서 매우 중요한 가치를 지니고 있다. 내러티브에 대한 관심이 증가하고는 있지만 내러티브와 교육의 문제를 관련지어 논의하는 전문서는 매우 드문 실정이다. 이런 상황에서 이 책은 많은 도움을 주리라고 생각한다.

이 책을 입수하기 위하여 많은 어려움이 있었다. 미국과 여러 나라에 연락을 해보아도 구할 수가 없었다. 역자가 근무하는 대학(경북대학교) 도서관의 사서 선생님께서 끈질긴 수소문 끝에 세계에서 유일하게 일본의 어느 대학 도서관에서 입수할 수가 있었다. 책 전체 내용 복사를 위해서 일본의 까다로운 저작권 문제로 긴 기간 동안에 5회에 걸쳐서 비로소 전체 분량을 입수할 수가 있었다.

이 책을 번역하는 데에는 대학에서 학생들을 가르치고 이 분야에 관심 있는 연구자들의 공감이 큰 역할을 하였다. 그리고 초 · 중 · 고 '학생들을 가르치게 될 교사들을 가르치는' 교육자로서 우리의 한국 교육의 문제를 인식하는 데에도 상당 부분 공감을 하고 있으며, 그 문제 해결에서 내러티브의 가치에 대해 주목하고 있었다. 이 책이 한국 교육문제 해결의 단서가 되었으면 하는 바람이 크다.

번역이라는 작업은 언제나 쉬운 일이 아니다. 각 용어에 가장 적절한 우리말을 찾는 것은 늘 어렵다. 더욱이 여러 사람이 번역에 참여하는 경우 동일한 용어에 대한 다른 해석들도 완벽하게 조절하기가 쉽지 않다. 이 책의 번역에서도 이러한 어려움들이 있었다. 조정의 노력이 있었지만 혹시라도 문맥의 흐름이 매끄럽지 못하거나, 이해를 어렵게 한 부분이 있다면 이는 전적으로 역자의 책임일 것이다. 현명한 독자가 문맥을 통해 바른 이해를 하기를 기대한다.

이 책이 번역되어 나오기까지 여러 사람들의 도움이 있었다. 검토를 위해 원고를 읽어 준 친애하는 동료 교수들이 있었고, 원고 교정을 도와준 학생들이 있었다. 고개 숙여 감사한 마음을 전한다. 시간을 잘 지켜내지 못한 번역자들에게 언제나 친절한 말씀으로 격려를 하시고, 책이 되어 나오도록 전심을 다하신 창지사 사장님께 감사를 드린다. 편집 형식이 들쭉날쭉한 원고들을 예쁘게 편집하고, 책이 되도록 만들어 주신 편집부 여러 선생님들께도 감사의 말씀을 드린다.

2013년 7월

역자 일동

# 머리말

금세기의 진보교육에 있어서 주요 아이디어 중 하나는 경험학습이다. 이는 제대로 이해되지 못했을 뿐만 아니라 학교교육에 적용조차 제대로 이루어지지 않았다. 따라서 그 아이디어는 쇠퇴하였고, 교수와 학습의 맥락에서 더욱 통제 가능한 과정-산출 형태가 상승기류를 탔다. 하지만 이상적인 모형으로서의 경험학습은 학교 학습을 학생들의 삶과 동떨어진 것이나 일상의 생활과 분리된 것으로 보는 사람들에게는 여전히 매력적인 것으로 보인다. 경험학습은 암기와 추상화 그리고 기계적 학습과 단절이 발생한 자리에 학습자에 대한 유의미성과 관련성, 그리고 흥미와 목적을 제공한다. 그러나 엄밀해 말해서 그것은 무엇이며 어떻게 성취되는가? 이 책은 이러한 질문에 대한 답을 찾기 위해 마련되었다. 또한 욕조에 있는 물과 함께 아기를 버리지 않는 것처럼 우리가 학교교육에 접근하는 방식에서 근본적인 변화를 요구한다.

Richard Hopkins는 현상학과 실용주의를 함께 가져오는 잠재적인 교육 개혁에 대한 설명을 재미있고도 상호 보완적인 방식으로 잘 조직하여 꼼꼼하게 논의하고 있으며 철학적으로도 이해가 쉽도록 집필하였다. 그는 근본적으로 우리의 현대문화 체제에서 우세하게 작용하고 있는 근원적 은유인 오래된 지배 괴물과 학교에서 사용하는 지식을 전달하는 것과 관련된 "도관" 은유와 겨룬다. Hopkins는 이를 매우 참신한 방법으로 논의하였는데, 비록 많은 이들이 스스로가 괴물을 죽였다고 생각했지만 그것은 오늘날에도 여전히 영·미의 세계에서 도사리고 있다.

그가 학교교육을 도관이라는 현상으로 인식하는 사고방식이 초래하는 문제점을 분석한 것은 견고하면서도 빈틈이 없다. 그는 학교와 사회 간의 거리라는 Dewey의 주제를 채택하여 학교생활과 실제 사회생활 및 젊은이들의 마음과 영혼을 움직이는 대중문화 사이의 격차를 포함시키기 위해 그 주제를 발전시켰다.

젊은이들은 학교교육을 중요한 의미나 실제 경험과는 동떨어진 황량한 것으로 보며 많은 이들이 지루해하고 심지어 성공한 이들조차 힘들고 단조로운 것으로 본다. 이러한 문제에 대한 Hopkins의 해결책은 내러티브 학교교육에 대한 근원적 은유를 채택한 것이다. 그것은 과정 중심의 쓰기(쓰면서 배우는 글쓰기)와 포트폴리오 평가에서부터 Bruner가 내러티브를 인간 마음을 보는 방식으로 전환한 것에 이르기까지 오늘날 실제로 실행하는 많은 일에 잘 들어맞는 개념이다.

Hopkins가 이룩한 철학적 공헌은 경험과 경험학습의 개념을 명쾌하고 설득력 있게 설명한 것이다. 깊이 있는 이해와 지각력으로 그는 두 개의 다른 전통인 현상학과 실용주의를 도출하고 그것을 성공적으로 통합시킨다. 그는 Merleau-Ponty와 John Dewey의 주요 개념을 완벽하게 파악하여 상세한 논의를 전개하고 있다. 그는 Dewey의 재구성과 질의 개념을 확대시키기 위해 널리 알려지지는 않았으나 매우 훌륭한 Justus Buchler의 저작물을 사용한다.

그 결과 모든 학생들의 이야기를 그 일부가 되는 사회를 배제하지 않고도 학문적인 배경에서 구축하는 데 초점을 맞추는 경험학습의 공동 양식을 능수능란하게 기술하였다. 누군가가 개발한 포트폴리오를 다른 이와 함께 공유하는 것은 학습을 지속시키고, 보람을 느끼게 하는 방법을 제공할 뿐만 아니라, 차이점을 학습하고, 다원적이고도 민주적인 공동체 일원으로 살아가는 방법을 학습할 기회를 준다.

그러나 이것은 단지 이론적인 작업이 아니다. Hopkins는 실용적인 방법으로 우리 현실에서의 학교교육의 실제적인 문제점을 진단한 후에, 기계적인 관점보다는 내러티브 관점을 위해 논의하고 경험의 관점을 설명하면서 학교교육의 현실로 돌아가 내러티브 원리로 운용되는 가상의 고등학교 개요를 제시한다. 그는 개혁을 초청하는 자신만의 독특한 시도를 통해 그가 제안한 것에 대한 있을 법한 반대 의견에 답하며 반성적으로 끝맺는다.

이 책은 『현대 교육사상 시리즈(*Advances in Contemporary Educational Thought Series*)』에 포함될 가치가 있는데, 이는 진정으로 근본적인 변화를 요구하기 때문이다. 그 변화는 진정한 변신이며 있는 그대로의 시스템을 어설프게 손

보는 단순한 개혁이라기보다는 재형성의 수준이다. 잠재력 있고 바람직한 실제적인 가능성은 그것을 읽는 사람들에게 눈에 띌 수밖에 없다.

Jonas F. Soltis
시리즈 편집자

## ❖❖ 서문

이 책은 사람들이 삶의 경험에서 어떻게 학습하는지와 그러한 학습과 제도화된 교육 간의 관계를 설명하는 표현을 개발하고자 30년간 노력한 결과이다. 이 책은 공립학교와 그곳에서 학습이 성취되는 과정에 대한 새로운 사고방식을 제안하고 있다. 그러나 이 책에서 제안되고 있는 아이디어는 다소 비정통적인 전통으로부터 발전하였다.

나는 Peace Coprs라는 회사의 초창기 시절에 경험으로 학습하는 것의 문제점에 관심을 갖게 되었는데, 그때 자원봉사자들의 예비 훈련을 책임지는 담당자들로부터 프로그램에 동참하도록 초빙 받았다. 나는 그때까지 교육에 관한 정식 훈련을 받아 본 적이 없었다. (Sargent Shriver의 Peace Corps는 어떤 일정한 틀에 들어맞지 않는 사람들을 종종 고용하였는데 이것이 초기 성공을 이끌었던 요인들 중 하나가 아닐까 싶다. 우리는 실행할 수 없는 일을 성취하고자 하였고 때로는 해냈다.)

초기 Peace Corps의 훈련 담당자들은 2년 동안 해외 활동을 하고자 하는 자원봉사자들을 준비시키는 것에 대해 계약한 대학들의 자문가로서 활동하였다. 이것은 후에 입증되었듯이 대부분의 기관에 적합하지 않은 과업이었다. (다음 페이지에서 나는 대부분의 학교는 학생들이 직면하는 변화무쌍한 세계에서 살 수 있도록 준비시키는 데 적합하지 않다고 주장하고자 한다.)

Peace Corps가 제기한 교육적 도전에 대한 대학의 반응은 대학이 응당 제공—지식과 기술을 교수가 가르치는 강의라는 매체를 통해 기관으로부터 학생들에게 의례적으로 전달—해야만 하는 것을 제공하는 것이었다. 문화 간 교육에 대한 학술적 접근은 Peace Corps의 일부 직원이 보기에는 복잡한 문제를 해결하기에는 불충한 것 같았다. 사실 나와 내 동료인 Roger Harrison이 보기에는 완전히 잘못된 일인 것 같았는데 그 이유는 제대로 기능하지 못하는 의존적인 학습 방식을 가르쳤기 때문이다.

Peace Corps가 그 분야에서 경험을 쌓아 감에 따라서 많은 자원봉사자들에게 교재학습이 필요하였고 종종 모호한 과제를 불확실한 상황에서 수행하는 법과 외로움이나 좌절 그리고 "문화충격"과 어떤 경우에는 종주국의 타성적 저항을 인내하는 법을 알 필요가 있었다. 또한 그들은 한 번도 가본 적이 없는 곳에서 한 번도 사용해 보지 않은 언어를 사용하면서 정서적으로 견디고 효과적인 변화의 주체가 되는 것을 배울 필요가 있었다. 간단히 말해서 그들은 경험으로 학습하는 법을 배울 필요가 있었다. 몇몇 객관적인 지식은 물론 유용하겠지만 이것이 있어야 할 곳에서 학습될 수 있다는 동기는 외국의 여행자들이 즉각적인 문제를 해결하기 위해 상용 회화집을 활용할 때만큼이나 강렬하였다.

최종적으로 나는 매우 활기 넘치고 창의적인 동료들과 함께(그들 대부분은 라틴 아메리카에서 임무를 완수했던 봉사자로 복귀하였다) Peace Corps 봉사자들을 훈련시키는 시도들을 지휘하면서 Puerto Rico에서 마감하였다. 우리는 봉사자들을 교실 밖으로 데리고 나와 과도기인 라틴 아메리카 사회의 외곽지역과 도심 빈민가로 들어갔고 그들이 모호함과 생소한 경험에 처했을 때 제3세계에서 자신들이 맞닥뜨려야 하는 몇 가지 상황에 직면하여 이를 헤쳐 나가도록 교육받기를 바랐다. 특히 만일 그들이 무슨 일이 발생했는지 이야기하도록 격려받는다면 그들이 무엇을 배웠는지 점검하고 그것에 의미를 부여하도록 하였다. (뉴욕시립대학교의 총장이 된 나의 동료 Joseph R. Murphy는 근교 Virgin Islands에서 아프리카로 떠나는 봉사자들을 위해 유사한 프로그램 또한 동시에 지휘하였다.)

경험 기반의 접근은 비록 관련된 사람 모두에게 어렵고 고통스런 작업이었음에도 불구하고 효과가 있었으며, 급진주의 사례를 논의하고자 하였던 우리의 노력은 잘해 봐야 원시적인 것이 되었다. 우리는 우리가 하고 있었던 비평의 일부—그것은 (Peace Corps의 정신과 의사들이 주장한 것으로) "비조직적"이고 "안이"하며 위험할 정도로 조작에 능숙하다—가 핵심에서 벗어나 있고 종종 이해타산적이긴 하지만 방어적 용어 외에는 우리 스스로를 설명할 어휘 표현이 부족하였다.

그러나 결국 압도적인 증거의 힘으로 Peace Corps는 경험 기반의 국내 훈련을 위해서 대학 기반의 훈련 프로그램을 포기하게 되었다.

이러한 경험으로 나는 발견의 항해를 시작하게 되었는데 이를 가리켜 이 책의 3부에 있는 "재구성적 질문(query)"이라 하였고, 여기에는 교육과 학습에 관한 초창기 순수했던 직관을 이해하고 설명하고자 하는 의미가 담겨 있다. 내가 이미 Clark 대학교의 학장으로 있을 때는 교육철학 박사과정을 밟고 있었는데 그때 Dewey와 실용주의자들, Kurt Lewin과 추종자들의 장(field)심리학과 집단역학 그리고 Paolo Freire와 같은 급진적 개혁가들의 저작물뿐만 아니라 현상학과 포스트모던 철학 그리고 학문적인 심리학과 학습을 교육 실천의 안내로 전환하는 문제에 대해서 많은 관심과 의문을 가지고 노력하던 때였으며, 이 과정에서 탐구를 촉진시켜 주는 축적된 시도들을 발견하였다.

Clark 대학교에서 나는 중등과정 이후 교육을 위한 발전 기금(the Fund for the Improvement of Postsecondary Education) 후원으로 경험교육에 관한 특별 프로젝트를 지휘하였는데, 그 프로젝트에서는 성인 학생들이 자신들 삶의 중요한 측면을 한두 개 이상의 교과와 체계적으로 관련시키는 작업을 하였다. 학생들은 경험을 하는 것에 대해서는 학점을 따지는 못했지만 그것을 반추하는 질적인 측면 때문에 일종의 내러티브 연습을 통해서 통제할 수 있는 토픽을 의식하게 되었으며 연구 지향의 대학교육을 구성하는 연구 분야에서 그것들을 설명하는 방법을 찾아내었다.

이 프로젝트는 성숙한 학생들의 삶의 경험을 전통적인 학술 관행의 가치와 관련시키기 위해 구상되고 설계되었다. 그것은 성인에게 있어서 삶의 단계(stage)와 삶의 국면(phase) 발달이라는 개념을 시험하였는데 학습에 대한 동기는 자기지식과 관련된 일종의 발달 충동이라는 가설을 지니고 있었다. 그것은 또한 David Kolb의 학습 순환/학습 유형 진술에 상당히 의존하고 있었다(그것에 관해서는 나중에 진지한 의구심을 갖게 되었다).

나는 Clark 대학교에서 국제 훈련 학교(The School for International Training)의 장으로 자리를 옮겼는데, 이곳은 경험 학습 모형에 전념하고 교사 훈련을 전문으로 하는 기관이었다.

이 책이 구상되고 집필되는 동안 나는 New Mexico 대학교의 외래교수로 교육의 소통과 철학을 가르쳤고 그 사이 공립학교를 뒤지고 다니며 교사들과 행정가들이 변화와 혁신이라는 성가신 문제와 싸우는 것을 듣고 관찰하였다.

그래서 이러한 비공식적인 현장 연구 과정에서 나는 점차 점진적으로 20세기 후반의 교육 목적을 근본적으로 바라보게 되었다. 나는 30년 전 우리가 Peace Corps 봉사자들을 훈련할 때 시작하였던 질문을 스스로에게 하고 있는 나 자신을 발견하였다: 우리의 교육 프로그램은 학생들이 살아갈 삶과 어떤 관련이 있어야 하는가?

Peace Corps는 시간이 경과함에 따라 자신 스스로를 창출해야만 했다. 봉사자들은 가늠할 수 없고 불확실하며 그들이 사전에 알고 있는 것과는 비교할 수 없는 환경에서 실제로 생활하였다. 그들은 단지 대략적으로 예측할 수 있는 환경과 상황에 적응해야만 했다. 그들이 학습할 필요가 있었던 가장 중요한 것은 "그곳에 존재"하고 극복하고 적응하는 경험으로 어떻게 배울 것인가였다. 사실 그들의 삶이 어떠할지 예측할 수 없기 때문에 우리가 할 수 있었던 최고의 방책은 그들이 자신의 경험으로부터 스스로 학습하며 우리 대부분이 문제를 해결할 때 도움을 구하는 일종의 권위적인 자료의 도움을 배제하도록 돕는 것이었다.

이 책에서 주장하는 것은 공교육이 삶과 유사한 연습 기회를 제공해야 한다는 것이다. 모든 종류의 기관은 불가피하게 적응과 자기 발명 혹은 소멸에 직면해 있다. 기술과 관습, 가치관과 근무 조건, 가족생활과 관계, 소통과 유형 그리고 삶에 대한 가장 심오한 관점에서의 변화는 우세한 상수(常數)인 것이다. 그것이 미래를 외국과 문화 간 경험으로 만든다. 학교 학생들은 점차적으로 복잡하고 불확실하며 억제할 수 없는 환경과 상호작용한다. 우리는 이러한 세계에 대비하여 백 년 전에 진화하였지만 그 후로 바뀐 것이 거의 없는 학교 체제에서 학생들을 준비시키고자 애를 쓰고 있다.

만일 학교교육의 목적이 사람들로 하여금 성공적이고 생산적인 삶을 살도록 준비시키는 것이라면 또한 만일 이러한 삶의 모습이 변화와 더불어 사회 및 경제적 환경의 유동성 때문에 단지 가장 헐겁고 보편적인 사항에서만 예측 가능하다면 교육자들의 문제는 좀 더 안정적이고 예측 가능했던 과거와는 근본적으로 다르다. 생산적으로 살고자 하는 사람들은 눈으로 보이지 않는 현상으로부터 어떻게 지속적으로 학습하고 또한 사회, 기술 및 실제적 환경의 자료에 어떻게 반응하고 사용하는지를 알아야 한다. 그러한 상황에서의 인지적 경직은 심각한 부상이 된다. 그리고 기계적으로 전달되는 고정된 교육과정 또한 사람들의 삶과 무관하다.

이 책에서 시사하는 것은 우리 학교들은 변화의 주체나 기업가 그리고 민주주의 운동가나 모험을 즐기는 자기-발명가들보다는 관료주의자들과 수동적인 주체를 훈련시키는 데 더 잘 부합된다는 것이다. 내가 볼 때 교육 체제는 학생들이 살아가는 삶의 경험으로부터 학습하는 것을 어떻게 지원해 줄 수 있는지를 다시 한 번 살펴보아야 한다.

이러한 보편성 수준에서의 분석이나 제안에는 새로울 것이 없다. 그러한 생각에 기초한 프로그램은 놀라울 정도로 변화가 거의 없다. 여기서 늘 문제가 되는 것은 삶의 경험과 학교교육을 연관 짓고자 하는 긍정적인 운영 원칙의 부족이다. 1960년대의 자유학교 운동의 결과는 구조의 부재와 성인 권위의 포기가 불충분하다는 것을 납득할 수 있게 설명해 주는 것 같았다.

철학자인 Stephen Pepper(1967)의 용어를 빌어 우리는 새로운 "근원적 은유"가 필요했다. 그것은 이 책을 집필하기 전에 연구와 숙고의 과정 중에 떠올랐는데, 사실 내 머릿속에 불이 밝혀진 것은 Jerome Bruner의 *Acts of Meaning*(1990)을 읽었을 때였다. 바로 내러티브라는 개념은 삶의 경험을 학교의 교과에 연결시킬 수 있는 결속력 있고, 심지어 조기에 형성되는 운영(작동) 원리를 제공할 수 있는 것으로 보였다. 내러티브는 대단히 인간적이며, 언어적 과정이며 원초적인 발달 충동이다. 우리는 이야기를 들려주는(스토리텔링) 피조물이다. 우리는 단지 이야기를 하는 것이 아니라 이야기를 살아 내며 이야기를 창안해 내고 그것을 통해 우리 스스로를 정의한다. 그리고 이야기를 통해 자신에게 의미를 부여하는 존재이다. 우리의 내러티브는 표현적이며 시간과 관련된 매체이며 우리가 그것을 통해 우리의 기능하고 활동하는 모습을 만들어 내고 경험에 의미를 부여한다.

내러티브는 교육에 대한 근본적인 관심사—단어, 표현, 아이디어, 형식, 구조, 질, 양, 판단—와 관련이 있다. 여러 사항들 중에서 내러티브는 비판적 사고를 실행하고 훈련하는 것이다. 우리의 내러티브는 우리가 되고자 하는 인간으로 상상(사고)하게 해주는 수단이 된다.

학교교육의 목적 중 하나는 이렇게 지속적인 구성 과정을 위한 자료를 제공하는 것일 수 있다. 그러나 금세기의 학교교육은 이를 행하지 않는다. 내러티브를 위한 기회는 훈육과 질서라는 이름으로 조직적으로 억제된다. 그래서 학교교육의 자료는 내러티브 의미를 전달하지 못하게 되는데 이는 종종 학습되지 않으며 이해되거나 통합되지 않는 불필요한 자료가 되어 의식 밖으로 내동댕이쳐진다.

내러티브 학교교육은 (만일 우리가 기회를 준다면) 무질서한 경험을 합리화하는 힘을 갖추고 있기 때문에 학교교육이 삶에 의미를 부여하고 삶의 경험이 학교교육에 의미를 부여하도록 도울 것이다.

그러한 연유로 내러티브 과정을 학교의 개념 중심에 위치시키는 것을 고려해 보자고 제안하는 것이다. 물론 이것이 바로 일어날 것 같지 않거나 전혀 그럴 것 같지 않은 이유가 많이 있다. 미국인들은 학교에 대해 불평하지만 Theodore Sizer 및 다른 사람들이 상기시켜 주는 것처럼 학교의 구조적 결함을 간과하고자 하는 의향을 보여 주는 맥락에서만 그렇게 한다. Sizer(1973)는 20년 전에 출판된 책에서 "우리가 [공교육에 관해] 말하는 것과 행동하는 것의 차이는 참아 줄 수도 없고 터무니없다"라고 썼다. "눈앞의 아이가 고통받는 것에 대한 분노는 타당하나 실행 가능한 개선 프로그램이 동반되지 않는 분노는 거의 개혁으로 이어지지 않는다"(p. viii).

이 책은 분노에 기초하거나 그렇지 않을 수 있으나 광범위하게 구상된 "개선 프로그램"으로 끝난다. 이것은 "실행 가능한 프로그램"인가? 두고 보면 알 것이다.

이 책의 구조는 Calvin Schrag의 『경험과 존재(*Experience and Being*)』(1969)에서 비롯된 것이다. Schrag는 "현상학적인 분야는 결코 사건의 결말로 종결된 상태로 멈추지 않는다. 그것은 경과, 발달, 진전, 진화 그리고 새로운 사건의 등장으로 넘겨지게 된다. 경험은 흐르는 존재이며 구성해 가는 존재이다"(p. 23)라고 논의한다.

그 구절은 변화와 변천으로 가는 유동적인 경험의 순환과 지각의 분야에서 발생하는 경험의 과정을 묘사한다. 경험의 과정은 쉽게 가늠할 수는 없으나 체계적인 순서로 발전한다. 프로젝트에 진입하고 나면 노력이 필요한 개발과 이동이 따르고 진화 단계가 있으며 마침내 또다시 시작되는 완성의 산출이 있다.

이에 따라서 이 책은 Schrag의 현상학적인 표현에 있는 발달 단계—들어가기와 통과하기, 발달과 운동, 발전, 산출—에 맞추어 구성되어 있다. 따라서 그것은 일종의 끝없는 현상학적 환원인 재구성과 탐구의 실행으로써 전개되며 이러한 과정을 인간 발달에서 다룬다.

더 나아가 이 책은 Jerome Popp(1978)가 "중대한 이론적인 질문은 질의를 확대하는 질문이며 반면에 중대한 실제적인 질문은 질의를 소멸시키는 질문이다"(p. 283)라고 논평한 것으로부터 안내를 받았다. 이 프로젝트는 근본적인 질문(이론적인 견지)에 대한 숙고와 실행 및 절차에 대한 설명 사이의 긴장된 풍경 속에 있으며 과제의 필수적인 복잡성을 설명하기 위해서 가능하면 오랫동안 후자를 억제한다. 실행과 절차의 지나친 명세화는 결국 지금까지 줄곧 문제의 중심에서 벗어나지 못한 결과가 될 수 있다.

## ❖❖ 감사의 말

이 작업을 오랫동안 구상하고 최종적으로 표명하는 데 직접적으로 도움을 주신 분들과 간접적으로 도움을 주신 분들에게 우선 고마움을 전한다. 결코 적지 않은 간접적인 도움을 주신 분들은 내가 1960년대 중반 함께 근무하였던 푸에르토리코 아레시보에 있는 Peace Corps 훈련센터 직원들 그리고 현상학과 인간과학 및 경험학습에 관한 세미나에서 공부하는 대학원생들이다.

Roger Harrison은 푸에르토리코에 있는 Peace Corps의 상담자였는데 이 작업을 지원하는 기본적인 아이디어를 소개해 주었고 조직과 개인 변화 프로그램에서 이론과 실제를 접목시키는 데서 발생하는 문제점에 대한 관점을 개발하도록 도움을 주었다. 그의 조언과 격려로 이렇게 지속적인 삶의 프로젝트 여정에 오르게 되었다.

보스턴 대학교에 있는 Victor Kestenbaum은 내가 중년에 박사 공부를 할 때 멘토였으며 현상학 문헌과 John Dewey 저작물에 대한 심오한 지식을 계속해서 제공해 주었다. 그는 또한 이 책 3부를 구성하고 있는 다양한 아이디어에 영감을 준 Justus Buchler의 저작물을 소개해 주었다.

Fairleigh Dickinson 대학교의 Leonard Grob과 뉴멕시코 대학교의 Gary Anderson은 이 책의 초고를 읽고 유용한 제안을 해주었고 Anderson은 풍부한 문헌 자료를 보유하고 있었다. 나는 그들의 우정과 지원에 감사를 드린다. 또한 뉴멕시코 대학교의 William Kline도 초고를 읽고 유용한 제안을 해주었다.

Carolyn Kinsman과 Retta Prophet, 그리고 Bill Pearlman과 Peter Dreshcer도 초고를 나누어 보고 여러 가지 조언을 해주었다.

나는 Frederick Erickson, Amedeo Giorgi, Calvin Schrag, Bernd Jager, Richard Zaner, Seymour Sarason, Don Ihde, Anthony Paul Kerby, Donald E.

Polkinghorne 그리고 Jerome Bruner와 개인적인 친분은 없으나 그들의 글을 인용하면서 큰 지적인 빚을 졌다. 내가 그들의 아이디어를 사용하여 혹시라도 그들의 학문적이고 지적인 의도를 침해하지 않았기를 바라고 또 믿는 바이다. 또한 나는 William Torbert(1972)의 흥미로운 책에서 David Bakan의 추리-통달(mystery-mastery) 개념과 경험학습을 처음으로 접목시키게 되었다. 그리고 6장의 결론 부분을 구성하는 자료 중 특히 Paul Willis와 Shirley Brice Heath의 토론은 Landon E. Beyer(1988)가 수행한 교육적 질의 연구로부터 영향을 받은 것이다.

나는 글을 꼼꼼하게 읽고 조언해 준 이 시리즈물의 편집자인 Jonas Soltis에게 감사를 표한다. 또한 Teachers College Press 출판사의 편집자인 Susan Liddicoat에게도 감사한다. 그녀는 몇 번의 어려운 변화가 있었을 때 이 프로젝트에 생동감을 불어넣었고 멋들어진 원조로 이 프로젝트가 부드럽게 진행되도록 해주었다.

지금까지 25년 동안 나의 친구 Al Galves는 내가 이 책의 아이디어를 개발하도록 도와주었다. 수년 동안 그가 내게 보여 준 지적 동행에 대해 감사를 표현할 수 있어서 기쁘다.

나의 아내 Lucy Young Noyes는 바쁘고 힘든 일상에도 짬을 내어 이 책의 초고를 읽었다. 그녀의 도움은 내가 숨 쉬고 있는 공기만큼 나에게 소중하였다.

여기서 소개된 분들은 이 책에 있는 오류나 누락 혹은 부적절성에 대해 조금도 책임이 없다.

나는 이 책을 중년 말기에(노년 초반인가?) 썼는데 그때는 자신의 이야기를 하고 그것에 의미를 부여하거나 너무 늦기 전에 그릇된 것을 올바르게 돌려놓는 등의 행위와 더불어 사물의 의미에 몰두하는 경향이 있었다. 만일 이러한 마음의 상태와 결부된 나의 진실함 때문에 내 자신이 오류나 무모함, 미묘한 차이에 대한 무시, 자신에 찬 명백한 사항 진술 혹은 수사학적 과잉을 저질렀다면 독자 여러분께 용서받을 수 있기를 바란다. 그렇게 할 수 없는 분들에게는 H. L. Mencken이 자신의 견해를 불쾌하게 생각하는 사람들에 대한 응답으로 구상한 엽서 문구를 전하고 싶다. “선생님, 당신이 옳은지도 모릅니다.”

# 차례

:: 역자 서문

:: 머리말

:: 서문

:: 감사의 말

## 1부 들어가기와 통과하기

1장 **경험의 중요성** ········ 27

경험에 대한 무시 • 30

내러티브 개혁을 지향하며 • 33

실패를 위한 설계 • 34

내러티브 제안 • 35

2장 **학습을 가르치기** ········ 37

기계론적 은유 • 38

교육학계의 진화 • 42

도관 모델 • 44

제약이 있는 환경 • 46

6학년 학생의 경험 • 48

개혁의 딜레마 • 49

3장 **세계의 권위** ········ 55

위협당하는 우리의 학교 • 57

유리된 학교교육 • 58

낭비된 사회 환경 • 60

## 2부 발달과 운동: 현상학적 세계의 지도 그리기

4장 **경험에 대한 접근들** ···································· 65

문제로서의 경험 • 67

현상학적 입장 • 71

관점과 방법론 • 74

현상으로서의 교육 • 75

5장 **심리주의와 경험의 우선성** ···································· 81

심리주의적 결론들 • 83

경험으로서의 중독 • 85

특수 교육의 사례 • 87

구성된 동시에 유동적인 경험 • 88

경험에의 참여 • 89

6장 **가능화와 과정** ···································· 94

Bateson의 "이차적 학습(Deutero-learning)" • 96

Becker의 상황적 조정 • 97

타문화 변화 촉진자를 위한 교육 • 99

행위의 구조 • 103

존경할 만한 연구 • 106

수동적인 힘 • 109

상황과 사회적 유대 • 111

## 3부 발전(진전): 경험을 통한 만남

7장 **주제 분야로의 지향** ···································· 117

결과가 예견된 목적: 성장과 재구성 • 119

완전한 경험과 불완전한 경험 • 124

습관의 재구성 • 126

습관을 전망으로 만들기 • 128

순행적 지각으로서의 proception • 130
통합된 학습 경험의 온전성 • 133
8장 **방법적 과정을 통한 판단** ······ 136
탐구와 질문 • 139
판단과 질문 • 140
의사소통을 통한 구성 • 141
비판적 사고로서의 질문 • 144
창조적 소외 • 145
9장 **재구성적 사이클** ······ 147
자유와 가정(subjunctivity) • 148
들어가기와 통과하기 • 150
발달(전개)과 운동 • 157
발전(진화) • 161
산출 • 166
학습자로서의 주자 • 176

## 4부 산출: 경험 기반 프로그램

10장 **내러티브 충동** ······ 185
근원적 은유로서의 내러티브 • 187
내러티브를 보는 관점 • 188
경험 구성체로서의 자아 • 192
11장 **내러티브 실천으로 가는 길** ······ 197
내러티브를 실천에 옮기기 • 198
강압에서 벗어나 책임감 있는 자유 운동을 향하여 • 201
장소와 공간성 • 207
그룹을 통한 내러티브 학습 • 208
내러티브 포트폴리오 • 211
교육과정: 교과의 활용 • 213

12장 **내러티브 가르치기** ······ 217

상담가로서의 교사 • 219

재구성적 탐구를 강력하게 하기 • 221

문제시되는 쟁점 • 232

13장 **에필로그: 내러티브가 가져온 변화** ······ 238

비용 요인 • 241

부정적 명제 • 242

:: 참고문헌 • 265

:: 찾아보기 • 275

# 1부 들어가기와 통과하기

한 사람을 교육하는 어려운 과제 대신에, 지금 나는 그것에 대하여 글을 쓰는 좀 더 쉬운 과제를 수행하고 있다.

– Jean Jacques Rousseau의 『에밀(*Emile*)』

# 01장 경험의 중요성

배움은 세상으로 들어가는 방법이다.

– Sidney Jourard의 "매혹(Fascination)"

이 책은 이론 중심의 책이지만, 궁극적으로는 실제적인 제안을 담고 있다. 나는 여기에서 학교교육(schooling)에 대한 새로운 기본 은유를 제안하고 이에 관련된 아이디어를 실행하는 프로그램을 설명하고자 한다. 우리가 살고 있는 이 세상은 학생들의 삶에 관심을 기울이기 위하여 원칙적으로 교육적인 구조를 필요로 하는데, 그것은 젊은 세대들이 학습을 통하여 그들의 환경을 이해하고 학습하는 교육학이다.

교육 목적에 관련된 내러티브 속성을 포함하는 내러티브의 교육학적 구조는 경험을 학교 교육과정의 중심으로 이끄는 의미 형성 과정을 촉진한다. 이러한 나의 주장은 철학자 Paul Ricouer(1985)의 제명인 "나 자신의 존재는 우리가 우리 자신에게 부여하는 설명에서 벗어날 수 없다. 이것은 우리 자신의 정체성인 우리의 이야기를 말하는 것에 있다." 에서 그 증거를 찾을 수 있다.

그래서 내러티브 제안은 교육자들이 경험을 실제 사람들이 살아온 세계에서의 학습의 원천으로 더 많이 공감하고, 편안하지만 약간의 통제와 질서를 가지고 인간의 다양성을 이해하게 하는 의미들의 집합이다.

그렇지만, 이것은 학습자 중심의 교육과정이라고 불리는 것과는 다르게 이해되어야 한다. 전통적인 의미에서의 교육과정은 학교교육기관이 학생들의 삶을 다른 학생들, 학교 그 자체, 궁극적으로는 세계와 연계하는 과정보다 덜 중요하다. 이러한 구조 안에서 그 과정과 교육과정은 상호 연계되어 있어 따로 뗄 수 없다.

이에 관련하여, Dewey(1922)는 미국 교육과정에 대하여 신랄하게 비판하였는데, 그의 저서인 『인간 본성과 행위(*Human Nature and Conduct*)』에 다음과 같은 구절이 있다.

> 현재 관습의 쓸모없고 어리석은 특성은 학습을 왜곡시킨다. … 순응, 규제, 회의론과 실험의 굴복. 우리가 어린 학생들의 순응(docility)을 생각할 때, 우선 우리는 어른들이 전달고자 하는 정보를 생각하고 학생들이 재생산하는 행동의 방법을 생각한다. 그 다음에 학생들의 신선함을 가리고 그들의 생생한 호기심을 둔감하게 만드는 거만한 강압, 환심을 사기 위한 뇌물, 교육학적 엄숙함을 생각한다. 교육은 어린 학생들의 무기력함으로부터 이점을 취하는 기술이 된다. (p. 64)

Dewey가 70년 전에 쓴 "거만한 강압(insolent coercions)"은 오늘날 공학과 기술에 의하여 더욱 왜곡되어 나타나고, 인간의 자유와 주체성(agency)에 대하여 회의적인, 냉소적 이데올로기(cynical ideology)의 영향을 받아 더욱 증폭되고 있다. Dewey가 1922년에 이 말들을 쓸 때, 미국은 (비록 대공황을 겪은 지 얼마 되지 않았을지라도) 낙관적이고 에너지가 충만한 강대국이었다.

그러나 오늘날은 사정이 다르다. 에너지는 있지만, 핵심이 없다. 우리의 정치와 경제에는 의심, 회의, 차별, 힘든 딜레마가 만연되어 있다. 많은 사람들이 심각한 제도적 개혁의 필요함을 인식하고 있고, 교육이 그 시급한 개혁이 필요한 기관 중의 하나이다. 그러나 그 관심은 무엇을 지향하고 있는가?

만약에 Dewey의 진단을 받아들일 이유가 있다면, 개혁을 위한 그의 처방을 주의 깊고 공감적으로 살펴볼 필요가 있으며 특히, 미국 교육의 위기와 더 큰 시스템을 오염시키는 문제들과의 관계를 파악해 볼 필요가 있다. Dewey는 교육보다 더 큰 것에 관심이 있었고 그것이 바로 민주주의 사회에 대한 비전이다. 그러나 그는 민주주의적 실천에 있어 그 용어가 주는 의미보다는 더 많은 양면적인 실재가 있는 사회에서 살았다. 그리고 우리도 그렇다.

또한, 민주주의를 살리기 위하여 가장 근본적인 전제조건을 위배해야 한다고 주장하는 사람들의 제안을 회의적으로 봐야 하는 이유가 있다. Dewey의 삶과 연구에 대한 논평에서, Alan Wolfe(1991)는 "매우 비민주주의적 수업 방법이 민주주의적 시민의식을 위하여 필요한 지식을 전달하는 데에 더 효과적이라는 것은 그럴 듯하다. 비민주주의적 인식론은 민주주의 정치적 목적을 위하여 필요할 것이다" (p. 36)라고 하였다. 그는 교육의 목적과 방법 간에는 반비례의 관계가 있고 학교에서 민주주의에 대하여 가르쳐지는 것은 학교 교육과정에서의 구체적인 실천보다 더 중요하다고 하였다. 즉, 민주주의는 실천보다는 좀 더 개념적이라고 말하는 것 같다.

이것은 학자와 교육자들 사이에서 그렇게 이상하지 않은 입장이다. 민주주의적 목적은 "매우 비민주주의적" 방법을 통하여 성취될 수 있다는, 후기 민주주의적 회의론의 주장에서 파라독스를 풀어 보고자 하는 이들은 거의 없다.

더 중요한 것은 민주주의에 대한 회의론은 학교교육을 조직하고 실행하는 방법, 즉 교육자의 구체적인 실재에서 더욱 명백하게 나타난다. 그 효과는 학생들이 자신이 살아가는 세계의 정치에 미치는 잠재적인 영향력에 대하여 낮은 기대감을 갖고 있는 것에서 나타난다. Ira Shor(1992)는 비판적인 학교교육에 대한 최근의 연구에서 "교장, 교사와 교과서들은 학생들에게 자유를 가르치고 있는 반면에 비참여적인 교실 분위기는 학생들을 그들이 참여하게 되는 권위적인 직업 세계와 정치 체제에 대비하도록 만든다. … 비참여적인 수업들은 학교와 사회에서 성인들의 비민주주의적 경험을 대변한다" (pp. 19-20).

그러나 현대 삶의 복잡한 공학적 기반은 적어도 몇몇 사람들에게는 숙달하기 어려운 교과목에 대하여 배우도록 요구하고, 세계에 대한 이해의 기록으로서 그 교과목은 우리 사회의 지속성을 위하여 반드시 필요하다. 그래서 비판적으로 생각하는 방법을 배우는 것은 확고한 양생법에 순응하는 것을 요구한다. 더욱이, 위계는 교육에서 필요하다. 즉, 성인의 판단을 이용하는 것은 형식적으로 가르쳐야 하는 것이 무엇이고 그 방법이 무언인지를 결정하고, 권위적인 방법으로 그 과정을 관리하는 데에 있어 중요하다. 그래서 우리는 단지 인간의 교육에 있어 행운을 바랄 수만은 없다.

물론 핵심 이슈는 엄격, 훈련, 요구되는 위계적 질서의 원천과 적합성이다.

이 책의 기본 가정은 교육에서의 자유에 대한 경험은 단지 수사적인 표현이 아닌 중요한 속성이라는 것이다. 경험은 가르친다. 민주주의적 학교 교육과정은 만약에 민주주의적 교육 목적이 실현된다면 필요한 것이다. 질서의 원천은 학생의 경험된 충동과 그들 자신의 목적이 학교 프로그램과 연계되는 것에서 비롯되어야 한다. 가장 민주주의적인 실제적인 과정은 지배받는 자의 동의와 학생들의 세계에 대한 개인적인 주관적인 경험의 수용을 기반으로 한다.

개인들의 자유로운 경험을 위하여, 군림하는 철학 혹은 미국 교육의 실재에서 지배받는 자의 동의를 존중하는 것은 거의 없다. 달리 말하면, 단지 교사들과 행정가들만 주체성(agency)을 가지고 있거나, 내러티브 권리라는 어떤 중요한 것을 결정하는 도구적 권한을 가지고 있다. 이것이 바로 문제인데, 행하고 말하는 힘이 배우는 힘이기 때문이다.

## 경험에 대한 무시

특히, 중등학교는 그들의 교수 실제에서 학생들의 경험을 거의 완전히 무시하고 있다. 중등학교는 객관화된, 추상적인, 종종 학생들과는 동떨어진 어떤 것에 의한 강력한 통제와 조작의 경기장이다. 많은 학생들을 위하여, 그 시스템이 어떻게 작동하는지를 이미 배워 온 학생들에게도조차, 학교에 가는 것은 실제 삶이 시작하기 전까지 이겨내야 하는 비실제적인 경험이다.

이러한 조건의 심각한 결과 중의 하나는 학생들의 에너지가 학교에 대한 의미를 찾거나 그것에 대항하는 것에 소비된다는 것이다. 순응은 물론 어느 사회 시스템에서나 필요한 것이다. 거기에는 배워야 할 유용한 것도 있다. 그러나 너무 많은 학생들이 그들의 자연스러운 발달적 충동, 즉 작업과 내러티브 행동을 통하여 스스로 규명되어야 하는 충동을 억제해야 하는 비상식적인 환경에 적응하는 데에 너무 많은 에너지를 쓴다는 것이다. 이것이 바로 이 책의 전제이다.

어떤 학생들은 그 성공 게임을 아주 잘해 낸다. 그리고 대부분은 잘하기도 한다. 그러나 다른 학생들은 그 환경에서 벗어났을 때, 그들의 흥미가 더 잘 살아난다는 경험을 확신하면서 실패하는 방법을 배운다. 더욱이 몇몇 학생들만이 이기는 그 게임은 존재에 대한 전혀 의도하지 않은 부정적인 성향을 가르친다. 예를 들면, 끈기에 대한 대가는 학생들이 그들의 꿈과 열망, 발달적인 에너지를 줄이고 학교의 통제와 질서에 대한 집착에 종속시키는 것을 배우게 할 것이다. 이것은 측정할 수는 없지만 매우 중요한 학습에 대한 사랑과 성장의 대가와도 연계된다.

거기에는 에너지와 잠재력에 대한 침울한 손실이 있다. 경험에 대한 혐오감은 학교의 학문적 미션을 실패로 이끌 뿐만 아니라, 우리를 수동적으로 비민주주의적으로 만든다. Sidney Jourard(1971)는 다음과 같이 기술하였다:

> 이 나라에는 교육이 없었다. 경험하는 방법과 행동하는 방법인 이데올로기를 세뇌하는 기관들이 있다. 초등학교, 중 · 고등학교, 대학교, 대학원의 졸업생들은 교육을 받지 않는다 … 하나 혹은 또 다른(대부분 돈) 수단에 의한 … 리더들의 … 요구를 반영한 교육과정의 원천은 그러한 관점들이 심어지고 그들의 능력이 주입되는 것을 확고하게 한다. 그것은 그 상태를 지속할 것이다. 교육되지 않은 사람들이 있지만, 그렇게 되어야 하는 것을 훈련받은 사람은 그 시스템을 유지할 것이다. 사람들은 교사들의 계몽에 의한 것이 아니라, 캠페인이나 숨은 세력가, 정치적 헛소리에 의하여 좀 더 효과적으로 세뇌될 것이다. (p. 113).

Jourard는 학교를 관찰하였고, 증명되지 않은 교육적 힘의 불완전한 세계가 학생들의 외적 내적 삶 속에 흐르고 있음에도 불구하고, 상자와 같은 교실의 탈맥락적인 환경, 억눌린 에너지와 호기심을 발견하였다. 그가 염려하는 것은 이러한 환경이 학생들의 권한과 민주주의 사회에서 자율적인 존재로서 자신을 인식하는 능력을 부정하고, 호기심, 자율성, 사회적 비판, 지적 자주성을 억제한다는 것이다.

그러나 Jourard가 본 20년 전의 상황이 아직도 지속되고 있다. 많은 학교들은 절름발이식의 반민주주의적 결과를 초래하고 있다.

Dewey(1933)는 학교가 협력적인 과정이 되기를 원했다. 거기에는 "사회적 통제의 원천이 사회적 통합체로서 이루어지는 작업의 본질에 있고 그 안에서 모든 개인들은 공헌할 수 있는 기회를 가지고 책임감을 갖게 된다." (p. 56)는 의미가 담겨 있다. 그는 주장하기를, 우리는 학생들의 경험을 심오하게 받아들이고 그렇게 하는 것이 민주주의의 미래에 중요한 영향을 미친다는 것을 인정하지 않는 한, 우리의 사회적 정치적 시스템을 유지하기 위하여 교육할 수 없다고 하였다.

Dewey가 이것을 주장한 이래로 수년 동안, 문제는 항상 어떻게 이것을 가능하게 할 것인가에 있었으며, 이것이 이 책에서 주목하는 바이다. 이 책은 이 문제를 해결하기 위한 노력이다.

현재 하고 있는 것을 더 잘하는 것만으로는 충분하지 않을 것이다. 미국 교육의 문제는 공학, 효율성, 이윤을 목적으로 하는 학교와 기업과의 협동, 심지어는 더 좋은 교수에 의해서는 해결될 수 없을 것이다. 오래된 모델은 낡았다. 만약에 전통적인 학교교육의 교재와 방법이 젊은 세대에게 인류의 복잡한 문제에 대처하는 방법을 가르치기에 충분하다면, 교육 개혁을 위한 요구는 없을 것이다. 학교들은 만약 권력, 복잡성, 외부 환경의 접근성에 의하여 압도되지 않는다면 위협을 받게 된다. 이것은 특히 중등교육 수준에서 젊은 세대의 에너지에 집중하는 것을 매우 어렵게 만든다.

현대사회에서 지식은 이동적이며 액화되어 간다. 학교는 경제적 사회적 환경에 의하여 그들에게 요청되는 요구, 특히 민주주의 사회의 요구에 부합하려고 한다면, 외부 세계의 유동성, 격변, 불확정성에 대응하는 방법을 찾아야 한다. 그러나 이것은 그들이 그들의 기본적인 과정을 바꾸어야 하는 오직 하나의 강력한 이유이다. 학교가 경험을 무시할 때, 비록 학생들의 성공의 부족이 학습의 무능력에서 비롯된다고 할지라도, 학생들은 학교교육이 줄 수 있는 가능성으로부터 멀어지고, 결과적으로 실패한 것으로 판단된다.

이러한 실패는 사람들의 삶에 영향을 준다. 이것은 인간의 잠재력을 거대한 폐기물로 만든다. 이것은 우리 사회에서 거의 참기 어려운 스트레스를 만든다. 이것은 피할 수 있기 때문에 더욱 가슴 아프다.

## 내러티브 개혁을 지향하며

내러티브 프로그램은 이 책의 결론 부분에서 약간 상세하게 시작한다. 이 책의 나머지 부분은 준비이기 때문에, 학생들의 경험을 학교 교육과정에 접목하고 학교교육의 전통적인 자원: 주제, 훈련, 수업을 학습자들의 실제적인 삶에 연계하고자 한다. 이를 실행하는 과정에서 학교는 학생들이 지속적인 내러티브 포트폴리오를 이용하여 자신의 이야기를 구성하고 말하도록 돕고 과거를 이해하고 현재를 관리하며 미래를 계획하기 위한 세상의 자원을 사용하도록 하면서, 내러티브 연습을 위하여 중등학교 학생들을 지원할 것이다.

이 과정에 따라 미국 교육을 개혁하는 과제의 어려움을 과소평가는 것은 어리석은 일이다. 교육자들이 옳은 일을 한다고 믿고 그 대안은 혼동을 야기한다고 믿기 때문에, 경험은 우리 학교에서 억압당하고 있다. 교육자들은 학교 밖의 정치적 종교적 환경에 내재되어 있는 분노와 이데올로기적 강렬함에 대하여 염려해야 할 이유가 있다. 교육적인 과정을 개방하는 것은 문제만을 야기할 뿐이다.

이를 뛰어넘어, 우리 사회에 만연된 많은 문제들은 설명되지 않고 해결되지 않은 채로 남아 있는데, 왜냐하면, 변화는 우리 사회에 현존하는 권력의 관계를 수정하도록 요구하기 때문이다. 사람의 경험에 귀 기울이는 것은 그들에게 권한을 부여하는 것이고 그들에게 목소리를 주는 것이고 기존의 질서를 분열하는 것이고 대화에 참여하는 것이다. 그래서 교실이든 사회이든 간에 변화와 재구조화에 초점을 둔, Paolo Freire(1972)가 부른 "생성적인 주제"를 일으키는 것이다.

더욱이, 우리 사회의 믿음은 경험을 공유하는 것을 권장하지 않는다. 다른 사람들의 살아 있는 경험을 따라가는 사람으로서의 양면성은 인간의 국가적 삶을 규정하는 급진적인 개인주의에서, 사회적 병리학에 대한 집단적 접근의 부수적인 불신임에서 명백하게 나타난다. 예를 들면, 우리의 경제적 사회적 질서의 희생양을 불평하고, 약자와 소외된 자의 문제들에 대하여 공적인 공감 형성이 부족한 경향에서 나타난다.

이것은 우리 사회의 인종차별적 흔적에서, 우리의 감옥 체제의 혹독함에서, 부자와 가난한 자 사이에 증폭되는 차이에서, 우리 정치의 전체적인 스펙트럼에 피해를 주는 비판주의에서 나타난다. 이것은 우리의 집단적인 관심을 Watergate와 Iran-Contra scandal과 같은 우리 민주주의 시스템의 기본 구조에 대한 공격으로부터 돌려놓는다.

David Bakan(1967)은 미국인의 삶에서 그가 "미스터리-매스터리 과정(mystery-mastery process)"이라고 부르는 것을 초래하는 차별, 비실제성, 비연속성, 부정의 조건들에 대하여 설명하였다. 이것은 우리의 내적 삶을 다른 사람과 공유하는 것을 막고 우리 스스로가 영향을 받는 것을 허용하지 않으면서 다른 사람들을 통제하는 것을 권유한다. "우리 사회에서 우리는 동시에 주인이 되기도 하고 그렇지 않기도 하다"라고 Bakan은 기술하였다. 우리는 미스터리와 매스터리의 목적 모두를 추구하는 복잡한 통로를 걷고 있다.

### 실패를 위한 설계

교육에서 경험을 봉쇄하는 것은 의사소통의 장인 학교를 황폐화시킬 것이다. 왜냐하면, 교사는 메마르고 조작적인 방법을 수동적으로 대응하는 대상들에게 적용하기 때문이다.

몇몇 비판들은 우리 학교가 명확하게 실패하고 있다고 말한다. "학교는 성취를 학교 인구의 많은 대상이 실패하는 것처럼 보이는 방법으로 정의하고 측정한다."라고 Frederick Erickson(1984, p. 527)이 말했다. 리터러시를 육성하는 것은 학교의 오직 한 기능이다. 다른 요인들, 즉 "사회적 정렬, 문화 자본의 대상으로서 문자화된 가장 높은 형식의 권위를 유지하는 것, 일하는 부모의 아이를 돌봐주는 것, 젊은 세대에게 일자리를 제공하는 것들도 모두 중요하다"(p. 527).

David E. Purpel(1989)은 그의 저서 『교육의 도덕적 위기와 정신적 위기(*The Moral and Spiritual Crisis in Education)*』에서 "소위 말하는 학교 문제는 우발적이지 않고 고의적인 것도 아니다."라고 주장하였다. 그는 "사실상 거기에는 학교들이 문화가 진심으로 그들이 하기를 원하는 것, 즉 문화에 동화시키는 것, 사회화하는 것, 세뇌시키는 것을 잘 성취해 왔다는 점에서 높은 성공을 해왔다고 말해도 된다"(p. 19)고 썼다. 그는 "교육의 현재 위기는 우리 사회와 정치 시스템의 중심에 있는 공포와 우려를 반영한다"고 믿고 있다. 우리는 우리가 반드시 변해야 한다는 것을 알지만, 우리가 이겨 내야 하는 급진적인 변화는 예측 불허의 결과를 가져올 수도 있기 때문에 두려워한다.

Purpel은 우리가 교육에 대한 담화를 사소하게 치부하면서 교육에 대한 강력한 선택을 피해 왔다고 믿는다. 그는 그 문제의 구조적인 핵심에 가까운 이슈들이 무시되는 반면에, 성과금, 학교에서의 기도, 학교 선택, 훈련 등과 같은 부수적인 이슈에 대한 강박적인 우려를 찾아내었다. 아마도 이러한 이슈에 대한 반응은 우리 사회에서 권력 관계에 현존하는 의문을 해결하기 위한 방법을 요구하기 때문일 것이다.

달리 말하면, 우리는 복잡하고 위협적인 문제에서 벗어나고자 분투한다. 이것은 우리 교육적 한계의 원인이며 결과이다. 우리는 필요한 것과 가능한 것 사이에서 균형을 잡고자 한다. Purpel은 "교육과정에 대한 근본적인 재개념화"(p. 3)를 제안하는데, 이는 교육적 실제의 도덕적 문화적 기반을 위하여 제기된 관심을 기본으로 한다.

## 내러티브 제안

내러티브 제안은 일종의 재개념화이다. 이것은 미국교육을 위한 새로운 사고방식—새로운 근원적 은유—을 제공한다. 뿐만 아니라, 학생들의 삶을 설명하는 근본적인 교육학적 구조를 제공한다. 이것은 경험과 학습에 대한 아이디어를 기반으로 재개념화하는 것이다. 이것은 학생들이 경험으로 펼쳐내는 것처럼, 학생들 세계의 자원을 교실로 가져오는 합리적인 방법을 제공한다.

학교는 경험에 대한 고려를 가로막으면서 내러티브를 향한 인간의 깊은 충동을 방해한다. 경험으로서의 개방 없이, 내러티브도 있을 수 없다. 그리고 내러티브는 플롯을 만들고 의미와 속성을 연결하는 불가피한 과정이다.

"사회, 문화, 교사, 학생은 학습과제의 규명과 실행에서 상호 연계된다."(1984, p. 543)고 Erickson은 말했다. 내러티브 교육학을 위한 질문은 우리가 이해하고 서로 잘 관통하도록 더 잘 매개하는가이다.

이것이 가능하다고 믿는 것에는 이유가 있다. 학습이 일어나는 의미의 구조는 우리의 삶을 구조화하고 주제화하는 우리의 충동을 자라나게 하는 구성이다. 이것이 사실이라면, 우리가 살고 있고 의미를 부여하는 우리 삶의 산출물보다 더 좋은 교육적 메시지는 없다. 그래서 내러티브 교육학은 이들의 변형적인 목적을 성취하기 위한 수단을 제공할 것이다.

그러나 가장 중요한 것은 내러티브 학교교육이 자유의 교육학이라는 점이다. 말 그대로 이것은 사람들에게 목소리를 부여한다. 몇몇 사람들이 논쟁하는 것과 같이, 이것은 혼돈으로부터 벗어나는 보호막이 된다. 내러티브 학교교육은 무작위의 경험을 핵심적인 발달 과제로 전환함으로써 막 시작된 무질서를 포용하고 승화시킨다. 교육에 잠재된 실제 혼돈은 살아진 경험에 귀 기울이는 통합된 원리가 없다는 것이다.

# 02장 학습을 가르치기

우리는 아직 학생들이 컴퓨터가 그러하듯이 우리가 제시하는 정보를 배울 수 있도록 프로그램하는 방법을 찾지 못했다. 사람들은 어떤 한 중요한 관점에서 보면, 생각하는 기계가 아니다: 컴퓨터가 플러그인 되어 있고 적절한 소프트웨어가 설치되어 있는 한 논리적인 단계를 따라가도록 설치되어 있는 반면에, 사람은 그들이 그렇게 하고 싶을 때만 단지 논리적으로 생각할 것이다.

– Mihaly Csikzentmihalyi의
"리터러시와 내적인 동기(Literacy and Intrinsic Motivation)"

앞의 1장에서 우리 교육계가 학생들의 살아 있는 경험에 대한 무관심으로 나타나는 문제 있는 과정을 포함한다고 주장하였다. 이것은 미국 교육 상황과 적절하지 못한 방향으로의 개혁이 가지는 무익함을 강하게 요약한 것이다. 이 장에서는 이러한 이슈에 대하여 좀 더 자세하게 설명한다.

우리 사회에서 교육을 받는 것은 특별한 유형의 경험을 가지는 것을 말한다. 만약 우리가 교육을 이해한다면 우리는 어떤 경험이 존재하고(존재할 것이고), 그것이 발생되는 개념적 구조를 이해해야 한다. 학생들이 우리 학교에서 가지는 경험은 미국인 삶에서 가장 당연시되는, 그러한 조직 원리에 의하여 영향을 받으며, 그의 인공 산출물이다. 실제로, 철학자 Stephen Pepper가 그의 책 『세계와 가설(*World Hypotheses*)』(1942)과 『개념과 질(*Concept and Quality*)』(1967)에서

"근원적 은유(root metaphor)" 라고 부르는 것의 예가 있다.

근원적 은유는 인간이 어떻게 사건을 지각하고 조직하고 평가하고 상황에 의미를 부여하는가에 대한 하나의 큰 아이디어 혹은 세계관이다. 우리 사회에 지배적인 세계 가설을 Pepper는 "기계론" 으로 지칭하였다. 기계론의 근원적 은유는 기계이다.

## 기계론적 은유

미국과 산업화된 세계의 학교교육은 이러한 기계론적 은유로부터 심오한 영향을 받는다. 학교교육은 그의 의무교육적 지위에서부터 모든 본질적인 속성에 이르기까지 기계론적이다. 이는 시간과 공간을 조직하는 것, 수업을 실행하고 교실을 조직하는 것에서 나타난다. 우리 시대의 탁월한(그렇게 보편적이지는 않을지라도) 교육학은 교사들이 공장의 일차 단계의 감독관이 하듯이, 미리 정해진 목적을 달성하기 위하여 미리 서술된 과제를 실행함으로써 학생들의 경험을 통제하는 목적을 가진 것처럼 행동하게 한다. 자유로운 경험적 교육이 존재하기는 하지만 매우 드물다.

C. A. Brown과 David Flinders(1990)는 방대한 "교실경영 패러다임" —교수 모델—, 즉 교육대학에서 전달되고 "의식의 공학적 형태" 의 산물로서 교육적 계속성 안에서 모든 수준의 교실에서 적용되는 것을 기술한다. 그 기원은 17세기로 거슬러 올라간다(Bacon, Descartes, Newton). 우리 시대에 좀 더 밀접하게, Raymond Callahan(1962)이 "효율성의 추종" 이라고 부른 것에서 나타난다. 이것은 20세기부터 이 나라가 유지하고 있는 엔지니어링, 행동주의, 그리고 기계주의의 원리들이다. 학교 경영에서 시작되었지만, 교육학에도 점차로 반영되어 갔다. 이것은 미리 설정된 목적을 향하여 학생들을 의도적으로 조작하고 학생들 자신의 경험을 무시하는 것으로 전체 과정을 오염시키는 것으로 간주한다.

이 모델은 성인은 아동이 알아야 하는 것이 무엇인지 알고 있고, 교사의 과제는 알아야 하는 것을 학생들의 의식과 깨달음 속에 포함키시고 흥미를 유발하고 노력을 지속하도록 조건을 만드는 것에 있다고 가정한다. 교수는 (마치 전쟁, 축구, 공장 과정, 정치와 같이) 규칙적이고 순서적이며 기술적이고 전략과 전술을 포함하는 것으로 인식되었다. 교육적 시스템과 실제로 만들어지는 전략은 지식 혹은 정보가 교사 혹은 교과서 혹은 밖의 다른 곳에서부터 학생들에게 이동되도록 안내한다. 교사는 이러한 무관심의 전쟁에서 전술가이다.

Lee Shulman과 Neil Carey(1984)는 이것을 교육의 "합리적인 모델(rational model)" 이라고 했으며, 다음과 같이 기술하였다.

> 교사는 지식과 기술을 가지고 있는 어떤 사람으로서 교실을 조직하고 지식을 학생들에게 전달하는 수업을 수행하는 것으로 간주한다. 교사는 학습의 촉진자, 지식의 전달자이다 … 교육적인 접근을 "전달 시스템" 으로 비유하는 설명이 이상한 것은 아니다. (p. 507)

언어는 교사가 학생들에게 의미를 제시하는 전달자이다. 그 다음에 학생들은 교사의 언어로부터 그 의미를 뽑아내는 의무를 가진다. 다양한 교실 전략은 학생들이 이러한 추출 과정을 완성하도록 조작하고 유인하기 위하여 사용된다. 가장 흔한 것으로, 교사는 질문을 던진다. 그리고 정답을 구하기 위하여 교실을 쭉 훑어본다. 어떤 의미 맥락이 결여된 분절된 자원의 제시는 만연되어 있다. 전달의 과정은 일방적이고 학생들의 "의미 구성의 내적인 세계, 의도성, 문화적 형태의 무의식적인 수행" 은 무시된다(Bowers & Flinders, 1990, p. 10). 학생들이 그 메시지를 받은 것으로 나타날 때, 그들은 보상을 받게 된다. 그렇지 않을 때는 그들은 벌을 받게 된다(나중에 제시됨, Levine & Wang, 1983 참조).

많은 주요 연구들은 학생들이 이 모델에 내제된 역할에 맞게 훈련된 것에 대한 교사의 성공을 평가해 왔다. Thomas Greenfield(1984)는 "학교는 정보의 형태로 가치를 분배하는 곳이다. 그들은 권력을 가진 리더의 압력에 의하여 그렇게 한다. 그 리더는 권력의 폭력으로 그렇게 하는 것이 충분하지 않을 때, 물리적인 폭력을 가할 것이다" 라고 언급했다(p. 147).

그래서 성공적인 교사는 교실에서 행동의 순응을 일으키도록 교육을 받는다. 그들은 의도한 역할과 과제 구조에 사회화된 학생들을 양성한다. P. C. Blumemfeld와 그의 동료들(1983)은 어떻게 이 시스템이 작동하는지를 매우 진솔하게 기술하였다.

> 현대 학교는 아마도 교사의 행동이 형식적인 역할 제한에 의하여 주도되는 관료체계로 간주되어야 할 것이다. 교사는 위계 속에서 교장과 다른 행정가의 감독과, 학생들의 행동과 생산성을 감독하는 감시 하에 행동한다. 그래서 학교에 들어오는 아동은 교사는 관리자, 학생은 노무자인 조직을 만나게 된다. 학교가 아동을 동시에 일꾼과 생산물로 취급하는, 흔치 않은 관료주의인 경우는 많다. (p. 148)

교사는 대부분 말하기를 주로 한다. 거의 모든 이야기를 한다. 학생들에게 말하는 기회가 주어지면, 이것은 교사가 처음에 말한 것을 언어적으로 수용 가능한 방법으로 반복하기 위함이다.

몇몇 사람들이 말한 것처럼, 내러티브는 학교에서 학생들의 기능으로서 노골적으로 제외된다. 그 결과, 학생들은 그 공동체의 진짜 구성원이 아닌, 그들을 가르치는 사람이 포함된 그 집단의 공통 구성원이 아닌 것이 된다.

그래서 학교는 지식, 기술, 마음의 습관, 태도의 전달(생성, 창조, 구성이 아닌)을 위한 곳이다. 즉, 어떤 것이 학생들에게 일어나고, 학생들의 의식 변화를 위한 노력이 기울여지는 장소이다. 이곳은 관점을 공유하고, 세계에 대한 학생들의 호기심을 충족하기 위한 장소가 아니며, 심지어 학교에서 가르쳐진 주제에 의하여 만들어진 프레임워크에 학생들의 삶이 녹여지는 것도 잘 되지 않는 곳이다.

학생들은 노동자가 작업장에서 일하는 것처럼, 미리 설정된 생산적인 과정을 수행하기 위하여 "학교에 나온다." 이러한 절차들은 학생들의 관점을 확대한다기보다는 제한한다. 그리고 산업 현장에서 나타나는 것처럼, 교사의 권위와 학생들의 수동적 공격적 저항력 간에 무의식 중의 분투가 일어난다. "학교교육은 아동과 교수의 형식적인 프로그램 간의 계약의 그 이하도 그 이상도 아니다"라고 발달심리학자 William Damon(1990)은 말했다. "이러한 계약의 속성은 학생들이 그들로부터 무엇을 배웠는지를 결정하기 위하여 중요하다. 어떤 학교의 계약은 학습을 만들고 어떤 다른 학교들은 그렇지 않다" (p. 45).

"이러한 계약의 속성" 은 행동주의 심리학으로부터 많은 영향을 받는다. 이것이 기계론 구조의 가장 순수한 전형이다. Theodore Sarbin(1986)은 다음과 같이 말했다.

> 기계론적 세계관은 자연에서의 사건들을 영향력 전달의 산출물로 본다. 현대 과학은 이러한 세계관을 형이상학적 기반—과학자들이 원인을 찾는 것을 지원하는 관점으로 본다. 행동주의와 급진적인 실험주의는 이러한 세계관을 가진 심리학적 철학적 동향의 예이다. (p. 8)

이러한 영향은 교재, 평가, 교육과정에서 잘 나타나지만, 더 심각하게는 교사의 실천, 즉 Seymour Sarason(1982)이 말한 학교교육의 "규칙" 과 그것을 준비하는 교사의 이데올로기에서 나타난다는 것이다. 학교교육은 자극-반응 게임이다. 학생들은 목적을 향하여 관리되는데, 그 목적은 기본적으로 그들에게도 모호하며 어떤 경우에는 한 문화 집단의 구성원으로 통합하는 데에 해가 되기도 한다. 교육학적 가정은 수업을 운영하는 사람들과 거의 공유되지 않는다. 여기에서 미스터리를 유지하는 것이 핵심인데, 왜냐하면 미스터리를 유지하는 것이 기계적 구조를 유지하는 것이기 때문이다.

극단의 경우에는, 이러한 교육학이 학생들은 컴퓨터와 같은 유기체이고, 문자, 소리, 단어, 역사적 사실과 같은 정보 바이트에 의하여 프로그램될 수 있다는 가정하에 구성된다. 그러나 Mihaly Csikzentmihalyi(1990)이 이 장의 서두에서 말한 것처럼, 아동은 예측 가능하게 프로그램될 수 없다. 그들은 그들의 경험 속에서 의미 없는 것들을 무시할 수 있는 자유가 있다. 그들은 이 자유를 규칙대로 수행한다. 그들의 신체는 통제 가능할지라도 그들의 마음은 그렇게 되지 않는다. 교사들은 그들의 자유를 억압할 수 있지만, 그들의 의식은 그렇게 할 수 없다. 그래서 교사들은 학교의 의심스러운 조작에 대항하는 학생들의 무의식적 전략을 통제할 수 없다.

아마도 성인들은 비록 명백한 사실이 아닐지라도, 아동들이 하기 전에 미리 해야 하는 것을 더 잘 알 것이다. 문제는 한 사람에게 의미 있는 것이 다른 사람에게는 그렇지 않다는 것이다. 학생들은 그들을 위하여 의미가 있는 교재만 오로지 학습할 것이다. 교사들은 학생들에게 좋은 것이 무엇인지를 모르면서 그들의 완강한 저항에 괴로워하겠지만, 젊은 세대에게 불평하는 것이 문제를 해결하는 것은 아니다. 우리 모두는 때때로 노력하지 않아도, 우리의 편안하고 이로운 삶에서 우리에게 의미 있는 것을 가진 자원을 공부한다. 다른 사람들의 실제를 부인하는 것은 그들의 독특함의 진정성을 거부하는 것이고 그래서 그들의 관심을 잃게 만든다. 이것이 모든 사람이 겪는 손해이다.

교육의 경영은 Chris Argyris와 Donald Schön(1974)이 전문적인 이론이라고 부르는 것과 "행위 속의 이론"과의 불일치, 즉 사람들이 교육에 대하여 믿는 것과 실제로 행하는 것과의 차이에 의하여 규정된다. 미국 교육의 언어는 "진보주의적 주제"에서 나타나는 것으로 가득하다. 유명한 교육심리학자 Howard Gardner (1990)는 미국 교육의 전통과 진보의 지속적인 긴장 관계를 말했다. "진보적인 주제에 대한 지속적인 집중은 미국 유산의 중요한 부분이다. 이 요소는 미국 교육을 위한 어떤 처방에서 심사숙고되어야 한다."고 말했다.

수사적 수준에서 어떤 현상이 일어나든 간에, 기계론적 원리는 교실 상황에서 우세한 고지를 차지하고 실제 실행 수준에서 적용되고 있다. 우리의 현황에서는 좀 더 융통성 있고 유연한 근원적 은유가 필요하다.

## 교육학계의 진화

미국 교육연구의 주류 학자들은 교수-학습 과정의 기계론적 모델의 한계를 발견하기 시작했다. 물론, 질적 연구자들과 급진적인 비판가들은 오래전부터 그렇게 해왔다. 유명한 사회언어학자, 통신학자, 인지주의 학습이론가들은 가장 강력한 학습은 일상의 삶과 적응의 사회적 세계의 산물이다라고 결론을 내렸다. 그들 중에서 유명한 학자가 인지적 인류학자 Jean Lave(1988; Lave and Wenger, 1991)이다. 그의 학습 전이에 대한 흥미로운 연구는 군림하는 교육 모델의 효율성에 대하여 엄청나게 충격적인 의문을 던졌다. Lave(1988)는 학습의 "기능주의자" 이론을 의문시했다.

> 아동은 만약에 일반적인 인지 능력(예: 읽기, 쓰기, 셈하기, 논리적 비판적 사고)이 학생들의 경험으로부터 나온 지식을 사용하는 일상적인 맥락과 동떨어져 있다면, 이 능력들을 배울 수 있다. 학생들의 경험은 모든 상황에서 지식을 일반적으로 적용할 수 있도록 하기 위한 조건이 된다. 학교교육은 아동을 그들의 일상생활과 분리하여, 넓은 조직적 수준에서 이 아이디어를 반영한다. (pp. 9-10)

Lave의 인지의 "사회적 실천 이론"은 "실제 상황에서 구성되는 실천 속의 지식이 살아온 세계의 인간의 가장 강력한 지적 능력의 핵심"이라고 말한다. 그녀가 주장하는 것처럼, "실천 이론은 인지와 학교교육에 대하여, 기능적인 학교교육이론, 교육 이데올로기, 인지주의와는 다른 입장을 제안한다(p. 14).

Jean Lave는 교육연구 기반을 두지 않은 인류학자이다. 더욱 놀라운 것은 학습이라는 주제를 "멀티소스 현상"으로써 설명하는 *The Review of Educational Research*의 1990년판을 위하여 그해 겨울을 모두 할애했다는 것이다. 편집자는 학습의 과학적 연구: 고립된 요인과 현상을 행동주의적 혹은 계산적 방법으로 탐구하는 연구를 규정하는 "소외로 인한 간소화"는 "정확성과 관련성" 간의 깨지지 않는 격차를 만들었다고 인정했다(Iran-Nejad, McKeachie, & Berliner, 1990). 즉, 학습 과정에 대하여 가장 엄격하고 거만하고 인색한 과학적 연구는 세상에서의 학습을 인간의 실제적인 삶에서 멀어지게 한다. 이러한 고립에서 학습 요인을 측정하는 것은 살아 있는 인간에게서 나타나는 학습을 이해하지 못하게 한다. 학습은 "멀티소스" 현상이다.

그들이 기록한 "멀티소스 주제"는 "상황을 분절된 부분으로 구별함으로써 문제를 단순화하는 것을 하지 말아야 한다고 제안한다. 왜냐하면, 풀어내기에는 너무나 복잡한 고차원적 상호작용을 가진 수많은 요인이 있는 거울 방에 갇히는 꼴이 되기 때문이다"(p. 512). Carl Bereiter(1990)를 인용하면서, 그들은 "상황적 모듈로서 유기체를 특성 짓는 것"을 제안하였다. 이 제안은 자극-반응 실험과는 매우 다른 것이다.

Shulman과 Carey(1984)는 다음과 같이 설명한다.

> 합리적인 모델의 관점에서 연구하는 교육연구가들에게, 연구는 교사의 행동과 학생들의 행동 간의 상호관계와 인과관계를 밝히는 과정이 된다. 연구자의 역할은 분석하고 요소, 구조, 기능으로 세분화하는 것이며, 체계적인 관찰과 실험 방법을 적절히 활용하여 행동의 법칙을 찾는 것이다. (p. 508)

물론 그런 법칙이 "거기에" 있다고 가정한다.

Iran-Nejad, McKeachie와 Berliner는 이러한 전통적인 접근을 거부했다. 그들은 학습을 통합된 맥락적 과정으로 규정하고 학생들의 경험된 삶의 속성에 의존하는 것으로 규명하면서, 연구 실제와 관점에서 커다란 수정을 제안했다. 그들은 인지심리학의 경험적 연구의 구체적인 실체를 언급한다. 즉, 과정이 깊고 정교하면 할수록 더 많이 맥락에 처해지고, 사건이 문화적 배경, 메타인지적, 개인적 지식에 뿌리를 두면 둘수록, 더 쉽게 이해하고 학습하고 기억하게 된다(pp. 510-511). 비록 그들이 이 용어를 사용하지는 않을지라도 이것은 "살아 있는 경험" 그 이상도 그 이하도 아니다.

## 도관 모델*

한 논문에서 Asghar Iran-Nejad(1990)는 다음과 같이 기술한다.

---

* 혹은 전달 모델(delivery model)이라고도 함.

> 두 가지 암묵적인 가정이 학교의 학습을 주도하는 것 같다. 하나는 외적인 정보가 학습의 오직 한 가지 자원이라는 것이고 다른 하나는 교사에 의한 수행 통제가 자기조절적 학습 과정의 오직 한 가지 내적 자원이라는 것이다. 그 결과, 주어지는 자극에 대하여 학습자가 억지로 주의를 집중하는 것은 학교 학습에서 가장 중요한 조절자로 간주한다. 이러한 두 가정은 학습 영역을 많은 자원들의 역할을 심각하게 제한하고 사실과 정의를 암기하는 것에 국한시킨다. (p. 573)

Iran-Nejad의 "학습에 동시에 영향을 미치는 다양한 자원"은 학생들의 경험 영역 안에 있다. 다른 곳에는 없다.

Iran-Nejad의 논문의 목적은 그가 "도관 은유"라고 부르는 것을 설명하고 비판하는 것이다. 그는 "아이디어, 생각, 혹은 감성은 화자로부터 청중에게 전달된다."는 가정은 인지심리학에서 부정확한 설명 모델이며 수업 실천의 잘못된 지침이라는 것을 알아낸다(p. 574). 결국, "도관 은유"는 미국 교육의 많은 실패를 설명하는 은유이다. "도관 은유의 개념화는 학교에 대한 부정적인 태도와 실패의 두려움에 연계되고, 분열을 가져온다. 반면에 구성적인 개념화는 목표 지향점과 체계적인 연구를 성취하는 내적인 학습 동기와 연계된다"(p. 577).

가능성이 높은 패러다임 변화의 더 많은 증거는 탁월한 인지심리학자 Jerome Bruner(1990)의 현재 업적에서 찾을 수 있다. 그는 인간 삶의 의미(의미 구성)의 조직자로서 의도적인 상태를 인정하는 새로운 문화심리학을 주창하였다. 그는 인간 삶에서 경험의 힘을 부인하고 삶의 의도성을 무시하는 과학적 심리학은 지적으로도 실제적으로도 황량하다고 주장하였다. Bruner가 그의 책에서 문제시한 경험적-실험적 심리학은 교육을 이해하고 우리 사회에서 그 기술을 구성하기 위한 주도적인 모델이다.

교육연구 공동체 내에서의 이러한 비판의 메시지는 그 지배적인 근원적 은유가 학습을 위한 황폐한 맥락을 제공한다는 것이다.

## 제약이 있는 환경

수십 년 동안 여러 연구가 진행되어 온 가운데, 가장 뛰어난 연구자들과 해설가들은 학교 교육과정이 아동과 젊은 세대의 독립적인 정신에 미친 손상에 관심을 가지고 있다. 이 손상은 교육과정이나 공학, 기술 혹은 물리적인 자원 때문이 아니라, 학생들의 시간과 공간 사용을 관리하는 방법인 통제된 맥락과 과정에 의하여 발생한다. 그들은 학생들에게서 지루함, 나태함, 체념, 기회주의와 같은 것을 발견한다.

Ernest Boyer의 미국 고등학교에 대한 연구에서 학생들은 "우리는 그냥 일하고 시험을 볼 뿐이다"라고 말했다(Gross & Gross, 1985에서 인용). 그래서 그들은 "좋은" 고등학교에서 삶의 지루함을 불평했다. 몇몇 비슷한 일화를 제시한 후에, Boyer는 말했다.

> 어떻게 … 학생들의 상대적으로 수동적이고 온순한 역할이 그들을 잘 알려진 능동적인 성찰적인 시민으로 참여할 수 있도록 만들 수 있는가? 어떻게 교실의 엄격한 시간표와 일상화된 분위기가 학생들을 성인과 같은 독립성을 갖도록 만들 수 있는가? 우리가 교실에서 그렇게 체계적으로 개별성을 막을 때, 어떻게 학생들의 삶을 통하여 비판적 창의적 사고 능력을 신장할 수 있는가? (pp. 131-132)

Edgar Friedenberg는 청소년의 교육에 대한 그의 연구에서 다음과 같이 기술하였다(1963).

> 나는 고등학교의 삶이 감성적으로 지적으로 불성실함을 알게 되었다. 학교는 젊은 학생들이 그들 세대에 맞는 스타일을 만들 수 있는 기회를 저버린다. 청소년의 성장을 촉진하는 가장 기본적인 첫 단계는 그들의 성적인 에너지와 그들의 정체성에 대한 때로는 과감한 의문을 과거와 현재 문화의 좀 더 커다란 측면과 연계하는 것이다. 이것은 어떤 감각을 의미하고, 그리고 훈련된 자아 표현이 요구하는 것을 말한

다. 만약 청소년의 바로크적 표현이 뚱한 억압의 태도를 불러일으킨다면 … 청소년은 그가 아직 개발하지 않은 자원으로 되돌아가게 된다. (p. 219)

그리고 Theodore R. Sizer는 10년 뒤에 다음과 같이 말했다(1973, Gross & Gross, 1985에서 인용).

슬픈 사연은 [미국 교육에서] 개인들을 위한 독특함과 자아 중요성의 의미는 실재에서는(수사적으로는 아니지만) 무시되고 있다. 더욱이 교육자들은 그들 스스로를 파괴하는 맥락을 만들어 왔다. 어떤 사람이 자신의 이름이 혼자 나타났을 때, 자신이 가진 독특함과 가치를 인식하는가? 자신감과 확신감이 빈정거림에 의하여 혹은 개인의 가치를 훼손하면서 길러질 수 있는가? 만약에 어떤 사람에게 책임감이 주어지지 않는다면, 자신을 믿어 주는 사람이 없다면, 능력을 개발할 수 있는가? 물론 아니다. 그러나 너무 많은 학교들이 무의식적으로 혹은 대안이 없어서 이러한 방식으로 운영되고 있다. 이러한 의미에서 Jonathan Kozol이 말한 것처럼, 어떤 학교는 아동의 가슴과 마음을 파괴한다고 해도 과언이 아니다. (p. 59)

그리고 또 10년 후에 John Goodlad도 다음과 같이 말했다(1984, Gross & Gross, 1985에서 인용).

교실은 제한된, 제한이 있는 환경이다. 이 환경을 교사의 통제에서 멀어지게 하는 것은 많은 교사들을 놀라게 한다. 그들은 그들이 감당할 공포를 위하여 학생들에게 많은 "공간"을 주는 것을 방해한다. 학생들이 그 신호를 선택할 것에는 의심할 여지가 없는 것 같다. 어느 한 고등학교 학생이 간결하게 말한 것처럼, "우리는 새장에 갇힌 새이다. 문은 열려 있지만, 밖에는 고양이가 있을 뿐이다. (p. 136)

## 6학년 학생의 경험

1988년에 중등학교 교장협회는 미국 학교의 6학년에 대한 핵심 연구를 수행하였다(Lounsdury & Johnson, 1988). 이 연구에 참여했던 132명의 교실 교사가 방법에 대한 심층적인 오리엔테이션을 거친 후, 하루 동안 학교를 떠나, 전국의 132개의 다른 학교에서 선발된 같은 수의 6학년 학생들을 대상으로 "미행 연구"를 수행하였다. 각 연구자는 하루 동안 한 명의 학생을 따라다녔다. 그리고 아동이 학교에서 했던 것처럼, 2~3분에 한 번씩 학생의 행동을 기록했다. 그리고 미행했던 연구자는 학교가 쉬는 날에 그 학생을 면담했다. 이 연구는 아동의 실제 경험에 초점을 두고 있다.

이 연구는 전국적으로 6학년 학생들은 교사가 교과목에 대하여 설명하는 것을 차분하지 못하게 듣고 앉아 있었을지라도, 밖에서는 조용히 앉아서 하루를 보낸다는 것을 밝혀냈다. 6학년 학생들은 교과목, 교사 혹은 그 어떤 것에 대하여서도 별로 의문이 없다. 그들은 별로 쓰지도 읽지도 말하지도 토론하지도 고민하지도 도전하지도 실제 문제를 풀려고 하지도 않는다. 그들은 그들의 삶과 교과목을 연계하여 질문하지도 않는다. 그들은 그냥 줄에 수동적으로 앉아서 그들의 에너지를 낭비하고 의무적으로 집중하려고 노력한다. 종종 그들은 교사의 관심과 존중을 받기는 하지만, 때때로 그렇지 않을 때도 있다.

이 연구는 도관 모델이 대부분의 6학년 교실에서 운영되고 있음을 명확하게 밝혔다. 핵심은 통제, 자원, 단원, 지식의 조각에 있다. 거기에는 관계를 맺고 한 주제를 다른 주제에 연계하고 학교 밖의 인간의 삶을 기반으로 의미-맥락을 만들고자 하는 노력을 거의 하지 않는다. 그리고 확실히 6학년 학생들의 삶 그 자체는 거기에 없다. 자원은 그 자체가 내적 가치가 있는 것처럼 제시된다. 이 연구의 저자가 인정한 것처럼, 학생들은 거의 그것에 대하여 말하지 않는다.

> 프로그램이 잘 돌아가지 않는 곳은 6학년 학생들이 자신의 개인적 관점을 표현하고, 친구들의 반응을 판단하기 위하여 다양한 반응을 시도하고, 감정, 판단, 정보를

포함한 아이디어를 실험하고 비판적으로 생각하는 기회가 넘치는 곳이다.

청소년의 핵심은 각 개인에 의하여 독특한 정체성이 만들어지는 것이라는 사실은 일반적으로 알려져 있다. 이것은 어린 사람이 독립적인 생각과 행동을 시작하고, 자신을 특이한 사람으로 인식하고 결정하고 판단하며 그들의 부모로부터 벗어나는 초기의 청소년 시기에 나타난다.

학교는 전통적으로 이러한 독립성의 성장을 증진시킨다기보다는 방해한다. 그리고 확실하게 그 미행 연구는 이러한 상황이 아직도 존재함을 증명해 준다. 시간이 지나면서 관찰자와 분석가는 참여의 부족, 독립된 행동과 판단 기회의 제한, 개인 성장을 이끄는 상황 부재를 비판했다. (Lounsbury & Johnson, p. 107)

선택, 자율적인 개인으로 행동하는 인간의 의도성을 부인하기 때문에, 전달 모델(도관 모형)은 많은 학생들에게 실패를 안겨 준다. 수동적 공격적인 부조화, 의존성, 복종을 가르치고, 자아표현, 비판, 온 마음을 다하는 실행보다는 주의하는 것을 가르친다. 이는 인간이 그들이 경험한 삶과 동떨어져 있기 때문에 그들에게 부당하고 의미 없는 자원을 통하여 배우려 하지 않고 자신의 존재를 구성하는 의미에 의문을 던지기 때문에 그러하다.

아마도 이 사회의 경제적 사회적 주변으로부터의 불연속성이 가장 큰 문제이지만, 이 불연속성의 사회적 경제적 영향은 엄청난 손상을 가져온다. 교수가 비실제적 통제로 경험될 때, 사회적 경제적으로 유리한 위치에 있는 학생들조차도 수동적인 철회 혹은 정해진 한계 안에서만 생각하는 의존적인 인간—정치적 조작을 책임지고 있는 독단적인 냉소가, 혹은 사회의 정치적 삶으로부터 소외된 사람들 중에서 하나를 선택하게 되는 국면에 도달하게 된다. 이것이 현재 미국 역사의 뚜렷한 특성이다.

## 개혁의 딜레마

1980년대와 1990년대에 권력의 지원을 받아 온 학교개혁 노력은 교수적-교육과정적 전달에서 압력을 증가시켰다. 이러한 노력은 합법적으로 운동으로 불렸다. 이 운동의 수사적 의미는 강력한 요청의 언어이다. 이것은 교육의 레이건파의 장관인 William Bennett의 공적인 지위를 나타낸다. 즉, 교육 수월성에 대한 제안서(National Commission on Excellence in Education; NCEE)에서, 교육적 수월성 네트워크에서 그리고 Allen Bloom(1987)과 E. D. Hirsch Jr.(1987)의 저작에 나타나 있다. NCEE의 공동저자인 Chester E. Finn, Jr.는 『우리는 책임을 져야 한다(*We must take charge*)』라는 책을 저술하였다. Finn은 그가 교육에 대한 "자유민주주의적 합의"라고 부르는 것을 공격했는데, 객관적인 평가 도구에 의하여 측정하여 전통적인 교과목을 숙달하는 것으로 정의되는 수월성의 개념 이상으로 균등함을 강조하였다. Finn에 의하면, 날짜, 지명, 지리적 관계, 고급 수학, 애국적인 사실 등을 정확하게 아는 학생들은 거의 없다. 부가하여, 명확한 인센티브, 확고한 훈련, 혹은 강력한 교육과정을 충분하게 지키지도 못한다.

그의 책은 미국 학교에서 경험의 다양성, 배경, 능력, 문화를 인정하지만, 교육 프로그램에서 특별한 관심을 받을 만한 요소로 생각하지 않는다. 그는 재빠르게 재정에서의 격차와 불평등의 모호한 지표에 대하여 피해 간다. 이 불평등은 정치와 교육 경영, Janathan Kozol의 미국 교육 자원의 부정적 배치에 대한 상세한 언급과 관련된다. 이 책은 『야만의 불평등(*Savage Inequalities*)』(1991)이다.

Finn의 책을 Kozol의 책과 대비하는 것은 현대 교육적 대화의 극단을 보여 주는 것이다. Finn은 민족성, 성별, 종족, 사회적 계급과 같은 이슈와 교육 성취의 요인으로서 교육 자원의 불평등 보급에 대하여 모르는 척했다. 그는 외적인 동기가 학생들이 학교에서 더 많이 배울 수 있게 하는 "자발적인 흥미 혹은 내적인 즐거움"보다 훨씬 더 중요하다고 말한 것(p. 126) 외에는 교육과정에 대하여 언급한 것이 거의 없다. 그의 관점은 확실히 1980년대와 1990년대의 레이건-부시 혁명의 지적인 옹호자에 의하여 주창되는 "경쟁적인 우수성"의 원리에 뿌리를 두고 있다.

Finn에게 학교 향상의 길은 부당하고 경쟁적인 조건하에 운영되는 전통적인 교과목을 통하여 가능하다. 즉, 기계론적인 전달 모델의 강조를 통하여 가능하다. Finn은 학생들 간, 학교 간, 공립과 사립 간의 외적인 경쟁을 원한다. 그리고 명확하게 학생들의 주요 교과목에 대한 숙달을 평가하는 국가 프로그램을 기반으로 책무 시스템을 정의하였다. 총점이 기준에 도달하지 못하는 학교들은 제재를 받아야 한다고 제안하였다.

만약에 학생들이 배우길 원하지 않는다면, 그들은 그것에 대한 대가를 치러야 한다. 예를 들면, 운전면허를 취소하고, 일을 하지 못하도록 하거나 상급학교 진학을 제한해야 한다. Finn에게 동기 문제는 경쟁적 전쟁으로 몰아넣는 것이다. 그들 대 우리, 그들 자신 혹은 국가를 위하여 좋은 것에 대한 의심스러운 저항을 하는 학생들 대 교사가 치르는 전쟁이다. 그는 "우리의 선호도는 항상 내적인 불을 붙이기 위한 것이고 한번 붙으면, 학습이 자기동기적으로 된다고 말했다. 그러나 이것이 불붙여지지 않는다면 혹은 어떤 대상에게는 가능한데 다른 대상에게는 그렇지 않다면, 우리는 외적인 동기를 이용해야 한다(p. 258)고 썼다." 이러한 태도에는 왜 자기동기화된 학습이 우리 시스템에서 불붙여지기 어려운지를 실험해 볼 여지가 없다.

이 접근은 지난 10년간 세계 역사 속에서 특징지어져 온 민주주의적 분산에 역행하는 것이다. 즉, 이것은 획일화된 결과를 가져오도록 고안된 평가의 구조를 기반으로 하는 교육부형 모델이다.

그렇지만, 가장 심각한 결여는 그의 반민주주의적 기초와 이에 따른 학습의 경험적 기반을 무시하는 것이다. "수월성" 운동의 반민주주의적 속성은 Robert Scholes의 에세이 "Aiming a Canon at the Curriculum"(1986)에서 처절한 방식으로 잘 드러나 있다. 이것은 특히 Bennett과 Hirsh의 공적인 입장을 겨냥한 것이지만, Finn의 업적과도 쉽게 연계된다. Scholes는 Bennett과 Hirsh의 두 가지 연결된 "보수적인" 주제를 지적하였다: "사무원의 새로운 반역"이라고 부르는 것에 영향을 주는 하락의 믿음과, 잘못에는 벌을 주고 잘한 것에는 칭찬을 하는 강력하고 집중된 리더십에 대한 요청(우리는 책임을 져야 한다고 Finn은 말했다). 교육적 우익에 대한 Scholes의 비판은 이러한 논쟁에 반드시 동의할 수도 아닐 수도 있다.

Finn은 그가 제안하는 교육과정이 어떻게 미국 학생의 소수집단(Kozol의 매우 나쁜 불평등에서의 상류-중류 집단의 수혜자)보다는 더 많은 학생들에게 의미가 있는가에 대한 질문에는 대답을 하지 않았다. 또한 그는 그의 제안이 미국인 삶의 중요한 속성인 구조적인 무기력증에 시달리는 사람은커녕, 이 사회의 좀 더 혜택받은 학생들에게조차도 학습의 새로운 방법을 제안하는가에 대한 질문에 대답하지 못했다.

우리 학교에서 외적인 동기와 경쟁의 주창자들은 우리 사회의 약자와 인종적으로 불이익을 당하는 사람들에게 균등하게 교육 자원을 분배하는 것에 대하여 무시하는 태도를 가진다. 즉, 학교교육의 자원에 대한 동등한 접근을 부인해 온 사람들은 더 많은 경쟁적인 불이득에 고통을 받을 것이며, 이것은 박탈의 정책을 지속하고 Finn이 아무 말도 못한 것에 대한 후회에서 비롯된다.

Fred Newmann과 Thomas Kelly(1985)는 NCEE에 대한 좀 더 상세한 비평에서, 이 프로그램의 문제가 무엇이고 왜 그 목적을 달성하지 못할 것 같은지에 대한 이유를 제시하였다.

> 학생들이 가치 있는 역량의 완성을 제시하지 않는 기준에 순응해야 할 때, 이 기준의 실제성이 의문시된다. 비현실적인 기준은 학습자의 개별성을 위협한다. 왜냐하면, 그들은 가치 있는 역량을 개발하는 기회를 부인하기 때문이다. 그들은 의미 없고 구성적인 목적에 부합하지 않는 행동으로 통합을 추구하는 학생들의 탐구를 불만스럽게 만들 것이다. (p. 223)

Finn은 그의 프로그램이 얼마나 의미 없는지, 어떤 연금술적 방법이 학교교육의 전통적인 주제들을 "가치 있는 역량"으로 전환할지에 대하여 심각하게 설명하지 않았다. 아마도 Educational Excellence Network와 우리의 민주주의적 전통의 가치와 연계시키는 방법이 있는가 보다. 그러나 민주주의는 이 책에서 거의 언급되지 않는다. 사실상, 민주주의에는 한 가지 입장만 있을 수는 없다. Finn에게 미국 교육의 증진은 한 방향으로만 회전하는 톱니바퀴 현상 혹은 뭔가 쥐어 짜내게 하는 문제를 야기한다. 그의 목적을 달성하기 위하여 정부는 학교에 대하여 책임을 져야 하고 학교는 학생들에 대하여 책임을 져야 한다. 그러면 평가 점수는 향상하고 우리 팀은 글로벌교육의 선두에 서게 될 것이다.

만약에 우리 학교들이 교육과정의 통제하에 구체적인 결과를 측정하고, 학생들을 좀 더 강압적으로 평가하고 훈련을 강화하는 것에 중심을 둔다면, 학생들은 더 많이 배울 것이다. 혹은 학교 성과를 측정하는 표준평가에서 적어도 좋은 점수를 얻는다는 의견은 위에서 말한 경험-위배 태도의 분류의 가까운 친척이 된다. 정책으로 실행되는 이런 아이디어는 실제적인 교육개혁의 노력을 헛되게 만들 뿐만 아니라, 그 과정에 참여하는 참여자들의 살아 있는 경험에 내재된 다양성과 복잡성에 대한 혐오감을 증폭시킬 것이다.

이러한 자세의 뒤에 깔린 가정은 우리 문제에 대한 해결이 경험과 자유에 대한 통제와 억압에 있다는 만연된 믿음을 나타낸다. 이러한 태도들은 민감성이 아닌 재생산의 권한 부여가 아닌 헤게모니의 개념에 근간을 두고 있다. 이것은 무질서와 잘 알려지지 않은 것에 대한 깊은 혐오에서 비롯되는 지각된 혼돈에 대항하는 방패이다. 이것은 Else Frenkel-Brunswik(1949)가 "심리학적 엄밀성"이라는 그녀의 고전에서 조사된 것인데, 즉 내적인 혼돈과 무기력함을 가리고 모호함과 복잡성을 향한 방어로써 세워진 독단적 구조이다.

만약에 공적인 정책으로 실행된다면, 사회적 제동장치는 지속적으로 복잡해지는 세상에 효과적으로 대응하는 사람으로서 우리의 수용 능력의 더 많은 퇴보가 생길 것이다. 복잡성 속에서 살아가기 위하여, 우리는 그것에 가치를 부여하고 의미를 찾고 우리 교육 시스템의 핵심 원리를 설명하고 그에 대처해야 한다. 특히 교육 문제는 복잡한 인간의 문제(기술적 문제가 아닌)로 간주해야 한다. 그들은 힘의 전이로서 교육에 의지하면서, 물리나 공학적 법칙에 대한 기본적인 감각에 매료되지 않는다. 교육과 학습에 대한 심각한 문제에 대한 대답은 항상 전통적인 실험 방법으로는 단언할 수 없이 우발적이고 불확정적이다. 그들은 심리학적 분석이 아닌 철학적 성찰을 기반으로 한다.

명확하고 그럴듯한 보상을 받는 소수 사람에게조차도 비현실적인 기준에 매달리는 학교는 따분하고, 교과목보다는 그 지루함을 견디는 방법을 가르친다.

물론 이것이 교육에 대한 새로운 사실은 아니다. 원래 John Dewey에 의하여 밝혀지고 2차 대전 전에 콜롬비아대학교 교육대학의 William Heard Kilpatrick과 Dewey의 제자들에 의하여 알려진 이것은 잘못된 진보주의 교육운동과 후속 개혁 노력을 일으켰다. 그래서 그들은 그 이래로 수십 년 동안 상당한 비판을 받아왔다. 이것 또한 변함없이 죽도록 거절해 온 것이다.

그들은 실행하는 것이 고통스럽게 어렵다는 것을 증명해 왔다. 그리고 그것이 이 책의 핵심이다. 즉, 근원적 은유로서 내러티브의 아이디어에 대하여, 이러한 아이디어들이 교육개혁에 살아나게 함으로써 실행 가능한 철학적 기반을 제시하기 위함이다. 이 책의 다른 점은 개념과 실제의 모든 수준에서 내러티브와 경험을 연결하기 위한 노력을 기반으로 한다는 것이다.

다음 장에서는 시급한 과제를 다룬다. 왜냐하면, 학교 밖에서 학생들이 경험하는 실제 환경은 예측 불가능하고 불확정적이기 때문인데, 이는 이미지의 혼동, 변화무쌍한 의미, 해로움, 지속적인 적응의 요구, 갈등 세계에서 복잡한 다양한 삶으로 구성된다. 이것은 Robert Bellah와 그의 동료들(1985)이 실행한, 우리의 국가적 삶에 구속되지 않은 개인주의의 결과에 대한 연구에서 "미국인의 불안", "좋은 삶의 추구를 향한 불안감과 우울함" 으로 규명하였다.

이 환경의 실제를 인정하지 못하고, 그래서 학생들에게 그들의 삶을 관리하는 배움에서 어떤 심각한 도움을 제공한다. 학교는 스스로를 계속되는 실패에 빠지게 한다. 학교는 "좋은 삶" 에 대하여 할 수 있는 것이 거의 없다. 그냥 그대로 내버려 두어야 한다.

03장

# 세계의 권위

대중문화는 교사와 학교 행정가의 어른 목소리가 만들어 내는 교육학과 같이, 학생들에 의하여 만들어지고 그들의 목소리와 경험을 구성하기 위한 지식의 주요 원천이 된다.

– Henry Giroux and Roger Simon의
대중문화, 학교교육, 그리고 일상생활
(Popular Culture, Schooling, and Everyday life)

낭만적으로 그려지는 과거와의 통합된 생활세계는 지나간다. 그 안에서 모든 사람은 자신의 정해진 장소를 알고 교육은 예측 가능한 폐쇄사회에서 살아가도록 젊은 세대를 준비시키는 것으로 구성된다. 이것은 Benita Luckman(1978)이 지명한 것에 의하여 바뀐다.

"현대인의 작은 생활세계". 후기 산업사회에서 인간이 실제로 살고 있는 생활세계의 작은 부분들(조각난 분절)은 수많은 작은 세계들로 이루어진다. 이들은 존재의 개인적인 혹은 제도적인 영역 안에 놓여 있다. 그 누구도 모든 인간의 삶이 펼쳐 내는 전체 생활세계를 나타내지 못한다. 오히려 우리는 파트 타임의 사회 속에서 생활하는 파트 타임의 인간 존재를 말할 수밖에 없을 것이다. (p. 276)

Chester Finn과 그의 옹호자들과 같은 낭만적인 우익 인사들이 제안하는 묘책에는 조화롭고 통합된 사회를 다시 되돌려 오는 것이 포함되지 않을 것이다. 이러한 사회에서는 모든 사람들의 위치나 지위가 명확하고 출생 신분이나 정적이고 고정적인 사회 질서에 의해 미리 결정된다. 그리고 그러한 고정된 역할을 유지하는 데 필요한 지식이 마찬가지로 전통과 고정적인 환경에 의하여 유지되게 된다.

미래의 성공적인 학교는 학생들이 실제로 거하고 그들이 만들고 그것에 의하여 만들어지는 그런 세계에 사는 것처럼, 그들과 그들의 삶에 관심을 집중할 것이다. 이것이 삶과 학생들의 경험이 역동적으로 상호작용하고 그래서 교육과정을 창조하는 학교가 될 것이다.

Calvin Schrag(1961)가 쓴 "선택(Choice)"은 "유한하고 실제적인 자유로서 자신의 구조 안에 있음을 암시한다"(p. 175). 자유로운 사회에 사는 시민들은 현대사회의 복잡함과 애매모호함을 받아들이고 적응하면서 살아가는 방법을 배워야 한다. 그렇지 않으면, 그들은 자유로운 삶이 요구하는 선택을 하지 못할 것이다. 그들은 자기 자신의 경험을 충실하게 성찰하고 세상의 학습자로서 자신의 이야기를 말하는 것을 배워야 한다. 이것은 현재 교육 구조에서 그리고 Finn의 구조에서는 매우 하기 어려운 것이다. 그들은 시민 사회에서 함께 살아가는 방법을 배워야 한다. 이것은 학교교육의 경쟁적이고 부당한 조건과 관련된다.

학생들이 우리가 그들이 배우기를 원하는 것을 배우지 못하면, 이것은 그들이 원하지 않는 의식의 어떤 수준이다. 왜냐하면, 우리가 제시하는 교재는 그들에게 더 이상 의미가 없고 제공되는 것은 그들이 실제로 경험하는 세계에서 그들 자신을 만들어 가는 시나리오와 맞지 않기 때문이다. 이러한 저항은 의지의 행동이며, 그들이 우리로부터 들은 것과 실제 세상에서 지각한 것 간의 불일치, 우리의 전문적인 가치와 학생으로서 다양한 서로 다른 집단의 구성원으로서 그들의 삶의 현실과 불일치에 대한 암묵적인 성찰적인 생각을 나타낸다. 결국 그들은 어느 정도 그들에게 의미가 있지 않다면 왜 거절해야 하는가?

## 위협당하는 우리의 학교

이러한 질문에 대한 완전한 답은 불가능할 것이다. 혹은 불필요할 것이다. 그럴 듯한 대답은 학교들이 기계론과 전달 은유의 구조에 입각한 교수 과제에 지속적으로 공헌하면서, 그들이 처해 있는 환경의 강조, 접근 용이성, 상당한 권력에 압도당하고 있다는 것이다. 그들은 학생의 경험에 대한 그들의 구조적인 양면가치가 교과목의 효과적인 맥락화를 방해하고, 학생들의 삶과 교과목 혹은 교재에 의미를 부여하는 것을 금하기 때문에 위협당하고 있다. 표준적인 가치는 서로를 인정하지 않는 한 대중문화의 가치와 양립할 수 없다.

사회평론가 Christopher Lasch(1992)는 미국 삶의 부패에 대한 논조에서, "상품의 지속적인 선전과 함께 '소비문화' 라고 불리는 것은 아동을 어린 나이에 꼬이고, 부모의 훈련에 못 견디게 하고 그들의 쾌락을 방해하는 사람은 누구나 저항하게 한다" (p. 81).

학교 학생들은 이미지와 운동이 충돌하는 혼돈의 세계에서 살고 있다. 그 세계에서 대중문화는 교육적 영향력에 좋을 수도 그렇지 않을 수도 있다. 젊은 사람들은 텔레비전과 영화를 보고, 정치적으로 논란거리가 되는 쾌락과 록음악, MTV의 판타지에서 제시되거나 들려주는 것에 빠져 있다. 그들은 산책로와 쇼핑몰의 아트리움, 우리 소비문화에 세워진 거대한 기념비들을 돌아다닌다. 그들은 우리가 좋아하거나 그렇지 않거나 상관없이 이러한 경험을 통하여 배운다. 그리고 그들은 대중문화의 미디어를 그들이 느끼는 더 큰 세상의 애매한 가치로부터 그리고 학교에서 견뎌내는 이기심의 방해로부터 자신을 방어하기 위하여 이용한다 (Giroux & Simon, 1989 참고).

특히 텔레비전과 같은 미디어는 어른스러움과 아동스러움의 중요한 차이를 없앨 것이다. 그렇게 하면서, 또한 학교의 인쇄 중심의 권위를 깎아내릴 것이다. Joshua Meyerowwitz(1984)는 "어른 같은 아이 그리고 아이 같은 어른" 이라는 에세이에서 TV는 아동에 대한 성인의 통제를 유포시키고 그 결과 지금까지 교육의 성격을 규정 지운 고정적이고 연령에 의한 획일적 순서 방식을 전파시키는 방식으로 정보를 동질화시켜 버린다. 이는 권위와 영향의 대안적인 원천을 가능하게 함으로써 나타난다. 이것은 우리 사회의 전통적인 통제와 실행을 무너뜨려 왔다(동유럽의 소련 시스템이 붕괴된 것 같은 현상의 발생과 같이).

젊은 사람들을 돈에 매수되게 만드는 비인격적인 상품주의인 쇼핑몰은 이전에 인간이 경험해 온 작은 이웃 상점에서의 경험과는 전혀 다른 경험을 준다.

학창 시절의 젊은 세대는 움직임과 다양성의 세계를 느끼고 경험한다. 그들은 실제로 혹은 미디어를 통하여 학습하고 수용한다. 조작된 이미지의 불협화음에 의한 할 일과 살 것의 형상들이 쏟아진다면, 그들은 어떻게 세상이 움직이고, 누가 무엇을 하고, 누가 무엇을 가지고, 잃어버리는가에 대한 실제적 혹은 가상적 이미지 모두를 보게 된다.

## 유리된 학교교육

학교교육은 이 모든 것을 위하여 무엇을 해야 하는가? 어떤 심각한 방법으로 이 세계에 관여하는가? 대답은 부정적이다. 학교의 반응은 명확함과 호소력이 부족하다. 이것은 젊은 세대들을 정제되고 미리 만들어진 "대상"으로 유인하고자 하는 것이다. 그들이 여기에서 성공하지 않는 것이 놀라운가? "삶"이 어디에 있든간에 그것은 그들에게 가르쳐진 그 "대상" 안에는 없다.

이것은 왜 우리 교육적 담론에 대한 Chester Finn, E. D. Hirsches, Allan Bloom의 주장이 결국 핵심에서 얼마나 많이 벗어났는가를 말해 준다. 학교교육의 주제는 부자연스럽고 자주적인 실제 없이 구성된다. 이 세상의 경험에 관련된 언급이 없다면, 미래 학습자들에게 의미가 없다. 이것은 그들이 잠재적인 의미를 가지고 있지 않다는 것을 의미하는 것은 아니다. 만약에 그들이 삶의 과제와 학생들의 다문화적 다양성과 잘 연계된다면 가능할 것이다. 그러나 학교는 학생들이 그렇게 하도록 돕는 노력을 거의 하지 않는다.

Lasch(1992)는 "모든 가족들은 같은 것을 원한다. 젊은 사람들을 파괴하는 압도적인 상업주의와 부모의 권위를 침해하는 것으로부터의 보호"(p. 82)라고 기술한다. 만약에 가족이 이러한 보호를 원한다면, 학교들이 물질과 대중문화의 소비자인 학생들이 살고 경험하는 실제 세계를 부인한다면, 어떻게 부모들이 학교로부터 도움을 받을 수 있는지를 묻는 것은 당연하다.

문제는 우리가 느슨하게 연결된 세상에서 살아가고 있다는 사실에 의하여 심각하고 좀 더 복잡해진다. 어떻게 연결되고, 어떤 것이 무엇을 위한 원인인지를 알아보는 것은 매우 어렵다. 그래서 학교와 사회가 느슨하게 연결되어 있는 것이 전혀 놀라운 것이 아니다. 가족은 약해 보이고 혹은 적어도 변화된 것 같다. 요즘에는 경력 변경도 일상적인 것이다. 다른 변화와 변경도 마찬가지이다. 정책가들과 전문적인 도덕가들의 "가족"에 대한 얘가는 종종 냉소적이고 부적절하다.

우리는 "전"의 세상에서 살고 있다—전 의사, 전 부인, 전 수녀, 전 신부, 전 이것 그리고 저것. 이 주제에 대한 어떤 책에서 Helen Ebaugh(1988)는 서두에 이렇게 적었다.

> 오늘날 세계 대부분의 우리는 어떤 측면에서 전이다. 우리는 결혼, 경력, 종교집단, 자발적인 조직의 제도적 삶, 아마도 술 혹은 마약중독자와 같은 오명의 역할들로부터 빠져나와 있다. 이름 붙여진 만큼 오래된 퇴장은 어떤 기대, 특권, 지위를 준다는 점에서 제도화되어 왔다. 거기에는 단순히 접두어인 "전"에 관련된 다양한 출구가 있다. 모든 전이 가지고 있는 한 가지는 그들이 모두 이제는 더 이상 존재하지 않지만 한번은 사회적 역할로 규명되었다는 것이다. (p. 1)

모든 이러한 변화(우리 중 누구에게는 개탄스럽지만 바꿀 수 없는)는 우리가 살고 있는 후기 전통주의 사회의 현상이다. 학교들은 공동체의 통합과 연결성의 의미를 개발할 만큼 힘이 없다. 왜냐하면, 그들은 마치 1940년대와 1950년대에 존재하고 있는 것처럼 조직되어 있고 재건축을 기다리기 때문이다. 그 세계는 아빠는 일하러 나가고 엄마는 아이들을 돌보기 위하여 집에 있는, 위협, 파괴, 운동이 없는 Norman Rockwell의 판타지다.

## 낭비된 사회 환경

그러나 학교 또한 학교의 사회적 환경에 있는 강한 가능성을 잘 사용하지 못한다. 젊은 사람들은 다른 사람과의 강한 관계에서 의미를 찾는다. 이것은 중학교 이상의 교사 혹은 부모들에게 분명하다. 그러나 교육과정과 학교의 사회적 과정 및 교육적 실제는 학습의 자원으로서 청소년의 사회적 관계의 잠재적인 힘에 거의 관심이 없다. 집단은 수업을 촉진하기 위하여 사소하고 기술적인 방법으로 이용되는 경향이 있다.

학교교육은 고립된 개인주의에 따라 구성되고, 학교의 사회적 삶을 특징짓는 복잡하고 변화무쌍한 믿음, 사회적 계층화, 경쟁을 관심의 대상으로 여기지 않는다. 이 모든 것은 어떤 의미에서 미래의 관계를 위한 준비이고 제도적, 공동체적, 정치적 삶의 복잡한 관계를 위한 준비이다.

사실상, 중등학교들은 권력에 순응해야 하는 기술을 제외하면, 어떤 종류의 중요한 삶의 기술의 연습장으로는 매우 형편없다. 학생들에게는 개인이든 집단이든 간에 그들이 진심으로 관심을 가지는 제재를 선택할 기회가 거의 주어지지 않는다(그래서 청소년 초기에 수동적-공격적 행동이 우세하게 나타남). 자유로운 삶의 가장 진정한 속성—신체, 시간과 공간의 통제의 대부분에 있어—중등학교 학생들은 거의 실제적인 자율성이 거의 없고 학습과정에서 얻을 수 있는 성공하고 실패할 수 있는 기회를 거의 갖지 못했다.

학생 조직과 학생 언론은 구체적이지 않고 단지 기술적 연습인 것이다. 그들은 학생들에게 농담을 하고 있다. 그들은 청소년들에게 그들 마음속에 있는 것을 쓰거나 말하게 한다면 생길 수 있는 혼돈을 두려워하는 어른들에 의하여 그 방식을 지속하게 된다. 어떻게 젊은 세대들이 학습 선택권이 거의 없는 환경에서 자율적인 시민의식의 속성을 배우게 될까? Paul Goodman이 30년 전에 다음과 같이 쓴 이래로 달라진 것이 것의 없다.

> 청소년은 정신적으로 버려져 있다. 그들은 심각하게 받아들여지지 않는 것에 의

하여 격리되어 있다. 사회적 기계는 그들의 젊은이에게 정체성과 경력을 찾도록 요구하지 않는다. 그들은 오직 적성에만 관심이 있다. 새로운 진취성을 원하지는 않고, 순응을 원한다. 우리의 통설은 형이상학을 견디지 못할 것이다. (pp. 68-69)

현재 학교교육의 어떤 비판은 학교들이 세계의 다양성, 감각성, 드라마와 경쟁하고 싶어 하지 않고, 실제 세계의 적대적인 사회적 가치는 표준 학습의 적이라고 믿는다. 이러한 논쟁은 교육을 삶과 더욱 확고하게 분리시키는 것 같다.

이 방식으로 문제를 기술하는 것은 전통학교 비판에 의하여 제시된 해답을 이끌지 못한다. 학교 안팎에는 적대적인 사회적 가치가 있다. 그 가치는 젊은 사람들의 경험의 심각성과 중요성을 부인한다. 젊은 사람들은 언제나 학습한다. 어떤 의미에서는 이것이 문제이다. 젊은 학생들은 록음악의 12개 이상의 노래를 기억할 수 있고 복잡하고 많은 소비품목을 끊임없이 구별할 수 있다. 이러한 활동들이 전통 학교 목적에 위배될 때, 사소하고 무가치한 것이 된다는 것은 의심할 여지가 없다. 그러나 그들은 명확한 의미-맥락 내에서 생겨나는 지식인의 사례가 된다. 교육에서 문제는 실제 삶, 실제 고민에서의 제재를 받아들이는 것을 거부하는 황폐한 현실이다. 성찰과 탐구를 통하여 그러한 제재가 더 중요한 의미를 줄 것이다.

텔레비전, 영화, 록음악, 여행, 쇼핑센터, 거리의 혼돈, 우리 모두가 상호작용하는 공적인 자극들은 흥미롭지만, 위험하고 타락한다. Seymour Sarason(1983)이 우리에게 상기시킨 것처럼 학교는 흥미롭지 않고 많은 경우에 안전하지도 않다. 그들은 학생들이 직접적으로 혹은 친구들에 의하여 학교 밖에서 경험하는 세계와 심각하게 연계되어 있지 않기 때문에 지루하다. 그리고 그들은 젊은 사람들의 내적인 동기—다른 사람을 향한, 성적 연결을 향한, 권력과 일의 세계의 참여를 향한 동기와 연계되지 않는다. 학교가 관심을 가져야 하는 것 중에서, 학생들이 경험하는 바깥 세계는 강력한 권력의 방해가 없다면 항상 이긴다. 학습은 젊은 학생들의 삶에 대한 생생한 내러티브와 동떨어지고 탈맥락화될 때, 단지 힘든 고된 일로만 간주될 것이다.

* * *

이 모든 것에 대하여 "그래서 무엇"을 말하는 것, 지루한 참여적이지 않는 수업과 같이 기능하는 학교를 받아들이는 것은 문화적 통합, 사회적 평등, 우리의 자연스러운 삶을 개방하는 것을 향하여 일하는 자율조직으로서의 그들을 포기하는 것이다. 폐쇄된 과정은 폐쇄된 사람을 만든다. 억압당하는 조건들은 역동적이고 변화무쌍한 환경에서 사는 방법, 복잡함과 모호함 속에서 사는 방법, 설득하고 영향을 주고 평가하고 판단하는 방법을 배우는 사람들로부터 요구되는 조건들이다.

교육의 수단이 중요하지 않다고 하는 것은 정치적 그리고 사회적 과정의 강장제로서의 대담함, 역동성, 창의성, 개발성, 주도성, 영혼성, 참여성, 전심을 다하고 지적으로 비판적인 에너지를 요구하는 미국의 민주주의를 포기하는 것이다.

변화는 우리가 교육을 사회적, 문화적, 정치적 현상으로서 어떻게 다르게 성찰하는가를 배울 때 가능해진다. 다음 장에서는 깊은 생각을 요구하는 사고를 어떻게 하는가에 관련된 이슈를 다룬다. 그리고 특히, 계속 변화하고 지속적으로 불안한 민주주의 사회에서 현대 삶의 조건과 필수 여건을 이해하고 수용하는 데에 좀 더 밀접하게 관련되고 유용한 것으로서 학습이론을 어떻게 정의할 것인가를 다룬다.

2부

# 발달과 운동: 현상학적 세계의 지도 그리기

우리는 우리가 묘사하는 도덕적 질서가 옳다고 주장할지 모른다. 그러나 내가 보기에 우리가 과학을 통해, 즉 그것이 적용되는 기제의 근본적이고 불변하는 법칙을 발견하고 제공함을 통해, 도덕적 질서를 통제할 수 있는 가능성은 없다. 객관적이고 존재론적 의미에서 그러한 기제는 없다. 우리에게 있는 것은 오직 의지의 세계뿐으로서, 이 세계에서 사람들은 그 이유가 무엇이든지 간에 자신에게 좋고 충분한 이유에 따라 행동한다.

– Thomas Greenfield의 "지도자와 학교(Leaders and Schools)"

# 04장 경험에 대한 접근들

경험은 끝이 없다. 또한 경험에는 완성이라는 것도 없다. 그것은 무한한 감각 능력으로서, 의식이라는 방에 매달려 공기 중의 모든 입자들을 잡아내는, 비단실로 짠 거대한 거미줄과 같은 것이다. 그것은 바로 정신이 숨 쉬는 대기인 것이다.

– Henry James의 노트(Notebooks)

경험은 언제나 어떤 사람의 독특한 경험을 가리킨다. 경험은 구체적인 상황에서 독특한 삶을 살며 매일의 생활 실천 속에서 역동적 균형을 성취하는 독특한 개인에게 주어지는 것이다. 어떤 사람의 경험을 묘사하거나 이해하려고 한다면, 우리는 반드시 그 사람의 자연스러운 실제적 삶의 관점을 받아들여야만 한다.

– Rolf von Eckartsberg의
"경험적 방법론에 관하여(On Experiential Methodology)"

이 책은 성숙한 사상들을 새롭게 재배치함으로써 미국 교육의 위상 문제를 논의하는 데 도움을 주고자 한다. 즉, John Dewey와 다른 미국 철학자들(가장 유명하게는 Justus Buchler와 같은 철학자들), 그리고 실존주의 및 현상학과 관련된 다른 철학자들의 작품에서 이끌어낼 수 있는 사상들을 논의하는 데 이 책이 도움을 줄 것이라고 가정한다. 이러한 사상들은 대부분 경험에 관한 것이다.

경험은 우리의 삶을 질서 있게 이해하기 위한 기준이 되는 의미를 만드는 동시에 그 의미들에 의해 만들어진다. 경험을 기술하고 이해한다는 것은 경험적으로 분석하는 것을 넘어서 의미의 문제를 진지하게 고려하는 것을 뜻한다. John Dewey는 세밀하게 '진리'와 '의미'의 개념을 구분하였다. 그는 의미를 "진리보다 가치 면에서 더 소중하고 범위 면에서 더 넓다"고 묘사하였다. 그는 의미를 "진리보다 더 넓은 범주의 것, 다시 말해서, 진리는 의미의 한 부분이라고, 즉 결과에 의한 검증 가능성을 주장하는 진리는 의미의 내재적 한 부분에 불과한 것"이라고 정의하였다(1931/1969, pp. 4, 5).

Dewey의 설명에 의하면, 의미는 경험된 세계 속에서 주어진 것에 적극적으로 관여하는 과정에서 행위와 선택의 결과로 생겨난다. 의미는 바위나 하늘의 구름처럼 "저기 밖에" 있는 것이 아니다. 경험이 앎과 학습으로 바뀌는 것은 경험이 무의식적 경험으로부터 의미의 틀로 적극적으로 활용될 때이다. 이 의미의 틀을 우리는 나중에 플롯(구성), 과정, 줄거리 구성(emplotment) 등으로 부르려고 한다. 다시 말하면 학습은 과정인 동시에 결과이다. 즉, 학습은 어떤 마법적인 힘의 전달을 통해 우리 '에게 행해지는' 어떤 것이 아니라, 의미를 만드는 과정에서 우리가 '하는' 행동의 결과인 것이다.

그러나 현상학적 심리학자인 Amedeo Giorgi(Giorgi, Fischer, & von Eckartsberg, 1971)가 말한 바와 같이, "의미는 … 그냥 분석을 한다고 해서 밝혀지는 것이 아니다. 의미를 이해하기 위해서는 설명이라고 부르는 … 과정, 즉 지평 안에 주어진 어떤 현상의 핵심을 명료화하거나 의미화하는 과정이 필요한 것이다"(pp. 27-28).

다시 말해서, 의미는 과학적으로 검증되는 진리가 아니다. 학습 과정의 한 요소인 의미라는 말의 '의미'를 탐구할 경우, 근본적이고 기술적이고 설명적인 입장을 취하는 것이 필요하다. 사실상 '근본적(radical)'이라는 말은 '뿌리'를 뜻하는 라틴어 'radix'에서 온 것이기 때문이다.

의미 탐구는 (심리학적 작업처럼) 학습이 일어난다고 간주되는 법칙을 탐구하는 것이라기보다는, 철학적인 작업이다. 여기서 철학은 실천을 하는 상식의 세계에 관여하며 그것을 설명할 수 있게 해주는 것이다. 철학은 절대적이며 통합된 지식(즉 진리)을 탐구하는 것이 아니라, 앎의 과정을 조사하는 것이다.

그러나 이것은 대부분의 대학의 전통적인 철학과에서 다루는 철학, 즉 관찰된 "실재"와 진술 사이에 대응하는 것을 진리로 보는 철학에 비하면, 하위의 철학이라고 말할 수 있다. 이러한 전통에서 일하는 하위 철학자들은—Richard Rorty(in Baynes, Bolman, & McCarthy, 1987)는 그들을 실용주의자라고 부른다— "문화적 전통과 다른 자연적인 출발점"(p. 54)을 찾기 위해 애쓰고 있다. 교육과 학습에 관련된 경험의 개념이 바로 그러한 자연적인 출발점이다. 경험에서 시작할 때, 행동에서 시작한 것과는 매우 다른 위치에서 끝날 수 있다.

이러한 연습을 하는 목적은 교육학적 정설을 전파하려는 것이 아니라, 명료성이나 일관성을 가지고 사고할 수 있는 틀을 만들기 위한 것—유용한 질문들을 시야로 이끌어 내기 위한 것이다.

## 문제로서의 경험

적어도 교육에서 우리는 경험을 행위를 하는 지침으로 신뢰하지는 않는 것 같다. 이것은 중요한 문제이다. 왜냐하면 미국 역사를 통해 보건대 미국인들은 John McDermott(1976)가 말한 "경험의 정보 전달 특성"(p. 6)만을 유일하게 받아들였기 때문이다. 왜 이처럼 교육에서 경험에 대한 신뢰가 감소되었는지 그 이유를 알기는 어렵다. 유력한 하나의 가설은, 그 이유가 교육학의 방법론과 공학을 이끌어 간 기제 속에 과학에 기초한 구조가 만연해 있다는 사실과 관계가 있다는 것이다. 둘째의 현실적인 입장은, 지나친 개인주의 탓에 우리의 사회적인 유대가 너무나 무너졌기 때문에, 애매성과 무질서에서 벗어나기 위해서 우리가 "확실성의 추구"(이것은 Dewey 저서들의 제목이기도 하다, 1929/1960)를 하게 되었는데, 이것은 개방적인 정보의 교환과 경험에 대한 성찰을 하기 어렵게 만든다는 것이다(경험이 신비주의에서 발견되는 특질로—앞에서 언급한 신비주의 신드롬으로— 간주됨으로써 경험에 대한 성찰이 이루어지지 못한다는 것이다).

John Dewey는 다른 두 명의 미국의 위대한 경험주의 철학자인 Charles

Sanders Peirce와 William James에게 많은 영향을 받은 미국 사상에서 철학자로서 두각을 나타내었다. Peirce(1976)는 "더 이상 변죽만 울리지 말고 이제 직접 문제와 씨름하자. 경험은 우리의 유일한 스승이다 … 이러한 경험의 행위는 … 일련의 경이에 의해 일어난다"(p. 37). James(1968)는 "급진적인 경험주의", 즉 이하와 같은 급진주의를 주장하는 다원주의적 철학을 요청하였다.

> [그것은] 직접 경험한 것이 아닌 어떤 요소를 개념 구조 속에 받아들이는 일, 혹은 직접 경험한 어떤 요소를 개념 구조 속에서 제외시키는 일을 [부정한다]. 그러한 철학에 있어서 경험을 연결하는 관계는 반드시 경험한 관계이어야 하며, 그러한 경험한 관계는 반드시 개념 구조 내의 다른 요소들처럼 "실재하는 것"으로 간주되어야 한다. (p. 195)

Dewey는 이러한 전통에서 활동했으며, 여기에 자신의 고유한 생각을 첨가하였고, 그의 풍부하고 많은 책들 속에서 이것을 발전시켰다.

[그러나 이것은 위의 세 명의 철학자들이 모든 부분에 동의했다는 말은 아니다. 그들은 심지어 경험에 대해서조차 같은 견해를 가지고 있지 않았다. 그러나 그들은 전통적인 "인식론"을 반대하는 데에는 원칙상 동의하였다. 철학적 이견들이 흔히 그렇듯이, 그들의 철학적 차이점들도 상당히 크며 밖으로 드러나 있었다. Robert Westbrook(1991) 및 다른 사람들이 지적했듯이, 이것이 실용주의가 철학적인 사조로 완전히 꽃피우지 못했던 한 가지 이유이다.]

경험에 대한 생각들 역시 몇 장으로 설명될 수 있는 것은 아니다. William James를 이어, Dewey 역시 이러한 주제를 다루는 그의 책 『경험과 자연(*Experience and Nature*)』(1929/1970)에서 "경험은 이중적인(double-barrelled) 용어이다"라고 썼다.

> 삶과 역사가 같은 종류의 것이듯이, 경험은 인간이 하는 것과 겪는 것, 인간이 추구하고 사랑하고 믿는 것과 동시에 견디는 것, 그리고 인간이 행위를 하는 것과 행위

를 당하는 것을 포함한다. 경험은 인간이 행하거나 겪는 방식, 바라고 즐기고 보고 믿고 상상하는 방식—요컨대 경험의 과정을 포함한다 … 경험은 행위와 사물, 주체와 객체를 분리하지 않고 기본적으로 통합된 것으로 보며, 분석될 수 없는 전체성으로 이것들을 포용한다는 점에서 "이중적"인 것이다. (pp. 10-11)

Dewey는 "이중적"이라는 말이 이원론적(dualistic)인 것을 뜻하는 것이 아님을 분명히 하였다. Dewey에게 있어서 이중성의 개념은 동일한 매개체 안에서 결합되는 것을 가리킨다. 경험의 의미는 현상학적 개념과 Dewey의 개념에서 함께 형성되어 왔다. 즉, 경험은 간주관적 관계들의 과정인 동시에 결과이며, 사람들이 행하는 것과 그들의 행위의 결과로 그들에게 일어난 것을 모두 가리킨다. 경험은 상황 속에서뿐만 아니라, 인간이 우연적으로 실존적 시간을 보내거나 공간을 차지하는 존재가 된 결과로(이것 또는 저것을 하는 경험 혹은 여기 있거나 저기 있는 경험 속에서) 생기는 것이다. 경험은 (지금 이 글을 읽는 것과 같은) 이러한 모든 것을 경험하는 상호 관계적인 과정인 동시에 여전히 남은 것들이 계속 쌓여 가는 것이다—("경험은… 이러한 것을 보여 준다").

더욱이 이것은 과거와 미래가 지금 여기 있는 것의 기능이라고 본다는 점에서, 즉 현재의 것은 과거의 것과 앞으로 올 것에 대한 기대를 이해하는 열쇠가 된다고 본다는 점에서, 내러티브적 충동(narrative impulse)이라고 부를 수 있는 것을 순수하게 표현하는 것이다. Stephen Crites(1971)는 경험과 내러티브에 관한 논문에서 다음과 같이 썼다.

현재는 단순히 하나의 구분되지 않은 연결된 선을 움직이는 상관없는 하나의 점이 아니며, 마찬가지로 경험의 시간성 역시 그렇게 연결된 선이 아니다. 과거나 미래 역시 단순히 현재에 "만나는" 것을 가리키는 것은 아니다. 기억과 기대, 과거의 것들의 현재와 미래의 것들의 현재는 현재 자체를 시제의 형태로 표현한 것일 뿐이다. 그것들은 경험의 매 순간에 일어나는 긴장으로서, 이 두 가지는 현재에서 결합되고 현재에 의해 질적으로 분화되는 것이다. 정확히 나의 모든 경험을 포괄하는 순간적인 현재 시점에, 기억된 과거가 고정되는 것이다. 기억된 과거는 내가 혁신적으로 재해석할 수는 있지만 되돌리거나 바꿀 수는 없는 기록이다. 이미 일어난 일을 없던 일로 만들 수는 없는 것이다! 이와 반대로, 동일한 현재 안에서 미래는 아직 유동적이며, 우리의 결정에 따라 대안적 시나리오로 바뀔 수 있는 것이다. (pp. 302-303)

다른 각도에서 본다면, 경험은 살아 있는 것으로서, 우리의 선택에 의한 지각을 통해 나타나서, 의식화되고 구체화되며, 우연성 및 불확정성에 대한 우리의 의지적 반응을 통해 형성된다. 우리가 내러티브적으로 질서 있게 우리의 삶을 살면서 경험을 구성할 때 생겨난 세계 경험의 특성이 결국 깊은 의미에서 우리가 현재 누구이고 어떤 사람이며 앞으로 어떤 사람이 될지를 결정한다.

경험은 예기치 못한 매복된 위험이나 놀라움, 충격 등에 의해 방해받을 수 있고 또 실지로 종종 방해받기도 하지만, 그럼에도 불구하고 경험은 계속성과 안정성을 가진다. McDermott(1976)는 경험에 대해 William James가 쓴 글의 주석에서, 경험을 "인식의 흐름", 끊임없는 과정, "이미 정해진 양식을 새로움으로 분해한 것"이라고 표현했다. 그는 계속해서 "대부분 우리는 우리의 삶을 집중된 영역, 즉 우리의 개념 체계에 의해 우리에게 확실한 것으로 받아들여지거나 혹은 단순히 습관에 의해 받아들여진 일련의 익숙한 경험들의 범위 안에서 살아간다. 이상적으로는 이러한 집중된 영역이 밖으로 열려서, 때로 모호하고 표현할 수 없지만 신비하게 지속되는 경험의 주변 영역에 도달하게 되는 것이다"(pp. 106-107)라고 논의한다. 학습의 잠재 가능성은 이러한 주변 영역(fringe region)에 존재한다.

"놀라움"에 대한 Pierce의 함축적인 진술과 James의 주변 영역에 대한 강조가 내포하는 것은, 경험은 새로움과 변화를 통해 "가르친다"는 생각이다. 그렇다면 우리의 교육기관들이 새로움과 변화를 통해 가능성을 불러일으키는 주변 영역의 활동들 대신 오목하게 축소된 부분에만 관심을 집중하는 것에 무슨 의미가 있겠는가?

앞의 여러 장들에서 우리는 놀라움에 대한 통제가 지금 이 나라에서 시행되고 있는 형식교육이 명백하고 당연한 것으로 여기는 '목적'임을 설명하였다. 교과에 집중하게 하려고 세상에 접촉하지 못하게 막는 것이 바로 학교교육의 규범적 목적이며, 이것은 앉아 있는 학생들에게 교사가 서서 수업하는 것이 관습적이고 당연한 것처럼 관습적이고 당연한 것으로 여겨진다. 놀라움은 예측할 수 없는 혼동된 것처럼 보이는 힘을 방출한다. 놀라움은 기존의 메커니즘을 뒤엎는 것이다. 그래서 교실은 경험을 통제하는 방이 된다. McDermott를 다시 인용하면 경험은 "이미 정해지고 받아들여진 개념 틀 안으로 끼워 넣는" (p. 107) 방식으로 통제되며, 놀라움(혹은 주변 영역)은 의도적으로 배제된다—이것은 James가(in McDermott, 1968) "사악한 주지주의" (p. 503)라고 불렀던 조건이다.

따라서 Pierce/James/Dewey가 가졌던 경험에 대한 생각은 학교가 교과와 학생들의 삶의 연속성을 깨뜨린다는 것이다. 즉, 학교는 실존적인 시간을 파괴하며, 놀라움과 새로움, 자발적인 경험, 현대적 삶의 많은 것들이 이루어지는 주변 영역 등을 과도하게 통제한다는 것이다.

## 현상학적 입장

현상학적 관점은 경험에 대한 이러한 생각을 두 가지 중요한 점에서 보완할 수 있다. (1) 현상학적 관점은 "생활세계", 살아온 일상 경험에 대한 연구, 즉 경험 세계에서 주어진 것들을 의식이 어떻게 받아들이는지에 대한 연구이다. (2) 현상학적 관점은 멀리 떨어져서 사물을 보며 모든 상식을 당연한 것으로 여기는 "자연적 태도"에 의문을 제기하는 주변 영역 중심의 프로젝트, 즉 상식에 대한 일종의 훈련된 회의주의인 것이다. 현상학적 관점은 교육 현상들의 불가피한 복잡성을 우리가 좀 더 편안하게 극복할 수 있게 해 준다. 여기서 "상식"이 항상 합리적인 것은 아니며—적어도 모든 사람에게 합리적인 것은 아니다.

그러나 경험과 학습을 현상학적인 관점으로 살펴보는 것에는 특별한 위험이 따른다. 최근 현상학적 입장 자체에 대한 문제가 제기되고 있다. 어떤 면에서 현상학은 제대로 이해되지 못한 지적인 유행이라고 지적되기도 하고, 때로는 현상학의 주요 저서들에 대한 배경지식이 없는 사람들에 의한 제멋대로의 애매한 말장난이라고 지적되기도 한다. 또한 현상학은 주관주의나 뉴에이지 전체주의의 나긋나긋하고 여린 면들과 결부되기도 한다.

현상학을 제한된 공간에서, 그것의 심오한 목적을 해칠 수 있는 형식주의로 구체화하지 않고 설명하는 것은 확실히 무모한 일이다. 현상학, 특히 실존주의적 현상학은 "인간의 유한성"(Schrag, 1961, p. xvi)에 대한 철학, 즉 변화, 변덕, 불확정성, 우연성 등에 대한 철학이다. 그것은 고정된 실체가 아닌 과정적 사태를 설명한다. 그것은 언어를 혁명적으로 새롭게 사용하는 것으로서, 표준이 되는 철학적 및 지적 논의를 일상적인 말로 번역하는 것을 어렵게 한다. 현상학자인 Don Ihde(1983)는 "언어의 문제"에 관한 글에서 이러한 언어적인 문제에 대해 언급하였다.

> 현상학이 말하고자 하는 것은 반드시 이해할 수 있게 표현되어야 한다. 그러나 현상학이 말하고자 하는 것은 현상학과 같은 혁명가들이 가지는 견해와는 매우 다른, 이미 기존 관점에 동화되어 축적된 언어로는 쉽게 말해질 수 없는 것이다. 궁극적으로 말해져야 하는 것은 먼저 "노래 불려야" 한다. "노래"로부터 우리는 점차적으로 어떤 소리가 나는지를 배우게 된다. (p. 162)

현상학과 철학적 논의와의 관계는 12음계와 음악의 관계와 같다고 볼 수 있다. 현상학은 놀랄 만큼 새로운 음악을 만들어 내었다. 그러나 이 음악은 한 번, 두 번, 심지어 여러 번 들어도(혹은 읽어도) 불협화음처럼 이상하게 들린다. 어떤 사람들은 끝내 여기에 익숙해지지 않는다. 그것이 마음의 귀에 다르게 '들리는' 이유는 그것이 다른 것을 '뜻하기' 때문이다. Ihde가 지적하듯이, 문제는 "관점의 전환"(p. 163)으로서, 현상학자들은 표준적 언어의 사용을 통해 다양하게 설명하면서 그러한 표준적 언어의 사용이, 신조어나 은유를 창조함으로써 그리고 어떤 경우에는 타협할 수 없는 기술적 용어들을 강제로 사용함으로써—나중의 입장은 현상학에 많은 관심을 가진 사람에게만 적용될 수 있는 전략임!—점차적으로 변형될 수 있기를 희망하는 것이다.

이 책은 확실히 부차적인 철학적 방식으로 기술된 것이라고 단언할 수 있다. 왜냐하면 이 책은 새로운 철학적 기초를 탐색하기보다는 교육 실천이 어떻게 이루어져야 하는지에 대한 관점을 얻고자 하기 때문이다. 비록 현상학의 "가락"이 현상학적 "음악"에 의해 영향을 받았다고 할지라도, 이것은 기술적인 의미에서 일관성 있게 한결같이 현상학적이지는 않다.

Robert Soloman(1972)이 충고했듯이, 어떤 경우 현상학은 "체계적인 교리문답이라기보다는 하나의 운동"이다. 이것은 하나의 관점이며, 결코 정설도, 실재를 보는 방법도, 하나의 스타일도, 어떤 점에서 산만하고 직관적일 수 있는 가치 체계도 아니다—그리하여 이것은 경험적 과학적 정당화를 기대하는 사람들에게는 불충분한 것이 된다. 현상학은 본질적인 특성을 탐색하며, 따라서 추상적이고 논점을 회피하는 것처럼 보일 수도 있는 것이다. 그러나 그것을 구체화할 경우 당신은 그것의 가치를 잃어버리고 본질을 훼손하게 될 것이다.

그뿐만이 아니다. "'현상학' 이라는 용어 자체는 그다지 많은 것을 설명해 주지 않는다" 고 Paul Ricouer(1967)는 말했다.

> [현상학이라는] 말은 외관이나 현상에 대한 과학을 뜻한다. 즉, 그것이 무엇이든지 겉으로 드러나는 현상에 집중하여 탐구하는 것은 이미 현상학이다 … 현상학이 엄격해지는 경우는 (가장 넓은 의미에서의) 사물이 보여지는 등급에 문제가 생길 때이다. 현상학은 그 표현을 하나의 연구 혹은 어떤 특정 그룹의 연구에 한정시킬 수 없는 거대한 프로젝트이다. 현상학은 하나의 신조가 아니라 많은 예증이 가능한 방법인 것이다. (p. 202)

현상학 연구에서 사용하는 예증은 엄격한 처방을 주는 것이기보다는 스타일을 강조하는 것이라고 말할 수 있다. 현상학의 주제는 경험으로서, 현상학은 Edmund Husserl, Martin Heidegger, Maurice Merleau-Ponty 등의 영향력 있는 작품들, 그리고 Alfred Schutz와 민간방법론자들의 사회학적 적용들, Calvin Schrag, James Edie, Erwin Straus, Don Ihde, John Wild, Richard Zaner, Maurice

Natanson, Herbert Spiegelberg 등 미국에 기반을 둔 현상학자들로부터 발달하여, 오늘날 경험에 대한 세계적인 철학이 되었다. 이것은 오직 배타적으로 경험만을 다루는 방법론적 관점, 즉 삶을 경험하는 사람들의 생활세계에서 인간의 의식에 나타나는 현상만을 다루는 방법론적 관점을 사용하는 것이다.

반복해서 말하면, 여기서 현상학을 가치 있는 것으로 만드는 두 가지 중요한 이유는 다음과 같다: (1) 현상학은 살아가는 일상의 경험에 대한 연구로서, 어떻게 의식이 의도성을 가지고 세계에 주어진 것들을 다루는지를 연구하는 것이다. 즉, 의식은 항상 어떤 것에 대한 의식, "무엇에 대한 의식"으로서, "지향성(intentionality)을 가지는 것", 즉 개인의 경험의 장에 나타나는 모습(figure)을 향하는 것이다. [여기서 모습이란 단순히 사람이 아니라 지향성을 통해서 인식되는 현상을 가리킨다. 그래서 당신과 내가 정확히 동일한 경치를 바라볼지라도(look at) 완전히 다른 모양을 볼(see) 수 있는 것이다.] (2) 현상학은 일종의 기술적 거리감(descriptive detachment)을 가지고, 당연히 받아들여지는 모든 상식에 의문을 제기한다. 그것은 기술적이고 급진적이고 방법론적인 관점으로서, 중심과 주변 영역 사이의 관계를 조사하는 수단이 된다.

## 관점과 방법론

현상학은, 비록 그것이 완전히 거리감을 가지고 수행될 수는 없다고 할지라도, 불완전하게 수행되는 경우조차 차이를 만들어 내는 특별한 종류의 거리감을 가지고 수행되어야 한다. 현상학적인 연구에서는 탐구 그 자체가 반성의 중요한 대상이 된다. 즉, 탐구자는 "어떤 것"을 탐구하는 것이 아니라, 탐구자에게 주어진 것들 안에 있는 것을 기술하는 것이다. 이 말은 탐구의 대상이 없다는 뜻이 아니라, 한계 속에서 직관적으로 서술하는 탐구자의 관점 자체가 탐구의 구조를 만들어 내기 때문에 그러한 구조가 탐구자가 볼 것을 사전에 결정하거나 한정시키는 (선험적인) 인식의 틀로 강요될 수 없다는 뜻이다. 현상학적 탐구의 필수불가결한 조건은 Edmund Husserl이 "에포케(epoche, 판단중지)"라고 불렀던 것, 즉 현상의

"본질적인" 구조를 인식하는 것을 흐리게 하거나 오염시키는 기존의 편견들을 따로 떼어서 괄호로 묶는 것이다.

이것은 현상학적 탐구를 할 때 탐구자가 사전에 모종의 생각, 이론, 개념들을 가지고 있지 않다는 뜻이 아니다. 그것은 탐구자의 인내심을 요구하는 엄격한 기술(記述)의 과정에서 탐구하는 현상의 본질적 구조를 드러내는 궁극적 불변성이 나타날 것을 기다릴 때, 탐구자가 가지고 있던 사전의 생각들이 배제되어야 한다는 뜻이다.

다시 말하면 현상에 대한 본질적인 기술 방식에 있어서, 현상학은 익숙한 것을 낯선 것으로 만드는 기능을 한다. 이러한 현상학의 기능은 Husserl이 말한 "자연적 태도"의 무반성적인 편안함을 선호하는 사람들, 혹은 직접적으로 실험적 (혹은 적어도 경험적) 조사를 받을 수 없는 문제들은 연구되어서는 안 된다고 믿는 사람들에게는 위협 내지 골칫거리가 될 것임은 다소 이해가 된다. 현상학의 기능은 인간의 의문을 풀어 주는 데 있는 것이 아니라, 성찰을 통해서 답을 새로운 질문으로 바꾸는 데 있다. 그리하여 현상학은 인간의 유한성, 그리고 변덕, 변화, 과정에 대한 철학으로서의 지위를 가지게 된다.

현상학은 다른 사람들의 실재에 대한 깊이 있는 관점을 제공한다. 그러나 이것은 반드시 새로운 정보를 제공함으로써 그렇게 한다는 뜻은 아니다. Ernest Keen (1967)은 현상학의 과제가 "우리가 이미 행동하고 삶을 경험하는 데 기초가 되는 생각들, 가정들, 내포된 전제들을 분명히 하는 것이다. 현상학의 과제는 우리가 이미 무엇을 알고 있는지를 우리에게 밝혀 줌으로써 인간이 자기 자신에 대해 더욱 덜 당황할 수 있도록 해 주는 것이다" (p. 171).

## 현상으로서의 교육

현상학은 행복, 고통, 질병, 요구와 희망, 지루함, 사는 공간—그리고 (희망컨대) 학습 현상—등과 같이 통제된 과학적 조사로는 밝힐 수 없는 주제들을 철저하게 연구할 수 있도록 해 준다. 왜냐하면 이러한 것들은 모두 '경험된' 현상이기 때문이다.

그리하여 현상학은 세상에서 당연하다고 여겨지는 것들, 즉 우리의 인식 속에 붙박여 있어서 그것에 대해 잠시도 비판적으로 생각해 본 적이 없는 사물, 생각, 개념(또는 현상)들에 대해서 의문을 제기하며—문제를 제기하며—기술적으로 설명하는 것이다. (교육을 교육기관으로 보는 생각을 포함하여) 교육에도 그처럼 우리가 당연하게 여기는 것들이 많이 있다. 예를 들어 교실이 가르치고 배우기에 가장 좋은 장소라는 가정, 혹은 교육과정은 구분된 교과나 학문으로 구성되어야 한다는 생각, 혹은 교사가 가르친 것이 곧 학생들이 배운 것이라는 생각(다시 말해서 교육은 교사가 학생에게 하는 어떤 것이라는 생각), 혹은 조용함, 훈련, 복종을 학습과 연관시키는 생각 등이 그것이다.

현상학적 입장은 인간의 마음을 지식의 씨앗이 교사에 의해 뿌려지는 땅으로 보기보다는 경험하게 될 세계를 향한 의식적인 과정으로 보며, 학교는 이러한 경험 세계를 위한 중요한 영역이라고 본다. 현상학적 입장은 교육자의 전략과 활동을 독특한 생활세계를 살아가는 각각의 개인의 의식 속에서 경험되며 각 개인에 의해 그 의미가 부여되는 것이라고 본다.

이러한 관점에서 보면 교사는 학생들이 학교에서 배우는 것들을 삶에 적용되는 의미 구조로 바꿀 수 있도록 돕는 역할을 하는 구성적 과정에 참여하는 사람이다. 학습은 자신의 세계에서 개인이 활동을 통해 성취한 것, 즉 개인에 의해 구성되는 경험의 질이다. 학습이란 개인의 "존재(ontic) 세계", 즉 삶의 경험 세계를 성취하는 것, 의식에 나타난 현상을 성취하는 것이다.

현상학에서 시간 및 공간과 같은 보편적 불변 요인들이 인간 행위를 결정하는 것으로 강조되는 이유는 교육의 실천을 연구하는 데 특히 유용하기 때문이다. 학생들은 공간을 점유한다. 그들은 신체를 가지고 신체를 통해 경험한다. 학생들은 의미를 만드는 데 영향을 주는, 개인의 의식의 산물인 시간과 공간의 맥락에서 경험을 한다. 그들은 시간을 보내며, 장소를 점유하거나 장소를 가지거나 장소를 활용하는 것이다. 그들이 아무리 그들의 현실에서 탈출하고 싶어도 그들은 거기에 매여 있을 수밖에 없다. 그들은 기관과 개인들, 학교와 교사들, 영향력과 임무들,

가족과 친구들, 애정 어린 돌봄과 규율 위반, 이미지와 환상 등의 상호작용에서 만들어진 조건 속에서 상호 주관적으로 살아간다. 이러한 조건은 주관적 실재를 보완하는 상황을 만든다.

아닌 게 아니라 경험을 "정의하는" 하나의 방법은 그것이 상황 속에서 어떻게 나타나는지를 묘사하는 것이다. 현상학적 심리학자인 Erwin Straus(1966)는 다음과 같이 쓰고 있다:

> 경험은 '세계 속의 자신을 경험하는 것'과 동일한 말이다. 경험은 나와 세계의 관계이다. 이 관계는 두 부분의 복합물이 아니라 … 하나의 전체로 존재하는 것으로서, "자극과 반응"의 순서로 일어나거나 그것으로 번역되는 것이 아니다. … 경험하는 존재들은, 깨어 있을 경우 항상 자신들이 어떤 상황에 있음을 발견한다. … 그러므로 운동적 요소는 경험에 내재되어 있음에 틀림이 없다. (p. 247)

그리고 이러한 운동적 요소는 교육에도 있다. 왜냐하면 상황은 동기화된 행위를 통해서 적절하게 조절되기 때문이다. 즉, 자유로운 움직임을 부정하는 것은 어떤 의미에서는 경험을 제한하는 것이다. 여기서 제기되는 한 가지 질문은 그러한 경험적 한계가 가져올 이득이 그것이 가져올 부정적 결과보다 많을지의 여부이다.

비록 상황이 의미에 의해 정의되지만, 이런 점에서 보면 의미는 상황으로부터 나온다고 말할 수 있다. 예를 들어 학교에 있다는 것은 삶의 여러 단계에 따라 다른 의미를 가지는가? 그리고 살아가는 상황의 여러 차원인 삶의 단계와, 배경이 되는 물리적 맥락 사이의 관계는 무엇인가?

측정 결과에 따르면, 미국 학교에서의 학생 성취도는 초등학교 초기에는 높다가, 점차로 학년이 올라가면서 낮아지며, 고등학교에서는 전국적으로 성취도가 현저히 떨어졌다고 한다. 우리는 왜 그렇게 될 수밖에 없는지(혹은 정말로 그러한지)에 대해서 끊임없이 숙고해야 할 것이다. 이것은 학교 개혁이 저학년에서 "이루어지기" 시작한다는 뜻인가? 설사 그렇다고 해도 이러한 자료로부터 어떤 유용한 추론을 할 수 있을 것인가? 그것들이 의미하는 바가 무엇인가?

현상학적인 관점은 우리가 이런 현상을 시간, 공간, 자유처럼 삶에서 겪는 경험들의 보편적이고 상황적이며 경험적인 특질들 사이의 관계에 비추어 맥락적으로 볼 수 있도록 도와준다. 나이가 많은 학생들이 삶에서 겪는 경험이나 상황은 중요한 점에서 초등학교 학생들의 경험과 다를 수 있다. 학생들은 나이를 먹음에 따라 더욱더 자유롭게 움직이기 시작하면서, 시간과 공간을 다르게 경험하고, 주변 영역의 가능성을 더 많이 경험하며, 그들의 상황이 넓어지고 확장되어 더욱 복잡해지고 어려워지며, 학교 밖의 세계에서 자율적인 경험을 더욱 많이 하게 된다. 이에 따라 학교의 교육과정과 그들의 현실과의 괴리가 확대되고, 학교는 그들의 학습을 형성하는 데 영향력을 점점 잃게 된다. (표준화된 시험은 총체적 학습을 측정하는 것이 아니라 오직 학교 학습만을 측정하는 것임을 기억하라.)

그리하여 아이들이 더욱 자율적이 되고 자유로운 행위자라는 더욱 강한 인식을 발달시킴에 따라—그들이 더욱 활동적이 되고 자율적이 되어 그들의 상황적 의미 맥락이 변화함에 따라—아이들은 현재와 같이 구조화된 학교에서 성취를 잘 하지 못할 것이라고 우리는 가정할 수 있다. 학년이 올라갈수록 아이들은 "학교와 무관한 것들"을 더 많이 배우고, "학교에 속한 것들"을 더 적게 배울 수 있는 것이다.

교육에 중요한, 현상학의 또 하나의 주장은 인간의 신체를 강조하는 것, 즉 개인의 신체를 그 사람과 동일한 것으로 보는 것이다. Merleau-Ponty(1962)와 같은 현상학자들의 관점에서 볼 때 개인의 신체를 구속하는 것("남의 신체를 자신의 것으로 만드는 것")은 그 사람의 생명을 구속하는 것과 같은 것이다. (Bruzina & Wilshire, 1982; Zaner, 1981을 보라.)

우리가 범죄자라고 부르는 사람들을 감옥에 가둘 때, 우리는 그들의 신체를 통한 활동의 자유를 제한함으로써 그들의 신체를 그들로부터 빼앗는 것이다. 사형은 신체를 궁극적으로 빼앗는 것이다. 정도의 차이는 있겠지만, 학교에 있는 아이들은 "감옥에 있는" 것이다. 즉, 학생들은 그들의 몸을 자기 마음대로 할 수가 없다. 학생들의 신체를 학생 자신과 별개로 보는 학교의 성향은 가장 좋은 의도에서 나왔을지도 모른다. 그러나 그러한 학교의 성향이 가장 깊고 원초적 근원인 개인의 자율성을 부정하고 억압하는 결과를 가져왔다는 것을 누가 부정할 수 있겠는가?

예를 들어 체육교육은 하나의 "교과"로서, 엄밀한 의미에서 하나의 학문은 아닐지라도 교육기관에서는 독립된 학과이다. 이것이 학교에 대해 우리에게 말해주는 것이 무엇인가? 신체적 과정을 가르칠 경우, 그것들을 주제(topics)로, 즉 "나와는 무관한 사물의 과정(it-processes)"으로 가르친다는 것이 어떤 의미를 가지겠는가? 체육시간에 학생들의 신체는 학교기관의 소유로 취급되며, 개인 신체의 총체성은 집단의 더욱 큰 영광을 위해서 (부상을 통해) 희생될 수도 있는 것이다.

신체를 배제하는 과정까지도 학교에 의해서 통제된다. 최근의 영화 「아발론(Avalon)」에서는 이민 온 아이가 허락을 받을 때 사용하는 '해도 좋다(may)'와 '할 수 있다(can)'는 말의 차이를 정확하게 구분할 때까지 화장실에 가는 허락을 받지 못하는 장면이 나온다. 중등학교의 행정가들은 때때로 아이들 화장실에서 무슨 일이 일어나는지에 집착하기도 하는 것이다.

제2장에서 요약한 6학년 대상의 John Lounsbury와 J. Howard Johnston(1988)의 연구에서 어떤 교사-연구자는 교실 의자에 앉아 있을 때 발이 바닥에 닿지 않는 작은 소녀의 딱한 상태를 지적하며, 그 소녀가 자신의 신체적 움직임이 제한되는 상태에서 그 상황을 통제하려고 헛된 노력을 하는 것을 기술한다. 물론 이러한 제약은, 학교 규칙에 의해 움직이지 말고 조용히 있도록 요구되는 다른 학생들에 비하면, 가벼운 것이라고 볼 수도 있다.

이러한 문제에 대해 충분히 생각하지 않고 학교는 개인의 기본적인 신체적 기능들—먹기, 대소변 보기, 보기, 집중하기, 돌아다니기 등—을 제한함으로써 교과에서 신체를 체계적으로 제거하며, 그 결과 학습을 수동적인 일로 제한하게 된다. 이 경우 학교는 학습이 어떻게 일어나는지에 관한 심리주의적 의미에 기초하여 학생들을 의도적으로 소외시키는 역할을 한다고 볼 수 있다.

현상학적 관점은 순전히 과학적인 입장에서 우리가 인간 현상, 특히 상호 주관적인 현상을 이해할 수 있다고 생각하지 않는다. (과학적인 입장도 자신의 결론이 항상 고정되고 확정된 것은 아님을 알고 있다.) 현상학자인 Frank Tillman(1972)은 다음과 같이 썼다.

> 현상학적 관점에서 보면, 과학적 중립성이라는 태도 자체가 그것의 편견을 보여준다. 심리학자는 나의 행동이 결국 규칙성을 보일 것이며 그것에 기초하여 나의 미래 행동을 예측할 수 있으리라는 희망을 가지고 나를 조사할지 모른다. 그러나 현상학적인 관점에서 본다면, 그의 연구의 대상인 나의 행동과, 그의 조사의 결과인 나에게서 찾은 규칙성은 낯선 문화의 산물처럼 보인다. (p. 159)

현상학적 접근법은 심리학적 인과관계에 대해서 철학적으로 혁명적인 관점을 가질 것과 우리의 인식에 혼동을 일으키는 수많은 심리주의적인 개념들을 배제하고, 그 대신 살아 있는 사람들에 의해 실지로 받아들여지고 구성되는 있는 그대로의 경험을 찾을 것을 요청한다. 이것은 물론 복잡한 일이다. 그러나 교육을 혁명적으로 보고자 한다면 Husserl(1900/1970, 1962/1977)이 "심리주의(psychologism)"로 정의한 구조들에 내재된 약화된 관점들, 즉 이 메커니즘 구조의 핵심이 되는 관점들로부터 우리 자신을 해방하여 우리 자신을 활용할 수 있어야 한다. 이 주제는 다음 장에서 다루고자 한다.

# 05장 경험의 우선성과 심리주의

현상학의 가장 기본적인 전제는, 인간 행위에 기초한 인간적 및 사회적 현상을 주장된 "원인"으로 설명하는 것이 아니라, 행위자가 살면서 의도적으로 구성한 바를 이해하려는 모델로 본다는 사실이다. … 사회학자들이 범죄행위를 불우한 환경의 결과라고 설명하는 것은, 범죄자를 다루는 데 있어서 사회를 속수무책으로 내버려 두는 것이다. 우리가 필요로 하는 것은 무엇이 그가 그것을 하도록 "만들었는지를" 설명하는 것이 아니라, 자기 자신의 행동에 대한 이해를 토대로 그가 무엇을 하기로 선택했는지를 이해하는 것이다. 우리가 용어를 사용할 때, 우리는 어떤 사람이 자신의 행위가 자신에게 적절하게 보이게 하려고 그가 스스로에 관해 구성한 의미 세계의 종류가 무엇인지를 이해할 필요가 있다. 우리는 그의 선택을 이해해야 한다.

– Erazim Kohák의 생각과 경험(Idea and Experience)

이 연구의 목적 중의 하나는 교육에 대한 심리주의적(psychologistic) 접근을 비평하는 것이다. 이것은 심리주의적 용어로 설명하는 것이 타당하지 않아서가 아니라, 그러한 접근이 현상을 설명할 수 없고 연구 대상이 보여 주는 살아 움직이는 의미를 다루는 비판적인 차원을 무시하기 때문이다.

심리주의는 자연과학 또는 자연과학으로부터 도출된 사회과학의 기법과 관점을 활용하여 인간의 현상을 설명하는 하나의 접근 방식이다. 여기서 개념 혹은 공식들—심리학적 범주들—은 현상들보다 앞서 존재하며, 개인의 살아 있는 경험과 독립적으로 그 경험을 설명하고자 한다(Giorgi, 1981).

교육 연구는 대부분 하나의 심리주의적 활동이다. 훌륭한 자격을 갖춘 학자들이 만들어 가는 리뷰 논문 저널인 *The Review of Educational Research*에서 10년(1980~1989년) 동안 출판된 논문은 총 280개로서, 여기에는 수천 개의 연구들이 인용되어 있다. 이러한 논문들 중 소수만이 학생들의 실제 경험에 초점을 맞추고 있는 것으로 나타났다. 거의 모든 논문들은 불안, 공황 장애, 그리고 사회적 지위와 같은 심리주의적 범주에 속하는 가정을 깊이 전제하고 있는 것으로 조사되었다. 오직 소수의 논문들만이 교사-학생 상호작용이나 소그룹에서 일어나는 과정에 관한 조사를 통해 경험이라는 주제를 다룬다. 또한 한두 편의 논문은 연구자들이 지향하는 바가 "생태학적" 이기 때문에, 상호 주관적인 과정에 관한 질문을 한다. 이처럼 소수의 연구만이 교육 연구에 지배적인 수리적-연역적 연구 전통 밖에서 작성되고 있다.

심리적 구인이나 법칙의 한 가지 특징은 고유한 개인 내에서 실제로 일어나는 것을 있는 그대로 이해하지 못하게 한다는 것이다. 우리가 타인의 의식을 그러한 구인들로 바꾸어 놓을 때, 우리는 William James가 말한 "심리학자들의 오류", 즉 Amedeo Giorgi(1981)가 말한 "관점의 혼동" 을 범하고 있는 것이다(p. 76).

전형적인 학교(modal school)의 환경은 교묘히 이방인으로 남아 있게 만든 사람들의 이익을 위해 고안되고 관리되며, 학생들 역시 의도성 또는 지향성(intentionality)이 결여된 대상으로서 연구된다. 심리학의 방법론에서 David Bakan(1967)은 "두 개의 '언어', 즉 과학자들이 현상을 논의할 때 사용하는 언어와, 주체에 의해 사용되는 '원래의 언어(protocol language)' 에 주목한다. … 그러한 두 가지 언어의 개념은 과학자들과 연구의 대상이 서로를 이방인처럼 여기게 만든다" (p. 42)고 적고 있다.

이러한 심리주의적, 객관주의적 관점은 인간 사회 현상의 중요한 특성에 대한 탐구를 차단하게 되며, 결국 이에 대한 탐구는 소수의 질적, 민족지 연구자들의 몫으로 남겨지게 된다.

우리 사회에서 지배적인 교육적 접근 방식은 학생으로부터 교사를, 학교교육으로부터 삶을 분리시키는 것이다. 그것은 심지어 학습으로부터 경험을 분리시키고자 한다. 이러한 접근의 구조에는 거대한 이원론이 존재한다. 현상학은 이러한 주체-객체 이원론을 거부한다. 왜냐하면 이러한 이원론은 학습을 살아 있는, 경험할 수 있는 현상으로 고찰하지 못하게 만들기 때문이다.

## 심리주의적 결론들

심리주의적인 관점 그리고 어느 정도 당연시 여겨지는 다른 범주들이, 두 가지 중요한 공공의 관심 주제인 게이와 약물 문제 상황에 대한 우리의 인식에 어떤 영향을 미쳤는지를 탐구하기 위해 잠시 교실 문제는 접어 두자.

아주 최근까지 동성애는 병리학적인 것, 혹은 비도덕적이고 잘못된 것으로 널리 인식되었다. 동성애를 병리학적인 것으로 보는 전자의 입장은 적어도 치료 공동체에 의해서는 공식적으로 부정되었다. 동성애를 비도덕적인 것으로 보는 후자의 입장은 사람들의 개인적 태도나 정치계에서 여전히 아주 강하게 존재하고 있다. 사람의 상태가 병리학적이거나 비도덕적인 것으로 보일 때, "그러한 증상을 가진" 사람들은 경우에 따라 치료 혹은 처벌을 받아야 하는 "유기체"로 간주된다. 즉, 그들은 객관화되는 것이다. 그들이 객관화된다는 말은 그들의 정신적 건강이나 도덕적 청렴성을 회복하도록 그들을 유기체로 다루는 것이 합법화된다는 것, 심지어 의무화된다는 것을 의미한다. 소련이 스탈린주의 시절에 정치적 입장을 달리하는 이들에게 했던 것처럼, 오늘날 우리 역시 학교에서 과도하게 활동적인 아이들에게 혹은 불편한 질문을 하는 아이들에게, 혹은 요양원에서 말썽을 일으키는 어르신에게, 너무나 자주 그와 같이 행한다.

그러나 어떤 외부의 규범적 준거에 기반하지 않고 이 장의 앞부분에 제시한 Erazim Kohak(1978)의 말과 같이 "그들의 인간적 행위에 기초하여" 동성애자들을 본다면, 우리는 그들의 성적 성향을 공유된 인간의 특성으로서 보게 될 수 있다. 그 경우 우리는 동성애가 도덕성이나 정신적 건강의 범주에 속한 구분이라기보다는, 눈동자 색깔이나 왼손잡이-오른손잡이의 범주처럼 제한되고 임의적인 용도에 따른 구분이라고 결론 내릴 수 있을 것이다.

성적 특질(sexuality)은 억압부터 방탕함에 이르기까지 인식과 실제에 있어서 다양한 스펙트럼에 걸쳐 경험된다. (또한 그것은 우리가 이야기하기가 매우 어려운 것이다.) Remy Kwant(1969)는 그것이 인간의 지향성 중의 하나임을 상기시킨다. 성적 특질과 관련하여 우리는 실재에 대한 새로운 의미 영역을 가지게 된다. 그것은 우리가 인간성을 구현하는 데에, 즉 우리가 참여하게 되는 실존적 프로젝트에 중심이 되는 것으로서, 표현을 위한 의사소통 장치이다. 그것은 세상을 경험하는 하나의 방법이다. 이러한 이해를 가진 사람의 경험을 배려한다는 것은 그들이 가진 모든 다양성을 포용하면서 그들을 인간 공동체 안으로 받아들이는 것이다.

현상학은 또한 선험적, 도덕적, 교리적인 범주와 결별함으로써 동성애를 몇몇 사례에서처럼 유전적으로 결정된 특성으로 보는 관점에 반대한다. 그 대신 현상학은 동성애의 문제를 예컨대 동성애가 항상 삶의 스타일의 선택 문제인지 아닌지를 고찰하는 관점으로 바라보게 한다. 이 경우 현상학은 동성애가 사회적이고 간주관적인 결론과 무관한 하나의 합당한 도덕적 주제가 될 수 있다는 주장을 초연히 바라보게 된 것이다. 예를 들면, 방탕함은 분명히 게이의 삶의 스타일에만 해당되는 특성은 아닌 것이다.

이와 유사하게, 지난 20여 년에 걸쳐 나타난 소위 마약 퇴치 전쟁에서는 마약을 사용하는 사람들에게 그것이 어떤 의미를 가지고 있는지, 마약을 사용하게 되는 상황은 무엇인지, 마약중독의 사회적 및 간주관적인 의미가 무엇인지에 대한 고려는 거의 없었다. 개인의 기분 또는 인식을 바꾸거나 경험을 바꾸고자 하는 명확한 목표를 위해 어떤 사람이 어떤 물질을 선택적으로 섭취하는 것—알코올이나 담배를 소비하고 영화를 보러 가고 도피 문학을 읽거나 주의를 다른 데로 돌리게 하고 비생산적인 많은 활동에 참여하는 등 벌 받지 않고 할 수 있는 것을 수행하는 것—을 주요 특징으로 하는 현상에 대해 전쟁을 선포하는 것이 어떤 의미를 가지는지에 대한 고찰은 많지 않았다.

예를 들어 중독이 의미하는 바가 무엇인지라는 관점에서 우리가 중독을 바라

본다면, 우리는 중독이 현대인의 삶에서 나타나는 스트레스와 긴장에 관해 은연중 말해 주는 것을 고찰하지 않을 수 없을 것이다.

우리는 자연에 존재하는 물질 그 자체와 싸우는가? 각 개인과 싸우는가? 그들의 선택과 싸우는가? 그들의 선택의 결과와 싸우는가? 누군가의 경험을 바꾸려는 생각과 싸우는가? 규칙적인 마약 사용에 내재한 사회 경제적 제도, 현실, 일, 생산성 등에 대한 암묵적인 태도와 싸우는가? 우리는 어떻게 불법적인 마약 사용을 광범위한 합법적인 기분 전환이나 습관적인 물질 사용과 구분할 수 있는가?

"이 모든 것"이 무엇이든지 간에 이 모든 것을 두려워하는 사람들인 우리에게 이것이 의미하는 것은 무엇인가? 그러한 상처의 의미는 무엇인가? 활동 중인 현상학자는 사람들이 자신의 생활환경에서 그들이 이해하는 방식대로 행동한다고 가정하기 때문에, 이러한 가정으로 이끄는 조건에 기초하여 행동하게 된다.

그와 같은 폭넓은 사회적 현상에 관한 현상학적 탐구는, 인간 행위에 대한 헛된 "전쟁"—폭력, 정복, 죽음 등을 함의하는 전쟁—을 포기하거나 적어도 재구성하도록 이끌어 줄 것이며, 또는 적어도 사회 문제의 기원 및 사회 정책의 목표에 대해 더욱 숙고된 정의를 하도록 이끌어 줄 것이다. 요컨대 질문을 하는 방식은 세상에서 문제를 진술하고 해결하는 방식에 대해 매우 다른 접근을 가능하게 만들어 준다.

## 경험으로서의 중독

이것은 현상학자 Adrian van Kamm(1971)의 중독에 관한 논문에서 명쾌하고 분명하게 예시된다. 이 논문은 중독된 사람들의 "존재 양식"에 초점을 맞추되, 심리학적이거나 도덕적인 범주를 완전히 피하여 그렇게 한다. Van Kamm은 중독을 한 개인의 삶의 수동적-능동적 차원을 통해 가장 잘 이해될 수 있는 현상이라고 본다. "중독된 인격에서는 수동적인 요소가 너무나 압도적으로 강하기 때문에, 숙달의 차원을 위해 남겨진 공간이 없다"고 그는 진술한다(p. 237). 어떤 의미에서 중독은 시간에 대한 특별한 경험이다. 그것은 잘못된 재미없는 놀이이고, 의지가 궁극적으로 항복하는 것이다. 한편, 중독자들은 세상에서 완전한 통달을 하는데 극복할 수 없는 장애를 느끼기 때문에 어떤 의미에서 그러한 모험 없이 "노력함 없이 전체성과 완전성"을 추구하는 사람들이라고 그는 말한다. "만족함을 주는 미래는 헛된 노력과 쓸데없는 불안으로부터 해방을 줄 수 있다고 중독자를 손짓하여 부른다" (p. 243).

다시 말하면, 중독된 삶을 살려는 경향은 중독자가 숙달과 성취를 위해 세상이 제시하는 가능성을 수용하지 못하는 데서 생긴다. 그것은 깊고 강렬한 절망 및 실패와 관련된 것이다.

Van Kamm은 세상의 복잡함과 도전을 받아들이는 잠재 능력을 발달된 특질로 가지고 있는 사람들이 활용할 수 있는 경험의 종류에 관해 진술하면서 교육에 대해 함축적으로 언급한다. "수용적인 사람을 성장으로 이끄는 물질은 중독을 일으키는 물질처럼 그의 의식을 흐리게 하는 것이어서는 안 된다. 그것은 의식의 집중을 불러일으키는 것이어야 한다. 게다가, 이러한 물질은 그 본성상 적어도 최소한의 활동을 통해 추구되는 것이어야 할 것이다.

다시 말하자면, 미국인의 삶에서 구조화되어 있는 교육처럼, 세상의 도전에 관해 수동적인 자세를 가지게 하며 교육받는 대상 중 일부를 실패와 거부로 이끄는 교육은 생산적인 삶의 프로젝트를 회피하려는 경향을—이러한 회피가 중독으로 빠지든지 그렇지 않든지 간에— 무의식적으로 지지하는 것이다. Van Kamm의 논문은 사회적이거나 교육적인 정책에 영향을 주고자 한 것은 아니지만, 그럼에도 불구하고 이것은 중독을 오직 범죄나 병리학적 행위로 보고 현상적 치료를 강조하는 관점보다, 중독에 관한 더욱 전체적인 관점을 제공한다. 중독과 마약 문제는 살아 있는 경험에서 생겨나는 의미-맥락 속에서 그것을 진술하는 가운데 잘 드러난다.

## 특수교육의 사례

유사한 방식으로, 현상학적 방법론은 특수교육과 같은 교육 실제의 분야에서 어떤 일이 정말로 일어나고 있는지에 관해 더욱 분명히 이해하도록 우리를 도울 수 있다.

우리가 학생들을 그들의 의식 속에 교과를 주입하는  활동을 통해 형성되는 대상으로 바라볼 때, 그들은 자신의 고유한 의미와 목적 밖에 존재하는 외재적 목표를 위해 조작되는 유기체가 된다. 우리는 의식적으로 그들의 행동을 "형성한다". 우리는 그들의 자율성을 부정하며, 그 이유가 무엇이든지 간에 저항하는 사람들은 특수교육의 대상이 되고, 그들의 저항은 장애, 비행, 또는 질병의 증거로 간주된다.

정보 전달자를 뜻하는 도관(conduit) 모델에서 교사는 학생들을 교묘하게 다루는 데 참여한다. 교사는 학습자들이 보는 것, 보는 것을 조직하는 방법, 경험에 대해 의미를 부여하는 방법을 통제하려고 한다. ("죠니야. 칠판을 보고, 가만히 수업에 집중해. 수업은 창문 밖이 아니라 여기에서 하는 거야.") 교사는 학생들의 상황을 지배하려고 하고, 교실 환경이라는 "오목한 초점"을 마음대로 조작하고자 한다. 그 결과는 John McDermott(1976)가 "관계-결핍"과 "사람의 늘어나는 편협성이라고 부르는 것이다. 한탄스러운 것은 … 새로움과 다양성이 없어지는 것, 요컨대 경험에 대한 개방적 능력이 떨어지는 것이다"(p. 107).

교육 정책의 관점에서 볼 때, 특수교육에 배정된 사람이 지능과 능력에 내재하는 결함 때문이 아니라 단지 그들이 교육을 경험하는 방식 때문에 그렇게 배정되는 것이 가능한가? 그리고 소위 지나치게 활동적인 아이들은 임상적인 관점보다는 경험적인 관점에서 더 잘 이해되지 않겠는가?

학교에서 학생들의 학습 수준을 선별하는 데 활용되는 대부분의 용어나 실제들, 그리고 학생들을 분류하는 수많은 도구들은 전적으로 심리주의를 보여 준다. 심리주의와 관련되는 이러한 언어와 실제의 유용성이 무엇이든지 간에, 심리주의는 힘과 통제의 언어이며, 그 안에서 범주화되는 사람들의 경험과는 아무런 관련이 없다. 실제로 심리주의의 구인들(constructs)은 경험의 장(場)으로서의 학교의 의미를 종종 가리고 보이지 않게 하는 기능을 한다.

현상학적-경험적 관점은 새롭고 더욱 유용한 방식으로 사회과학의 데이터를 보도록 도울 수 있다. 학교 중퇴 문제는 삐딱함이나 실패가 아닌 선택의 문제로 볼 수 있다. 즉, 수백만의 학생들의 입장에서 보면 학교 중퇴는 자신들이 경험한 학교가 자신들에게 전혀 의미를 가지지 못한다는 사실에 기초한 판단을 반영하는 것이다. 우리는 이러한 행동이 그들이 할 수 있는 유일한 주체성의 표현임을 알 수 있다.

교외의 부유한 지역의 중상류 계층의 학생들이 SAT를 준비할 때, 도심의 황폐한 빈민가에 사는 젊은이들이 길모퉁이의 마약 판매상이 되기 위해 학교를 중퇴하는 것은 그들에게 합리적인 선택일 수 있다. 각각의 선택은 현실을 살아가고 있는 사람들이 경험하는 삶의 가능성을 위한 준비라고 볼 수 있다.

이 말은 불법적이거나 자기 파괴적인 선택까지도 그것이 단지 경험에서 나왔다는 이유 때문에 우리가 그것을 지지해야 한다는 의미는 아니다. 이것은 단지 교육이나 다른 형태의 사회 정책처럼 영향력을 주는 전략에서의 성공은 그것들이 경험되는 생활세계의 요소들을 얼마나 존중하는가에 달려 있다는 것을 시사한다.

## 구성된 동시에 유동적인 경험

현상학은 존재의 시간적 요소를 강조하기 때문에 과정을 더욱 의미 있게 설명해 줄 수 있다. 심리주의적 사회과학은 고정된 형태를 연구하며, 따라서 과정의 문제를 잘 다루지 않는다. 그것은 현상을 시간과 공간 속에서 멈추게 한다. 그러나 교육은 역동적이며, 움직이는 현상이다. 교육은 과정, 살아 있는 과정이다. 이 프로젝트에서 우리가 관심을 가지는 것은 Calvin Schrag(1969)가 "활기 넘치고 생생한 경험의 울림이라고 부르는 것으로서, 그러한 경험을 가지고 사람들은 '살아가게 되는' 것이다. 이러한 경험은 인간 삶의 실제 맥락 속의 다양한 측면에서 그것 스스로 말하도록 그리고 자신을 보이도록 허용되어야 한다"(p. 9). 또한 그는

"만약 개념적인 관점이 공허하며 내용이 없는 것이 되는 위험을 극복하고자 한다면, 그것은 시간 및 경험의 원천과 관련지어질 필요가 있다"(p. 278)고 진술한다.

Schrag의 아이디어는 경험을 인간 생활세계에서 구성된 '동시에' 유동적인 것, 정적인 '동시에' 움직이는 것, 즉 "부분들의 배열이라기보다는 진행되는 과정이라고 설명한다"(p. 9). 우리는 지각된 장(場)을 경험하며, 그러한 장으로부터 우리의 독특한 지향성이 우리에게 주어진 지각된 인물을 (예를 들어 교사는 학생을, 학생은 교사를) 선택하게 되는 것이다. 우리에게 주어진 것으로서 이러한 인물은 우리의 개인적인 지향성의 힘을 통해 우리가 개인적으로 그 인물이 가진다고 지각하는 특질을 가지게 된다. 그것은 특정한 시간과 공간 속에서 그것과 우리의 관계를 통해서 인식하게 된다.

Schrag의 연구는 과학이 답할 수 없는 교육과 학습에 대한 질문으로 이끈다. 자연 세계를 구성하는 다양한 자극과 잠재적 지각의 간극 속에서 어떻게 선택이 이루어지는가? 가공되지 않은 세상의 다양성으로부터 어떻게 고르고 선택하는가? 어떻게 불확실한 것이 확실한 것이 되고, 무한한 것이 유한한 것이 되며, 다양한 것이 하나로 바뀌는가? 어떤 과정을 통해서 우리는 잠재적인 경험의 덩어리로부터 의미 있는 주제를 만들어 내는가? 그리고 이러한 것들은 우리의 교육적 활동이 학습이 되게 하려고 우리가 대답해야 하는 질문이 아닐까?

우리는 시간에 따라 움직이며, 우리의 관점은 변화한다. 우리의 고등학교 시절의 실상은 무엇인가, 그 당시 우리가 경험했던 것인가, 아니면 나중에 동창회에서 재회할 때 우리가 경험하는 것인가? 혹은 교실에서의 아이들이 느끼는 못 견디는 지루함과 주의집중 결여의 실상은 무엇인가? 학습은 어떻게, 왜 일어나는가? 그리고 우리가 교수(teaching)라고 부르는 것은 학습과 어떠한 관련이 있는가?

## 경험에의 참여

모든 교실에 앉아 있는 모든 학생들은 다른 현실을 경험하고 있다. 각 학생들은 과거가 미래로 흘러가는 시간-공간 연속성 안에서 신체를 가지고 독특한 경험을 하는 사람, 즉 '세상 속의 학습자(a learner-in-the-world)' 이다. 어릴 때의 경험은 Ernest Keen(1973)이 말한 바, 다음과 같은 안정성이 부족하다.

> 성인 경험의 안정성, 기억된 기대(anticipation)와 기대된 기억의 복잡성에 의해 부여되는 안정성, 혹은 개인 상호 간의 변함없는 계약 상태에 의해 부여되는 안정성, 우리가 타인의 관점이 안정적이고 타인의 관점은 어떤 사건이 우리에게 의미하는 것의 일부라고 은연중에 가정하는 것 때문에 의미에 부여되는 안정성. (p. 171)

안정성과 유연성 간의 관계를 바라보는 이와 같은 방식은 교육 실제에 대한 매우 다른 결론을 도출하는 관점을 제시한다.

우리는 지각에 관련된 도전과 반응의 흐름 속에서 살아간다. 세상은 지향성이 이끄는 활동을 통해 우리에게 드러나며, 그 활동은 우리의 경험에 의미를 부여해 준다. 교사가 말할 경우, 학생은 수업을 따라가며 이해할 수도 있고, 혹은 그렇지 못할 수도 있다. 즉, 단어를 듣지만 개념은 듣지 못할 수도 있고, 숫자를 보지만 그것의 의도된 의미는 보지 못할 수도 있다. 개인들은 "우리의" 의미가 아닌 그들의 "의미"로 그들의 상황을 구성한다. 만일 교사로서 우리가 그러한 의미를 이해할 수 없다면, 혹은 그 의미에 대해 부정확한 가정을 만들거나 그 중요성을 부정한다면, 우리의 목적은 틀림없이 실패하게 될 것이다. 나의 대학 강의실을 살펴보자.

> *내 앞에 있는 학생들은 개인의 고유한 지향성을 통하여, 나의 언어, 나의 행위, 나의 개인적 인간적인 특성, 내가 그들에게 전달하고자 하는 교과목, 나의 존재 자체를 지각한다. 나는 20개의 독특한 지향적 구조에 직면하게 된다. 각 학생들은 개인적으로 내가 "가르치고자" 시도하는 과목에서 나의 행동, 나의 언어, 나의 행위의 뉘앙스를 통해 "의미 있는 내용을 모색하고 깨닫는 방향으로 나아가고자 한다." 나는 주변 영역과 배경을 가진 교실이라는 장에서 지각된 인물이다. 학생들이 나에게 주의를 기울이는 것이 그들에게 이익이 되기 때문에, 나는 나의 배경과 주변 영역에서 나와*

*학생들에게 나타난다. 그러나 나는 학생들 각자에게 다른 인물로 보여진다. 어떤 학생에게는 권위를 가진 사람이고, 다른 학생에게는 양복 정장을 입은 사람, 또 다른 학생에게는 친숙하지 않은 단어들을 말하는 목소리, 또 다른 학생에게는 수염을 기른 중년의 남자일 수 있는 것이다. 나는 어떤 학생에게는 명료함을 주는 원천이 되고, 다른 학생에게는 혼란을 주는 원천이 된다. 나는 남자인 동시에 교수이고, 성(gender)이나 직업과 관련하여 혼란스럽고 모순되는 의미들로 가득 차 있는 사람이다. 어떤 학생들은 나의 여러 가지 특성들을 이리저리 바꾸어 나를 생각하며, 때로는 마치 내가 지각 심리학에서 친숙한 그러한 인물/장소 환영들(illusions) 중의 하나인 것처럼 수많은 다른 인물들과 나를 이리저리 바꾸어 생각하기도 한다. 여기에는 감각과 의미를 내보내고 흡수하는 역동성이 있다. 교실은 지향성을 가지고 지각하는 활동으로 분주하다. 이것은 내 앞에 있는 학생들 및 그들 앞에 있는 내가 겪는 살아 있는 경험이다.*

여기서 내가 이러한 지향성을 가진 경험의 구조를 인정하고 그것과 상호작용하는 것은 매우 중요하다. 학생들의 살아 있는 경험을 무시하는 것은 교육에 중대한 결과를 가져온다. 이것을 보여 주는 가장 극적인 사례는 관습적인 이해 구조가 적용될 수 없는 학생들—특수한 특성이나 필요를 가진 개별 학생이나 소수 민족—을 위한 학교가 겪고 있는 명백한 실패들이다. 세상에 대한 그들의 경험을 진지하게 받아들이는 방법을 배우지 않는 한, 그리고 그것을 이해하기 위해 체계적이고 엄격하게 접근하지 않는 한, 그리고 그렇게 하기까지는, 우리는 그러한 특수 그룹의 학생들을 아니 모든 학생들을 깊이 있게 이해할 수 없을 것이다. 공립학교에 대한 급진적인 비평가들조차도, 성공하지 못하는 교육의 실제 뒤에 숨어 있는, 경험에 대한 무감각을 과소평가하는 경향이 있다.

시간과 공간을 따라 움직이는 고유한 인간의 의식에 관한 이러한 관점은 교육을 이해하는 데에나 교육을 수행하는 데에나 모두 중요하다. 이러한 관점이, 육아나 다른 관련된 실제에서와 마찬가지로 교육에 대해 '체계적으로' 적용될 수 있다면, 그것은 교육에 매우 중요한 역할을 할 것이다. 그러한 관점이 교육 활동의 핵심에 적용될 때, 그것은 교육을 근본적으로 변화시킬 것이다.

물론, 학생들이 가지고 있는 종종 말문이 막히게 하는 차이점들을 직면하여 다루기보다는, 학생들을 하나의 계층으로 유형화시키거나 혹은 차별적인 범주로 분류하여 넣는 것이 훨씬 쉬운 일처럼 보인다. 그러나 이러한 복잡성을 부정하는 것은 매우 심각한 결론에 이르게 한다.

여기서 우리는 교육을 하는 과정과 교과에 대한 교훈들을 발견할 수 있다. 세상에는 우리를 누르는 막대한 양의 교과가 있어서, 그것에 흥미를 가지고 그것을 흡수하며 그것에 의미를 부여하는 사람들에 의해 그것 중의 일부가 받아들여진다. 사람들은, 의식적이든지 그렇지 않든지 간에, 삶의 프로젝트를 달성하기 위해 학습 과제를 수행한다. (학교가 제공하는 수학 등의 과목에서 실패했을 수 있는 고등학교 중퇴자가 길모퉁이의 마약 판매인으로서 수준 높은 상업적 성공을 거둘 수 있다는 것은, 그것이 아무리 간단하며 비극적일지라도, 흥미로우면서도 섬뜩한 일이다.)

학문들 또는 연구 분야들은 우리로 하여금 세계를 구성하는 복잡한 실재의 틀을 짜고 그것에 의미를 부여하도록 돕는 도구의 기능을 하며, 또한 우리가 우리의 개인적인 이야기를 구성할 때 우리에게 의미를 가지는 프로젝트를 확인하고 정의하도록 하는 도구의 기능을 한다. 숙달을 필요로 하는 자료들은 우리의 삶 속에, 그리고 인간과 자연환경 속에—과학기술 속에, 제조업 속에, 실천 속에, 사회적 정치적 관계 속에, 가정생활 속에, 거리 속에, 매체 속에, 정부와 정치학 속에, 우리가 우리의 삶을 살아가는 다양한 "시스템" 속에—있다. 이러한 것들은 현상학적 장을 구성하게 된다. 이러한 장에서 학습자들이 자신의 일에 주의를 기울이며, 자신의 상황을 정의하고, 자신의 프로젝트를 발전시킴에 따라 학습이 생겨나게 된다.

과정과, 세상 속의 존재로서의 우리의 조건과, 우리가 직면하는 선택에 우리의 관심을 집중할 때, 교과는 제자리와 제시간을 찾게 된다. 그리고 학습 준비성 역시 명료해진 이야기 프로젝트를 통해 상황적으로 타당성을 가지게 된다. 지식을 의지에 연결시키는 것은 학교를 학생들이 교과를 배우는 장소 이상으로, 즉 학교 밖에서 경험이 가르치는 복합적인 교훈을 배우도록 준비시키는 장소로 변혁시킨다.

다음 장은, 교육사상에 대한 관습적인 분야 밖에 있는 관점을 포함해서, 교육적인 과정에 대한 몇 가지 대안적인 사고방식에 관해 논의한다.

# 06장 가능화와 과정

스스로 하는 학습에 문제가 많다는 말은 정말 이상한 말이다. 왜냐하면 사람은 자신에게 의미가 있는 목표와 프로젝트를 추구하면서 오직 스스로 항상 배우는 존재이기 때문이다.

– Sidney Jourard의 "흥미(Fascination)"

사회를 조작하기 위하여 우리가 사용하는 도구는 사람이다. 그런데 사람은 배우는 존재이다. 사람들은 조작을 위한 청사진이 그들에게 가르치는 책략보다 더 정교하고 광범위한 습관들을 형성한다.

– Gregory Bateson의 마음의 생태학에의 입문(Steps to the Ecology of Mind)

제도적 형식으로서의 교육은 권위, 힘, 조작, 그리고 수행자(행위 주체)를 다룬다. 즉, 그것은 누가 무엇을 결정하는가를 다룬다. Soren Kierkegaard(1939)는 그가 "관리(governance)"라고 불렀던 것, 즉 권위가 자신을 다루었던 방식이 그를 교육시킨 주요 원천이었으며, 교육은 관리에 대한 자신의 적응 과정의 산물로 나타났다고 말한 것으로 알려져 있다. 다시 말하면, 학교는 시간과 공간을 관리하는 방식을 통하여, 그리고 학생들을 대하는 성향과 학생들과의 상호작용 방식을 통하여, 사람을 형성한다.

실제로, 학교의 기본적인 목적 중의 하나는 사람들을 선발하는 것이며, 선발된 사람들은 의식을 분리시킴으로써 통제 게임(control game)으로부터 떨어져 통제 게임을 하는 방법을 배우게 된다. 학생들은 단위 수업이나 수업계획을 통해서보다는 "관리"를 통해서, 즉 학교의 과정들에 잘 대처하고 학교 문화에 잘 적응함으로써 더 잘 배울 수 있다. 중요한 것은 관리 기술(maneuverings)이지 교과가 아니다. 그들이 학교교육에서 겪는 살아온 경험은 그들이 성인기로 이행할 때 어떤 사람이 되는지에 중대한 결과를 가져온다.

다시 말하면, 사람들은 세상에서 사회적 경험의 과정을 통해 학습자가 되는 것을 배운다. 학교교육은 사회적 경험을 하는 유일한 영역은 분명히 아니지만 중요한 영역이다. 정식 교육은 세상에서 하나의 존재가 되는 방법, 가능성을 보는 방법, 무언가를 획득하는 방법을 가르치는 경험이다.

고도로 통제되어 개방이 금지된 사회적 환경은 학습을 억압한다. 왜냐하면 그러한 환경은 경험을 제한하므로 기본적인 상황적 정보가 부족하며 간주관적인 가능성을 제한하기 때문이다. 철학자 Richard Zaner(1981)는 "인간 자유의 핵심적인 형태는 현실로부터 스스로 자유로워질 수 있는 것, 그리하여 가능한 다른 무언가를 위해 스스로를 자유롭게 하는 것"이라고 진술한다(p. 176). 우리가 가능성을 지각하지 못한다면 가능성에 따라 행동할 수 없을 것이다.

우리의 학교는 당연시되는 규율과 통제에 대해 강박관념을 가지고 있어서, 가능화(possibilization)를 의도적으로 금지하고 억압한다. 학교의 의도가 아무리 좋다고 하더라도 이렇게 하는 것은 많은 도움이 되지 않는다. 이 장에서는 우리의 모든 수준의 교육기관의 내적 조직의 논리로 인하여 학교가 각 개인에게 자신의 이야기를 하게 한다든지, 자신의 삶을 연구의 장으로 관련시킨다든지, 혹은 그들이 살아가는 삶의 의미를 깊이 있게 성찰적으로 탐색하게 하는 일을 불가능하게 만든다는 사실—다시 말하면, 학교가 내러티브 속에 내재된 가능화를 차단한다는 사실을 제시하고자 한다.

한편으로, 이러한 가능화의 봉쇄가 어떻게 나타나는지를 밝히기 위한 수단으로서, 이어지는 페이지에서는 경험과 학습 간의 복잡한 관계를 이해하는, 서로 다르지만 관련되는 세 가지 방식을 설명한다.

## Bateson의 "이차적 학습(Deutero-learning)"

인류학자이자 정신분석학자인 Gregory Bateson(1972)은 그가 "이차적 학습"이라고 명명한 개념을 설명한 논문에서, 우리가 가장 좋은 결과를 얻기 위해 택하는 수단까지도 기대하지 않은 암묵적 효과를 가진다고 주장한다. 교육방법론으로서 응용사회과학이 표명하는 것 이면에 자리하고 있는 내면적이고 당연시되는 조직 운영의 방식(organizing schemes)은 교과보다 더 서서히 퍼지기 때문에 더욱 널리 퍼지고 강력할 수 있다. "이차적 학습"은 사람들이 이러한 심층적인 조직 운영의 방식에 반응하는 과정에서 배우는 것, 즉 학습을 '하는 동안' 학습에 '관하여' 배우는 것을 가리킨다.

Bateson의 관점으로 보면, 우리가 "사람들을 잘 다루기 위해 과학적 처방"을 사용함으로써 수단으로부터 목표를 분리할 때, "우리는 민주적인 삶의 방식보다는 오히려 전체주의에 이르게 된다"(p. 160). 행동을 가르칠 때 우리는 의미-맥락도 함께 가르치며, 이러한 영향을 받은 사람들은 "이러한 경험을 그들의 전체 삶의 철학 속에 받아들여 확립한다. 그것은 그들의 모든 미래의 태도에 영향을 미칠 것이다 … 그들이 특정한 종류의 맥락을 만날 때마다, 그들은 이전의 익숙한 패턴에 따라 그 맥락을 구조화해 보려고 할 것이다(p. 163).

그리하여 그 맥락은 어떤 유형의 학습이 일어나는지를 결정한다. 이렇게 볼 때 학습은 관계의 문제, 간주관적인 요인들의 문제, 구체적인 상황 속에서 자신의 삶의 세세한 부분을 실행하는 실제 인간의 문제이다. Bateson(1972)은 다음과 같이 진술한다.

> 우리는 비인칭적인 사건의 흐름을 겪게 되는 가상의(hyothetical) 고립된 개인에게 관심을 가지지 않는다. 우리가 관심을 가지는 것은 다른 사람들과의 관계에 대해 복잡한 감정적 유형을 가지는 현실의(real) 개인이다. 그와 같은 실제 세계에서 개인은 개인의 본보기, 목소리 톤, 적개심, 사랑 등과 같은 매우 복잡한 현상들에 의해 통각적인(apperceptive) 습관을 얻거나 혹은 그것을 거부하게 된다. 그와 같은 많은 습

관들은 사건의 흐름에 대한 자신의 원초적(naked) 경험을 통해서 전달되지는 않는다. 왜냐하면 어떤 사람도, 심지어 과학자들조차도, 이런 점에서 원초적일 수는 없기 때문이다. 그러한 사건의 흐름은 통각적인 습관의 궤도(tramlines of apperceptive habit)에 의하여 매 순간 구조화되는 언어, 예술, 기술공학, 그리고 다른 문화적 매개체들을 통해 그들에게 전달된다. (p. 170)

교실에서의 교수(teaching)는 명백히 그러한 "문화적 매개체"이다. 교수에서는 자료나 교과를 가르치는 것을 넘어서 그 이상의 것을 가르친다. 교수 형태는 우리에게 배우는 방법을 가르친다. 경험에 대한 우리의 접근 방법은 "통각적인 습관의 궤도"에 의해 규제된다. 이것은 우리의 지각의 장으로 들어온 지각된 현상으로부터 우리가 무엇을 어떻게 지속적으로 학습할 것인지를 정하고 제한하는 심층구조 혹은 지향적 진로로써 작용한다.

Bateson은 궁극적인 학습의 기원을 문화적 제도적 산물에 의해 매개되는 "원초적 경험", 즉 생활세계에 두었다. 이것은 학습을 우리의 계속되는 경험의 사건들과 상호작용의 원천에 관련짓는 것이다. 그의 관점은 우리가 학교를 "사건의 흐름들"로 보도록, 즉 습관과 가치의 전달을 위한 장소 그리고 특히 가장 중요하게는 어떻게 되고자 하는 종류의 학습자가 되는지를 배우는 장소로 보도록 돕는다. [Bateson의 교육적 사상에 대한 더욱 확장된 그리고 다소 다른 연구는 Bowers와 Flinder(1990), Bredo(1989)를 보라.]

## Becker의 상황적 조정

사회학자인 Howard Becker(1969)는 "상황적 조정(situational adjustment)"이라는 개념을 통해서, 인간 발달의 발생적이고 과정적인 특성을 파악하는 또 하나의 방법을 우리에게 제공한다. 상황적 조정이라는 것은 존재에게 반응을 요구하는 문제 상황에 점진적으로 적응하는 과정을 통하여 발달의 다른 단계들로 우리가 나아간다는 주장이다. Becker는 다음과 같이 말한다.

다양한 사회적 상황을 넘나들며 활발하게 움직이는 사람은 각 상황에서 지속하고 성공하기 위한 요건을 배우게 된다. 만약 그가 계속하고자 하는 강한 열망을 가지고 있다면 또한 그 상황에서 요구되는 것이 무엇인지와 요구되는 수행을 하게 하는 것이 무엇인지에 대해 정확하게 평가하는 능력을 가지고 있다면, 그는 자신을 그 상황이 요구하는 종류의 사람으로 바꾼다. (p. 259)

이것들은 주로 사회적 상황으로서, 다른 사람들과 관계가 있다. 살아 있는 인간으로서 우리는 시간을 보내고 공간을 점유하며, 시간적이고 공간적이고 간주관적인 상황 속에서 살아간다. 그러한 상황은 우리를 강하게 잡아당기거나, 우리를 계속 당기거나, 우리가 가는 방향에 영향을 미치거나, 시간과 공간에 대한 우리의 감각을 강하게 (혹은 무디게) 하는 것과 같은, 적응을 위한 패턴화된 요구의 흐름을 만들어 낸다. 그렇지 않다면 우리는 그것들에 적응하는 것과 관련된 문제에 직면하지 않을 것이고, 따라서 그 상황은 우리에게 가르침을 줄 힘을 잃거나 아니면 오직 물러설 것만을 가르치게 될 것이다.

대부분의 학생들이 주어진 사태를 어떻게든지 해결해 내거나 아니면 하지 않기로 선택하는 것처럼, 상황에 관여하는 사람은 상황이 요구하는 종류의 사람이 되어야 한다. 그것은 당신에게, 당신을 위해 행해지는 것이 아니다—당신이 그것을 스스로 하는 것은 그것이 당신이 착수한 프로젝트를 실현하며 구성하기 때문이다.

Becker는 서로에게 흘러 들어가고 나오는, 그리하여 사람들이 그들의 삶의 요구를 더욱 효과적으로 극복할 수 있는 것을 배울 수 있는 상황이 되는, 그러한 사건들과 과정에 관해서 진술한다. 이를테면 대도시 슬럼가에 있는 흑인이나 도시 외곽에 사는 중상류 계층의 십대들처럼, 사람들은 스스로를 보호하고 자신을 분리시키며 자신에게 자유를 주는 언어 방식을 발전시킨다. 그들은 외부적인 공격에 대항하여 자신들을 방어하기 위해 언어 방식을 진화시켜 나간다.

Becker가 강조한 단계인 성인 단계에서, 우리는 새로운 지역으로 이사를 가고, 남편이나 아내와 같은 새로운 역할을 맡으며, 나이 들고 홀로 된 부모님에게 아들이나 딸의 역할을 하며, 우리 스스로가 부모가 되거나 새로운 일을 위해 훈련하며, 하나 이상의 직장에 들어가며, 영적이고 이데올로기적인 공동체의 구성원이 되며, Benita Luckmann(1978)이 말한 "현대인의 작은 생활세계"에서 살면서 그것에 적응하여 살아가게 된다.

상황은, 그것이 가르치는 것이 무엇이든지 그 상황이 언제 일어나든지 간에, 우리를 가르친다. 교실에서의 생활은 적응을 요구하는 상황이다. 교실은 우리의 경험을 위한 중요한 틀을 제공한다. 만약 우리가 교실 상황에서 성공하려면, 우리는 필요요건들을 따라 진행하도록 동기부여가 되어야 하며, 가능성들은 프로젝트로 만들어지며 자발적인 경험에 의해 형태를 갖추어야 한다. 또한 우리는 그 상황을 평가하는 모종의 능력을 가져야만 하며, 그렇게 함으로써 그 상황에 있을 것으로 가정되는 요구된 수행을 지각할 수 있다. 그렇지 않다면 우리는 그것을 지각할 수 없을 것이다.

## 타문화 변화 촉진자를 위한 교육

1960년대 후반에 Roger Harrison과 내가 함께 출판한 논문(Harrison & Hopkins, 1967)은 역동적이고 우연적인 과정으로서의 경험적 학습에 대한 광범위한 이론적인 개념을 설명한다. 이 논문의 구체적인 초점은 평화봉사단이 자원봉사자 훈련을 하는 데 있어서 처음 5년 동안 대학에 주로 의존하였던 그들의 결정에 도전하는 것이었다. 그 비판 과정에서 우리는 문화 간(intercultural) 교육(그리고 다른 형태의 적응을 위한 교육)에 대한 경험 기반 접근 방식을 주장하였다.

문제는 학술적이고 학문적인 대학의 가치가 불확실한 해외의 상황에서 일하고 살아가는 사람들을 교육하는 데에 잘못된 과정을 제시했다는 것이다. 대학은 축적된 지식의 거대한 창고를 관리하는 대학교수의 권위에 의해 지배되는 경험의 매트릭스 안에 학생들을 가둔다. 대학은 창의적 행위보다는 개념과 방법론에 더 많은 관심을 가진다.

대학은 상징적인 의사소통, 초연하고 논리적인 비판적 판단, 학문적인 담론으로부터의 감정 배제, 추상적인 문제 해결, 그리고 행동보다 이해 등에 전념한다. 대학은 의사결정, 선택, 상호 간의 영향과 갈등, 변화와 우연성 등에 있어서 격동적 혼란함이나 애매성을 가진 세계를 차단한다. (대학의 환경에서 이러한 특성이 존재할 경우, 이것은 대체로 무시된다.)

따라서 대학 졸업생들이 성숙한 책임감을 가지고 일을 하기 위해 세상으로 나갈 때(혹은 장래의 평화봉사단 자원봉사자들의 경우 애매한 역할로 제3세계 국가로 나가야 할 때), 그들은 새로운 학습 방식을 발달시킬 것이 필수로 요구된다. 평화봉사단 자원봉사자들의 경우, 시급한 일들은 많고 시간은 너무 없는 상황이었기 때문에, 그들은 고통스러운 전환을 하기가 종종 어려웠고 때로는 상당한 수준의 심리적인 고통이라는 희생을 치르고서야 그러한 전환을 경험할 수 있었다. 그들에게는 대학이 제공해 줄 것으로 생각하는 것과는 다른 유형의 교육적인 경험이 필요했던 것이다.

대학에서 학생들은 "더욱 이성적이고, 비판적이고, 객관적이며, 단어나 상징이나 추상성을 다루는 데 더욱 숙달될 수 있다" (p. 434). 대학은 문화적 다양성과 다른 복잡한 문제들을 더욱 지적으로 이해할 수 있고 또 이해하도록 이끈다. 그러나 판단을 할 때 자기 경험의 권위만을 의존할 수밖에 없는 애매하고 변화하는 환경에서 살아가면서 발생하는 삶의 문제에 직면하는 장래의 평화봉사단 자원자들이나 대부분의 대학 졸업생들에게 대학은 충분한 것이 아니었다.

다시 말하면, 대학의 핵심적인 가치와 관련되는 교육의 실제는 평화봉사단 훈련생들에게 해외에서 효과적인 기능을 하는 데 결정적으로 필요한 기술과 관계 특질들, 즉 "신뢰와 의사소통을 수립하고 유지하기, 다른 사람들에게 동기를 부여하고 영향을 주기, 상담하고 조언하기—변화를 가르치기 위해 고안된 복잡한 활동들" (pp. 434-435)을 연습할 기회를 주지 않았다.

대학교육은 파견된 국가의 현실 속에서 훈련생들이 직면할 수 있는 복잡하고 낯선 사건들과 상황들이 제공하는 정보를 어떻게 사용할지를 배우도록 그들을 돕지 못했다. 해외 생활에서의 예상하지 못한 일에 준비되기 위해서 그들은 단지 추상적인 정보가 아닌 새로운 학습 방법이 필요한데, 대학의 맥락은 이것을 제공해 주지 못했던 것이다.

실제로, 훈련 과정에 대한 대학의 접근 방식은 장래의 해외 근무자 혹은 복잡한 변화의 세계로 들어가는 사람들에게 확실히 잘못된 특질을 강화했다. "대학 강의실에서 흔히 나타나는 높은 수준의 통제와 권위에 대한 의존은 해외의 환경에서 성공을 가능하게 하는 학습 유형이 되지 못한다"는 사실의 증거는 명백해 보였다 (p. 439).

이러한 분석은 해외 근무자들을 더욱 효과적으로 훈련시키기 위해 고도의 경험적인 설계 원리를 처방하게 만들었다. 그 논문은 나와 전직 평화봉사단 자원봉사자 관리 직원 한 사람이 (Harrison의 적극적인 자문을 받아) 남아메리카의 서부 해안 국가들에 배정된 250명의 장래 자원봉사자들을 위해 푸에르토리코의 우림에서 수행한 프로그램에 관해 기술한 것이다.

푸에르토리코에서 학습자들은 그들의 목표를 성취하기 위해 그들이 조정해야 할 실제 세계의 상황에 직면해 보았다. 그 프로그램은 훈련생들이 적응하거나 실패하게 되는 (푸에르토리코의 실제 세계에서 많이 일어났던) 문제 "상황"으로 이루어진, Becker의 "상황적 조정"의 매개된 형태의 활동을 시행하는 것이었다. 그 후 우리는 그러한 상황이 (만약 그렇게 되었다면) 어떻게 정의되고 해결되었는지를 명확히 하는 데 초점을 맞춘 반성적인 내러티브의 과정을 수행했다.

이것은 평화봉사단 자원봉사자들이 경험적인 과정의 토론을 위한 어휘—비록 우리가 그것을 그 당시에 그렇게 부르지는 않았지만—즉, 실제로 내러티브로 말하기를 습득할 것을 요청하였다. 그들은 자신의 경험에 관해 기본적으로 현상학적인 접근을 취했으며, 이것은 그들이 과거에 지각할 수 없었던 환경 속의 특성들을 파악하도록 해주었다. 그들은 낯선 문화에서 행동하기 위해 학습에 대한 자신의 경험을 이야기하는 방법을 배웠다. 그러한 서술은 그 자체로서 학습이 일어나도록 작동하는 것처럼 보였다.

권위는 관습적인 교육과 완전히 반대되는 방식으로 사용되었다.

> 교사나 훈련가의 권위는 상황을 진단하고, 문제를 정의하고, 정보를 제공하거나

> 대안적인 행동 과정을 선택하는 데 사용되어서는 안 된다 … 만약 이러한 기능들이 학습자를 위해 수행된다면, 학습자는 권위적 도움에 의존하는 것을 배우게 될 것이다. 다른 한편으로, 무정부, 무질서 상태와 자유방임은 학습자에게 너무 큰 충격을 줌으로써 학습자가 자신의 대부분의 에너지를 학습 상황으로부터 정서적으로 스스로를 방어하는 데 쓰게 만들지 모른다. 권위는 학습자로부터의 자신의 경험을 하는 기회를 빼앗는 데 사용되어서는 안 된다 … [학습자]는 정보를 제공받는 것이 아니라 정보를 구하도록 격려받아야 하며, … 해결책을 제공받는 것이 아니라 스스로 결론에 이르도록 요청받아야 하며, … 어떤 행동을 하고 어떻게 해야 하는지를 지시받는 것이 아니라, 단지 그러한 행동을 하도록 기대되어야 하는 것이다. (pp. 443-444)

교육자는 지시하는 것이 아니라 촉진하는 데에, 문제를 해결하는 것이 아니라 문제를 해결하는 '과정들' 을 가르치는 데에, 자신의 전문성을 사용해야 한다. 교육자는 학생들이 자신의 "고유한 자연스러운 적응 유형" 을 따를 때조차 결과물을 처방해 주는 것이 아니라 학습자가 "감정-사고의 연결" 을 만들도록 돕는 데에 전문성을 사용해야 하는 것이다(p. 445). 요컨대 교육자는 경험에서 개념적 의미를 끌어내도록 이끄는 반성적인 과정을 돕는 데에만 개입한다. 행동 이론으로 말하자면, 사람들이 애매성에 대처하도록 가르치는 방법은 그들이 대처할 어떤 애매성을 준 후, 그들이 그것을 어떻게 대처했어야 하는지를 이해하도록 도와야 한다는 것이다.

> 경험에 기반한 교차 문화(cross-cultural) 훈련의 목적은 자신이 배우는 것과 배웠던 것이 무엇인지를 보고 아는 능력을 학습자에게 가르치는 것이다. 그러면 그 후에 그는 그것을 명확하게 말로 표현할 수 있고, 의식적으로 그것에 따라 행동할 수 있다 … 그와 같은 학습 체제에서 교육자는 … 학생들이 감정과 지각과 경험을 말로 표현하게 하고, 그것들로부터 결론을 도출하고 일반화하도록 돕는다. 만약 교사가 성공하게 된다면, 학습자는 어느 정도 학습하는 방법을 잘 배우게 될 것이다. (p. 446)

이러한 목표를 달성하기 위해서는, 단지 책이 아니라 사람들과 관계를 맺으며, 단지 일반화와 추상화가 아니라 실제 상황에 관여하는 등, 교수(teaching)에 대한 특이한 접근 방법이 필요하다는 것은 분명하다. 또한 세상에는 명확한 해결책이 없으며 현존하는 이론이 설명할 수 없는 많은 문제 상황들이 있음을 인정하는 것이 필요하다는 것도 분명하다. "교과에 대한 능력도 유용하지만, 과정에 초점을 맞춤으로써 학습을 촉진시키는 진정한 능력이 없이는 일을 끝낼 수 없을 것이다"라고 우리는 말했다. 또한 우리는 "우리들 대부분이 교육받은 전통적인 제도는 여기서 제시한 가르치는 기술을 가치 있는 것으로 생각하지 않는다는 점을 지적했다" (p. 458).

이 논문에서는 경험에 기초한 교육의 과정이 학생들의 전체 경험을 얼마나 풍요롭게 하고 또 현대 생활 속에서 나타나는 우발성에 대해 얼마나 충분히 준비시킬 수 있는지를 교육기관이 고려할 필요가 있음을 분명히 제안하였다. 그러나 이 논문의 어디에서도 학문적인 가치를 포기할 것을 요청한 일은 없었다. 이 논문은 의심할 바 없이 오늘날의 연구를 위한 일종의 리허설이라는 점을 독자들이 이해해 주기를 바란다.

## 행위의 구조

Bateson과 Becker의 논의에서 드러나는 이러한 통찰은 현상학적 심리학의 기본 전제, 즉 인간 발달이 세상에 대한 경험을 활용하고 만들어 가는 과정이라는 것과 거의 완벽하게 일치한다. "아동과 타인과의 관계"라는 주제의 강의에서 Maurice Merleau-Ponty(1964)는 이러한 원리를 예시하기 위해 아동 학습의 예를 사용했다.

> 아동이 말하기의 체계를 배우는 것은, (마치 아동이 지능을 가지고 말하기, 어형론, 구문론의 원리를 이해하는 것과 같은) 결코 진정한 의미의 지적 활동에 의해서가 아니다. 오히려 아동의 말하기 학습은 일종의 '습관화', 즉 언어를 도구나 기구로 사

> 용하는 것이다. 지적 발달의 결과인 동시에 지적 발달을 위한 가장 적극적인 자극 중의 하나인 언어의 사용은, 순수한 지능의 발휘라기보다는, 더욱 모호한 작용—다시 말해서 어떤 습관이든지 그것을 갖게 되는 것과 비슷한 방식으로 아동이 자신이 처한 환경의 언어 체계에 동화되는 것, 즉 행위의 구조를 학습하는 것—에 근거하여 나타나는 것이다. (p. 99)

말하는 것을 배우기 위해서 아동은 의지를 가지고 경험의 발달에 반드시 필요한 것들에 관련되는 교훈들을 받아들인다. 멘토들은 아동이 이러한 동화 과정을 실현하기 위해 선택하는 "행위의 구조"를 지지할 것이며, 이것은 타문화 훈련자들이 이것을 행하는 것을 배웠던 것과 마찬가지이다. 말하기를 배우는 아동의 부모들은 대부분 듣고 고쳐 주고 격려하고 안내하고 지지하고 칭찬하지만, 형식적이거나 제한적인 의미에서 교수를 하는 일은 거의 없다. 말을 배우는 과정은 그것 고유의 발달적인 힘이나 추진력에 의하여 진행된다.

멘토들은 공식적 교육 환경에서 비슷한 역할을 할지 모른다. 그들은 학생들이 자유인으로서 세상을 이해하고 효과적으로 살아가도록 도울 수 있다. 그러나 반대로 비록 무의도적이라고 하더라도 주체성과 가능성으로부터 학생들을 차단할 수도 있다. 교사들은 경험의 인식을 폄하하고 그리하여 그것을 사장시키는 학습의 방법을 가르칠 수 있고 자주 그렇게 하기도 한다. 이러한 방법은 학생들의 지속적인 학습 능력을 제한하며, 그 결과 삶의 애매성에 부딪칠 때 학생들로 하여금 그것에서 도망치거나 아니면 애매성의 보호막으로서 단순한 것, 정형화된 것, 도그마적인 것을 붙잡게 만든다.

그러나 (비록 쉬운 일은 아니겠지만) 교사들은 세상과 그것의 가능성에 대해 마음을 열고, 세상을 질문의 가능성이 있는 변화의 장, 즉 세상을 문제가 있고 역동적 우연적이며 질문의 대상이 되고 그리하여 더 많은 가능성을 만드는 변화의 장으로 보여 주는 상황을 만들 수 있다.—이것은 마치 자신의 목적을 실현하기 위해서 언어의 세계에서 자유롭고 적극적으로 말하는 것을 배우는 아동들에게 경험이 뜻하는 것과 같다.

다시 말하면, 멘토의 의사소통 행위는, 타인의 살아온 경험과의 관련성 측면에서 보면 타인의 발달을 강화하거나 방해할 수 있다. 교사는, 주어진 현상을 통해 세상이 타인들에게 보여 주는 세상에 대한 경험과 타인들 사이에 서 있음으로써, 타인의 학습 경험을 매개한다. 교사들은 시간과 공간을 조직하는 방식을 통해서, 그리고 학생들이 적응해야만 하는 상황을 고안함으로써 학교교육 상황을 관리하는 방식을 통해서, 행위의 구조(이차적 학습)를 가르친다. 이러한 구조들은 학생들이 현실을 인식하는 데 사용하는 화면이 된다. 푸에르토리코에 도착한 장래의 평화봉사단 자원봉사자들은 관습적인 방식으로 배울 준비가 되어 있었다. 그들은 그 환경이 가르쳐야만 하는 교훈들을 받아들이기에 앞서, 새로운 학습 방법을 배워야 했다.

현재 구성된 것과 같이 우리의 학교에서 만들어지는 구조는 학교 밖의 우연적이고 결정되지 않은 세상에서의 삶의 상황에서는 거의 소용이 없다. 비록 대부분의 학생들이 학교에서 요구되는 행위가 무엇인지 평가하는 것을 배우기는 하지만—부를 때 대답하고, 집중하고 있는 것처럼 보이고, 자신의 신체를 통제하고, 요구되지 않은 독립성이나 개성이나 이야기로 선생님을 괴롭히는 것을 피하는 것을 배우기는 하지만—지금 여기에서의 그들의 경험을 이해하도록 학생들을 돕는 것은 거의 없다.

교육에 대한 일반적인 모델에서 교실에서의 적응은 너무나 자주 중요한 많은 것들을 요구하지 않는다—교실에 적응하기 위해서는 단지 자기 통제와 의존성, 다양한 수동적-공격적 전략만 있으면 되는 것이다. 그 때문에 학생은 부질없는 공상을 하거나, 환상에 빠지거나 아니면 더욱 설득력이 있는 다른 현실로 옮겨 갈 수도 있다. (한 개의 방으로 된 학교에서 허클베리 핀이 고상한 척하는 멘토가 수행하는 교화적 돌봄을 견디고 있었을 때, 밖에서는 거대한 강이 그를 부르고 있었고, 나무들, 영원함, 유혹적인 무질서, 그리고 자연세계의 불변의 가르침이 있었다—이것은 우리들 중 많은 사람들에게도 마찬가지이다.) 그것은 반항적인 혹은 방어적인 적응일 것이다. 사람들이 행동하거나 반응하는 것은 자신의 인식과 선택을 통해서 지향성의 방향적 특성을 보여 주는 자신의 정체성 때문이다.

교실 학습은 잘 정돈되거나 관리되지 않은 환경 속에서 어떻게 계속 적응해 나갈지를 거의 가르쳐 주지 않는다. 관련을 맺을 수 있는 기회가 있지만, 그러한 기회는 인지되거나 깨닫지 못하고 지나치는 경향이 있다. 행위 모델 교실의 특징은 삶과 학습이 서로 분리되어 밀폐된 영역이라고 학생들에게 가르치는 것이다. 이것은 교육의 과정에 위반되는 것으로서 매우 심각한 결과를 가져온다.

## 존경할 만한 연구

앞서 논의된 심리주의적 방법론과 대조를 이루는 질적인 연구 방법론은, 현상학적인 원리라고 특별히 명시하든지 그렇지 않든지 간에, 현상학적 원리에 기초한 방법론적인 관점을 효과적으로 사용해 왔다. 영국 노동자 계층의 고등학교에 관한 Paul Willis(1978)의 연구는 학생들이 학교의 공식 문화의 경험에 저항하는 방식을 연구한다. 그는 저항 이론, 즉 재생산 이론의 하위 이론의 맥락에서 이 연구를 수행한다. 연구에 따르면, 하위 계층 아동들은 부당한 환경에서 배우기를 거부함으로써, 의도적으로 지배적인 문화에 저항한다. 그들이 이처럼 행동하는 것은 그들이 세상을 경험하는 방식이 권위를 가진 이들에 의해 무시당하는 것을 감지할 때이다.

학생들은 학교의 조종을 막아 내기 위하여 많은 에너지와 창의성을 사용하며, 무시되거나 모욕당한 자신의 세계에 대한 경험을 어느 정도 회복하고 견고히 하고자 한다. Willis의 연구에서 남자 학생들은 학교의 지배적인 문화를 거부하고 자신들의 고유한 노동계층 문화를 방어하기 위한 방법을 발견했다.

이것을 위한 그들의 방법은 옷, 헤어스타일, 그리고 손마디 꺾기, 조롱하는 웃음, 조용한 입놀림과 같은 조소적 태도—온건한 비행 행위로 보이는 행동들—이었다. 그 행동이 온건한 비행행위라고 정의될 때, 저항자들은 초기 범죄자들이 된다. 우리가 사람들을 어떻게 명명하느냐에 따라 그들의 이후 행위가 결정된다. 그러나 행위자들 자신이 생각한 그들의 행위의 의미는 분명히 반대되는 것이었다. 학교는 노동계층의 학생들이 만든 경험의 구조를 존중하려는 노력을 하지 않았으며, 분명히 그것을 뿌리 뽑는 데 열중했다. 학교는 투쟁에도 졌고 학생들도 잃었다.

물론 학생들 편에서도 잃은 것이 많았다—그들은 단어와 숫자, 주류 속에 있는 개념을 교육받을 기회, 그리하여 자신이 선택할 경우 점차 유창한 영어반의 단계로 올라갈 기회를 잃었다. 그들의 개념적 문맹은 상류 계층으로 올라갈 가능성을 줄이고 영국 사회에서 계속해서 하류 계층에 머물게 한다. 다른 여러 가지 것들 중에서, 그들에게 어려운 일은 Stanley Aronowitz와 Henry Giroux(1985)가 명명한바 "정책이 되는 공공의 선택"을 하는 데에 있어서 적극적이고 비판적인 시민, 참여자가 되는 것일 것이다. 미국 사회에서 그들과 비슷한 입장에 있는 이들에게도 이것은 마찬가지로 어려운 일일 것이다. 그들은 힘이 없는 국외자로서, 그들의 정치적인 이익을 지각하는 능력과 경제적인 성공에 필수조건인 기술적인 지식을 가지지 못하게 될 것이다.

그들의 실패는, 세상에서 당연시 여기는 기준에 비추어 그들이 살아온 경험의 실재를 모욕하는 공식적인 문화에 대한 거부의 표시이다. 그들의 실패는 세속적 성공에 대한 항거를 보여 준다는 점에서 성공이 된다. 그와 같은 거부의 씨앗은 John Lounsbury와 J. Howard Johnson(1988)이 연구한 6학년 교실의 많은 학생들과 모든 수준의 학교 제도에 있는 다른 수천의 학생들에게서 이미 싹트고 있다. 이러한 씨앗은 단지 실패한 학생들에게서만이 아니라, 더욱 성공적으로 그 시스템을 다루는 것을 배운 학생들에게도 싹트고 있다. 하지만 저항하는 이들은 냉소주의, 수동적-공격적인 자세, 우리가 부적절한 행동이라고 부르는 것, 부정행위, 교사에 대한 무시, (특히 상위 학년과 대학에서는) 반주지주의(anti-intellectualism)를 표방하며, 가장 실용적인 가르침을 제외한 모든 것을 거부한다.

인류학자 Frederick Erickson(1984)은 학교 밖의 학습을 경시하는 학교의 실제를 기술하며 암묵적으로 비판하는 수십 개 이상의 연구 보고서들을 언급한다. 학생들은 반드시 학교에서 "더욱 높은 수준"의 기술을 배우는 것은 아니다. "오히려" 학교는 … 과업의 구조 자체의 일부분으로서 문제 해결에 대한 알고리즘이 미리 결정되어 있고 매개변수가 정해진 과제 상황 속에서 자신이 해온 일에 관하여, 관찰자나 혹은 자신에게 조언하는 방법과 관련된 능력을 촉진시키는 일을 한다. 다시 말하면, 학교에서는 학교에 속한 일들—"과제 해결의 표준적인 양식들 그리고 … 말하기, 쓰기, 숫자 계산하기의 표준적 양식들" (p. 531)을 배운다. 이것들은 과업에 대한 단서들이 합리적인 사전 구성 없이 결정되지 않는 상태로 던져지는 실제의 삶과는 많은 관련성을 가지지 않는 양식들인 것이다.

그 이상으로 학교는 체계적으로(그리고 아주 순진하게 또는 무의식적으로), 학교 맥락을 벗어나서 배우는 복잡한 학습을 경시할 뿐만 아니라, 특히 "비표준적인" 언어 사용을 인지적 결함의 증거로 해석함으로써 그러한 "문화적으로 패턴화된 의사소통의 수행" 을 경시한다고 Erickson은 이어서 설명한다. "인지적 능력—더욱 상위 차원의 사고를 인식하고 사용하는 능력—의 문제는 문화적으로 비표준적인 어법을 말하는 사람의 입과 뇌보다는, 해석하는 사람의 눈이나 귀나 뇌 때문에 더 발생할 수 있다" (p. 532).

이러한 학교의 관행은 행동에 대한 도관(전달) 비유 및 그 은유를 시행하는 데서 나오게 된 선의의 그러나 파괴적인 실제들에 의해 촉발된 저항 행동에 대한 가장 완전한 증거이다. 그와 같은 제도 속에서는 상호 간의 이해를 추구하는 것이 없다. Erickson(1984)은 진술한다.

> 우리는 그와 같은 환경이 점잖은 행위(civility)가 일어나는 장이 될 수 있는지, 점잖은 행위, 즉 개인을 뛰어넘어 사회에 참여하는 데 대한 상호 간의 약속이 그러한 환경에서 불가능한 것인지를 물어봐야 한다 … 학습에 대한 학생의 혼란과 저항, 교사의 좌절과 "소진(burnout)" 은 외부적인 영향에 의해 비합리적으로 통제되는 업무 환경에 대한 합당한 반응이다. (p. 534)

교육이 이러한 방식일 필요는 없다. C. Barnhardt(1982)는 알래스카 인디언 마을에서 "마을에 있는 가정과 공동체 생활에서 발견한 사회적 관계의 패턴에 부합하는" 교육의 과정을 채택함으로써 저항 행위를 감소시키는 조건을 만들어 낸 교사들의 사례를 기술한다. 다른 사례 연구에서 K. H. Au와 J. Mason(1983)은 하와

이에서 '순서대로 돌아가며(turn-taking) 말하기' 라는 표준적인 규범을 어기고 그 대신 하와이 마을의 삶의 특징인 '동시에(simultaneous) 말하기' 패턴을 사용함으로써 주목할 만한 성공을 거둔 읽기 교사들의 사례를 보고한다.

"문화와 조화를 이루는 가르침"(p. 543)의 성공을 설명하기 위한 탐색에서, Erickson은 그러한 전략이 교사와 학생 간의 관계에 존재하는 잠재적인 저항을 제거함으로써, 교육에 내재된 정치적인 요소를 줄인다고 주장한다. 물론, 그와 같은 가르침은 학생들이 살아온 경험에 관한 분석에 기초해야 하며, 그러한 분석을 하기 위해서는 그러한 정보가 제공될 수 있는 환경이 마련되어야 한다.

## 수동적인 힘

우리의 제한된 선입관을 없앰으로써, 우리는 교실에서 권력이 어떻게 사용되느냐라는 문제를 더욱 효과적으로 다룰 수 있다. 만약 우리가 교실을, 사전에 정해진 억압적인 실제와 학생들의 개성 사이에 권력투쟁이 나타나는 영역이나 장으로 본다면, 우리는 학생들이 우리가 때때로 생각하는 것만큼 무력하지 않다는 것을 깨닫게 될 것이다. 실제로, 그들은 교실에서 궁극적인 힘, 즉 수동적-공격적인 역할 행동을 통해 그들을 억제하는 힘을 가질 수 있다. 이것의 문제는 그것이 수업에서 부과되는 과제를 실패하게 만든다는 것이다. 이러한 권력 투쟁은 많은 교실들의 오래된 지하세계(underworld)에 살아 있다.

Shirley Brice Heath는 『언어 사용법(*Ways with Words*)』(1983)이라는 자신의 저서에서 캐롤라이나 피드먼트 인근의 시골 마을의 언어적, 문화적 패턴을 탐구한다. 이 마을은 모두 노동자 계층이지만, 반은 백인이고 반은 흑인으로 구성되어 있다. Health는 이 두 개의 커뮤니티에서 자신이 발견한 서로 다른 문화적, 언어적 패턴이 사람들 간의 상호 관계와 두 커뮤니티 구성원들이 역시 다른 언어적, 문화적 코드를 가지고 있는 근처 제분소가 있는 마을로 이동하는 데 어떻게 영향을 미치는지를 기술한다.

제분소의 관리자들 사이에 사용되는 언어는 엄격하고, 직선적이고, 체계적이고, 질서 있는 것이다. 반면에, 두 시골 마을의 경우 어느 정도 비슷하지만, 특히 흑인 마을인 "트랙톤"에서 사용되는 언어는 즉흥적이고, 표현력이 있고, 장난기가 있고, 유연하고, 창의적으로 다양하다. 전자는 통제와 명령과 기술의 언어인 데 비하여, 후자는 공상과 권력에 대한 방어적 책략과 분리의 언어이다. 백인 주류 사회의 언어 패턴 및 그와 관련된 문화적 코드는 학교에서 촉진된다. 반면에 시골 마을에서 사용하는 문화적 코드 및 그것을 사용하는 사람들은 교육적, 사회적, 심지어 정치적으로 구석진 곳에 숨겨져 있다. 만약 그들이 Willis의 저항적 입장에 가담한다면, 그들은 [주의를 끄는 데] 이김으로써 [교육적 성취에서] 질 것이다.

Landon Beyer(1988)는 Heath가 묘사한 상황에서 흥미로운 가능성을 본다.

> 우리가 그와 같은 다양한 언어 패턴과 지식 코드를 해석하는 일상적인 방식은 트랙톤 거주자들의 언어를 열등한 것, 그 집단의 "문화 실조"라는 특성을 반영하는 것으로 보는 것이다. 그러나 우리가 지배적인 언어 코드와 흑인 노동자들이 보여 주는 틀 간의 결합을 느슨하게 하려고 시도했다고 가정해 보자. 그러한 느슨함은 문화 실조(cultural deprivation) 이론을 따르는 일반적인 가정을 충분히 바꿀 수 있고, 사회적으로 유리한 입장에 있는 사람들이 현재 사용하는 표현 형식을 설명할 뿐만 아니라, 문화와 언어에 대해 더욱 진정으로 다원론적이고 민주적인 비전을 낳을 수 있다. (p. 129)

지배층의 언어 사용법과 하류층의 언어 사용법 사이의 "결합을 느슨하게 하는 것"은 두 집단의 살아온 경험을 배려하는 하나의 수단이다. Heath는 교사가 교실에서 직면하게 되는 다양성을 이해하고 그것에 힘을 부여하기 위해 인류학적인 원리를 사용할 수 있는 많은 방법들을 보여 준다. 그녀가 특별히 관심을 가지고 있는 것은 언어 발달이지만, Heath가 진척시켜 나가는 모든 관점과 기법은 기본적으로 학생들이 살아온 삶에 관한 관심을 기반으로 한다. 그것은 내용과 어조에서(예컨대 그녀가 공간적, 시간적 이슈에 대해 강조한다는 점에서) 현상학적이다.

## 상황과 사회적 유대

이 책의 결론을 맺는 장들에서는 학교교육이 내러티브에 관한 강조를 통해 수행될 수 있다는 계획을 보여 주는 메타 구조를 기술하고자 한다. 내러티브에서 언어는 그 문제의 핵심이다. 언어의 표상적 능력과 경험된 실재 간의 상호 관계는 현상학에서 특별히 관심을 가지는 것으로서, 특히 Merleau-Ponty의 전통의 글들이 그러하다.

우리가 언어를 사용할 때, 우리는 실재와 그러한 목적에 적절한 경험을 구성한다. 우리는 Remy Kwant(1969)가 "존재를 드러냄(disclosure)" (p. 27)이라고 명명했던 것에 참여한다. 교사가 사용하는 언어 습관을 억압하려고 시도할 때, 그들은 학생들의 생활세계 자체를 문제로 삼는다. Kwant는 표현에 대한 자신의 현상학적인 논의에서, 말은 자유의 잠재적인 원천이라고 우리에게 상기시킨다—"자신의 말과 의도적으로 관련시키는 대로 세상은 그 사람에게 나타난다" (p. 108). 삶 속에서 말을 하는 양식을 무시함으로써 말을 억압하는 것은 불일치와 차이를 통제하는 수단인 것이다.

Courtney Cazden과 Dell Hymes(1978)는 그들이 "내러티브 권리(narrative right)" 라고 명명한 것에 관한 연구에서, "우리 사회에서 나타나는 불평등의 한 가지 형태는 내러티브를 사용할 권리, 즉 어떤 내러티브가 인지적인 기능을 가진 것으로 받아들여지는가와 관련이 있다는 가능성" (p. 21)을 지적한다. Hymes는 일부 주요 기관들이, 그중 적지 않은 곳이 교육에 관련된 기관들로서, "어떤 종류의 내러티브를 열등한 것으로 보고, 그러한 내러티브의 형태를 자연스럽게 사용하는 사람들 역시 열등하게 보는 방식으로 계층화되어 있다" 고 설득력 있게 주장한다 (p. 27).

우리 언어의 형태는 우리가 살아온 삶을 구성하고 밖으로 표현하며, 의사소통을 위한 목적이라는 우리의 지향성의 대상을 포착한 것을 보여 준다. 우리는 간주관적으로 언어를 통해 우리의 생활세계를 창조한다. 확산적인 지식과 언어 양식은 관련된 사회 집단의 확산적인 인식의 형태에서 생겨난다. 이러한 언어 양식에 주목하는 것은 그것들이 보여 주는 의미에 참여하는 것이다.

이러한 관점은 일반적으로 학교와 사회에서 있을 수 있는 경험에 대한 냉대가 얼마나 정치적인지를 우리에게 상기시킨다. 집단과 개인의 살아온 경험에 직접적으로 주의를 기울이는 것은, 사람들이 적극적으로 서로에게 참여하고 그들의 차이와 더불어 공유된 특질과 관심을 강조하도록 유도함으로써 사회적인 유대를 강화하는 것이다. 살아온 경험을 존중하는 학교와 기관은 학생들로 하여금 차이와 사회적 복잡성에 대한 존중을 내면화하도록 돕는다.

Dewey의 연구와 현상학 모두에서 발견되는바, 상황에 대한 강조는 학교에 엄청난 중요성을 가질 수 있다. 상황이라는 것은 의식 속에서 만들어지고 구성되는 경험된 장이다. 사람들은 그들의 개인적인 관점에서 그 의미를 구성하는 상황에서 자신의 삶을 산다. 이러한 상황의 다양성을 존중하는 것은 경험, 내러티브, 말하기의 형태, 그리고 사람들이 스스로를 인식하고 구별하는 데 사용하는 그러한 모든 장치들을 존중하는 것이다. 철학자 John Wild(1955)의 진술에 의하면, "나는 나의 실존이 보여지는 사람들에게 하나의 존재가 된다" (p. 75)—단지 "거기 있는 존재"가 아니라 지각하는 사람과 주어진 것 사이의 상호관련성 속에서 드러나고 구성되는 존재인 것이다.

사람들은 층층의 양파껍질처럼 맥락 안에 또 맥락이 있는 그러한 상황들 속에 존재한다. 어떤 상황들은 정적이고 투명하다. 그것들은 특별한 반응을 요구하지 않고 우리를 많이 참여시키지도 않는다. 그러나 다른 것들은 요구가 많고 도발적이고 습관에 도전한다. 이러한 것들이 학습이 일어나는 상황들이다.

여기에서의 질문은 교육자들에 의해 제공된 상황이 충분히 실현된 학습 상황인지의 여부이다. 나타난 증거를 보면, 교실 교육은 종종 무기력하고 제한된 형태의 상황—맥락이 결여되고, 새로움이나 놀람이나 혼란 등이 부족하며, 습관에 대한 도전이 부족한 형태의 상황—을 가진다. 이러한 교실 상황은 학생들로 하여금 편협한 유형의 학습을 하게 한다. 그들의 진술되지 않은 목적은 교사들과 학생들을 불협화음의 복잡성으로부터 보호하는 것이다.

만약 우리가 교육에서의 실제적인 민주주의를 가지고자 한다면, 우리는 학교

교육을 구성하는 매일의 실제에 대한 깊이 있는 개선을 할 필요가 있다. 교육을 변화시키는 방법은 기본적인 과정과 가장 깊이 있는 은유(metaphor)와 탐구되고 검토되지 않은(음미와 반성하지 않는) "규칙성"을 바꿈으로써 가능하며, 결코 최근의 개혁의 특징처럼 기술적인 장치와 정치적인 조작을 통해서 가능한 것이 아니다.

분명히 이러한 개혁은 쉽지 않을 것이지만, 최근의 세계 역사가 가르쳐 주는 사실은, 마음이 변화할 때 기본적인 사회 구조가 매우 신속하게 바뀔 수 있다는 것이다. 마음이 변화되는 것은 질문을 하는 방식이 바뀔 때이며, 정보가 그것을 막는 장벽 주변으로 흘러 들어갈 때이며, 그리하여 이슈가 재구성될 때이다.

제3부에서는 여기에서 제기되었던 경험적인 원리와 일치하는 비심리주의적이고 철학적인 언어에 관한 문제를 재구성하는 글을 다루고자 한다.

내러티브, 학교교육을 다시 디자인하다

Narrative Schooling:
Experiantial Learning and the Transformation
of American Education

3부

# 발전: 경험을 통한 만남

교육은 … 경험의 재구성 혹은 재조직으로서, 그것은 의미를 더해 주고 후속하는 경험의 방향을 결정짓는 능력을 증대시켜 준다.

– John Dewey의 민주주의와 교육(Democracy and Education)

# 07장 주제 분야로의 지향

경험 내에 있는 각 휴식처는 이전에 행한 행위의 결과들을 흡수해서 안착시키는 수동적인 것(undergoing)이며, 그 행위가 심한 변덕이나 가벼운 상투적인 것이 아닌 한, 각각의 행위는 추출되고 보존되어 온 의미를 그 자체 내에 간직한다. 군대의 행진에서처럼, 이미 성취된 것으로부터 얻어진 모든 획득물들은 주기적으로 집결되며, 항상 다음에 이루어지는 것을 예견한다. 만일 우리가 너무 빨리 움직이게 되면, 우리는 보급 기지, 즉 축적된 의미들로부터 너무 멀리 벗어나게 되고, 그 경험은 동요하고, 천박해지며, 혼란스러워진다. 만일 우리가 순수한 가치를 추출한 후에 너무 오랫동안 방치해 두게 되면, 경험은 무기력으로 인하여 사라지게 된다.

– John Dewey의 경험으로서의 예술(Art as Experience)

경험이 자신들의 일과 관련되어 있는 사람들에 의해 어떻게 받아들여지고 있는지를 보기 위해서는 과학자들(혹은 형이상학자들이나)보다는 소설가들이 더욱 성공적으로 설명해 줄 수 있는 인간의 거대한 복잡성과 난해성을 가진 삶이 어떻게 살아지는지를 검토해 보는 것이 필요하다. 경험으로 점철된 삶은 번잡하고 소용돌이가 치며, 다차원적이다(사실, '차원' 이라는 용어의 사용이 임의적인 구분이긴 하지만). 그것은 회상해 볼 때를 제외하고는 직선적 단계로 구분되지 않는다. 그것은 과정 중에 구조가 형성되면서 형태는 있으나 엄밀하게 예측할 수 없는, 즉 현대 물리학자들이 말하는 "혼돈" 속에서 이루어지는 운동으로서, Maurice

Merleau-Ponty(1968)가 표현한 "일종의 거친 의미"(p. 155)를 소유하게 된다.

이것은 어쩌면 일부 사람들에게는 진짜 혼돈처럼 보이거나, 아니면 질서를 깨뜨릴 천둥이 모여드는 것처럼 보일 수도 있다. 그렇게 때문에 여기서 사용되는 '구조'라는 용어는, 저글러의 곡예와도 같지만 체계적인 조작을 가지고 있는, 즉 고정된 틀이나 매트릭스보다는 일종의 매우 거친 질서—놀랄 만하지만 자세하게 기술하기는 어려운—를 가진 그 어떤 것을 명명하는 것이란 걸 이해하는 것이 중요하다.

불가피하게, 기술은 치환을 함의한다. 복잡한 과정적 특성들을 지닌 경험된 학습을 그것에 관한 이야기를 하는 어떤 것으로 전환시키는 것은 피할 수 없이 치환적 수단, 즉 그 책의 페이지들에 인쇄된 언어로 작업하는 것이다. 살아 있는 경험의 다양성을 감안할 때, 기대할 수 있는 최선의 방법은 심리주의(psychologism)를 회피하는 다소 예술적이고 상상적인 치환을 통해 경험적 과정을 설명하는 것이다. 경험은 자극과 반응과는 전혀 다르게, 사람들의 삶 속에서 교호적으로 원인과 결과로 뒤섞인다. 그것이 중요한 점이다.

이것이 모두 다 이와 같은 우연적 영향들, 즉 무작위적이지만 궁극적으로는 질서가 잡히고, 그 어떤 강제적인 힘이나 강압의 사용에 의존하는 결정론적이지 않은 인간의 산물을 질서 있게 발전시키는 그 어떤 것으로 우리가 이해하도록 만들게 될 경험에 대한 설명이다. 그것은 "그 자체의 원초적 통합 안에서 인지"되는데, 이는 John Dewey가 썼듯이, "행동과 물질, 주체와 객체로 구분되지 않고, 그 모든 것들을 분석되지 않는 전체(unanalyzed totality)로 포함하는"(p. 11) 것이다.

세상 속의 학습자는 경험된 세상에서 주어진 것을 지니고서 드라마틱한 대화 속에 있는 하나의 행위자이다. 문제는 누가 그 스크립트를 만들어 내는가이다. 경험으로부터의 학습은 최초의 경험이 발전되도록 허용되어 완성에 이르는 그 어떤 상황에서도 일어날 수 있다. 그것은 우리가 사물들을 의미 있게 만드는 습관적 구조들을 재구성하고자 세상의 제어 불가능한 것들(intractabilities)을 적극적으로 사용한 결과로 일어난다.

이러한 피할 수 없는 치환적 전략들 가운데 가장 광범위하게 사용되는 것은 여기서 소위 "재구성적 질문(reconstructive query)"이라 부르는 것으로서, 그것은 John Dewey와 Justus Buchler의 책 속에서 따온 낱말들을 합친 것이다. 이 장과 8장은 그 기본적인 용어들과 조건들을 검토해 보는데, 먼저 재구성이라는 용어와 질문이라는 용어를 차례로 살펴보고 나서, 이 두 용어가 결국 판단과 그 산물에서 최고점에 이르렀다가, 이후에 질서정연한 진보로 나아가는 하나의 통합된 과정임을 살펴보게 될 것이다. 9장은 재구성적 질문의 진보적 과정과 그 결과로 나타나는 일련의 구조에 대한 설명이다.

이 세 개의 이론적 장들을 관통하는 논의의 초점은, 시간에 따라 이동하며 일정한 공간을 차지하고, 학습으로 인지될 수 있는 경험에 직면하는 인간으로서의 학습자와 그 학습자가 경험하는 세계와의 관계에 놓여 있다. 이러한 목적을 실현하기 위한 아이디어들은 하나의 주제 분야에 한정된다. 그 영역들은 대지의 자연스러운 지형을 따라 흐르는 하나의 개울처럼, 때론 종잡을 수 없고 환상선 같으며, 추론적이고 반성적이다.

그 목적은 세상을 교실에, 그리고 교실을 세상에 열어젖히는 비심리학자적이고 경험적인 교육학의 특징들과 그것을 위한 최소한의 조건들을 기술하는 것이다.

## 결과가 예견된 목적: 성장과 재구성

기계론적 도관 모형(mechanistic conduit model)은 학생이 세상에 존재하는 학습의 본질적 요소들 가운데 하나, 다시 말해 학습 목표를 자신들의 개인적 의도와 목적 및 목표, 즉 Dewey가 말한 "예견되는 목적(ends-in-view)"*에 합치시키는

* 반성적 사고와 관련하여 이해될 필요가 있는 것이다. 문제 상황에서 문제를 해결한 후의 결과에 대해서 이미 '예견되는 목적(ends-in-view)'을 가지고 문제를 해결하며 해결하는 과정에서 늘 머릿속에 그려진 결과(혹은 마음속에서 조망하는 목적)에 비추어 다시 수정하게 되며, 그와 아울러 현실과 해결되어 가는 내용을 되비추어 보면서 문제를 해결하는 과정을 거친다. 목적은 결과를 내다보는 인간의 의식이다. 그런데 결과를 내다보는 일은 항상 그것을 성취하는 방법과 연결되기 마련이다. 목적이 진정한 것이 되려면, 그 목적은 능히 예견되는 것이어야 한다: 역자 주

존재라는 사실을 부정한다. 이것은 Dewey가 『인간 본성과 행위(*Human Nature and Conduct*)』에서 쓴 바와 같이, "그 어떤 목적이 관련되는 한, 처음부터 우연히 만나게 되는 결과에 대한 자연적 효과들로"(p. 42) 일어난다.

행위의 결과는 예견되는 목적에 초점을 맞추게 되는데, 계속하여 Dewey는, 그것은 "활동이 숙고될 때, 그 의미와 가치를 구성하며 … 상상은 바쁘게 돌아간다. 지난 결과는 상상 속에서 고양되면서 재한정되고 수정된다. 그때 창안이 일어난다. 사실적인 결과는 … 여전히 수행 중인 행동들의 가능한 미래의 결과들이 된다"(p. 43)고 하였다.

Dewey는 이 본질적 진술을 그의 경험철학에서 다음과 같은 짤막한 요약으로 정리한다. "목적들은 결국 예견되는 결과(consequences)로서, 그것은 활동의 과정에서 일어나며, 의미를 부여하고 앞으로 전개될 과정의 방향을 정하는 데 활용된다. 그것들은 일단 의미 없는 행위 결과들에 [홀로] 있다. 숙고 끝에, 그것들은 행위에 있어서의 새로운 방향 축을 잡게 된다"(p. 43). 그리고 그것은 이어지는 과정을 제시하게 된다.

학교교육에 대한 기계론적 모형은, 지식에 대한 그 모듈화에서 볼 때, 가능성을 확보하고 그 결과들을 검토하기 위하여 규정된 결과 혹은 목적들에 기여하는 목표들을 찾아내거나 우연히 발견할 가능성이 거의 없다. 이는 삶 속에서 일어나는 그 어떤 것이긴 하지만, 그 삶이란 것은 도관 모델 학교가 편안하게 관용하기에는 너무 뒤죽박죽이고 예측 불가능한 것이다.

이 개념화에서 중요한 것은 학교교육의 목적을 교과를 통달하는 것보다는 변화하고 적응하며 발달되는(혹은 Dewey가 선호하는, 성장하는) 것으로 고려하는 것이다. 교과 통달을 목표로 하는 학교교육에서는 그 교과들이 학생 자신들의 계획들과 기대되는 결과와 거의 연계되지 않아 별 의미가 없는 것처럼 여겨지기에 많은 학생들이 실패를 하게 된다.

적응에 관해서 문제는 다음과 같다. 무엇에 대한 적응인가? 학교교육의 목적은 학생들로 하여금 학교에 적응하도록 가르치는 것인가? 대부분의 학생들이 현재 적응하고 있지만, 그들은 대안적 방법들을 거의 제공받지 못하며, 그 어떤 실제적인 방식으로 살아 있는 세상에 대한 다양한 우연성들과 가능성들을 고려할 만한 기회가 거부당하고 있다. 그리고 그들은 그러한 것들을 매우 싫어한다. 다음 내용은 Southwestern big-city newspaper에서 가져온 것이다(Jadrnk, 1993).

> 학생들은 이번 주 내내 외쳐댔다. 그리고 그들은 누가 듣고 있는지 알고 싶었다. 6개 이상의 주 설립 위원회에서 어른들이 학교에서 일어나야 할 것들에 대해 언급한 이후에야, 정부 기관인 Monday and Tuesday는 약 180명의 고등학생들에게 자신들의 의견을 말할 기회를 주었다. 그리고 그들은 말하였다 … 주제가 되풀이되고 있다. 그들은 교재 읽기와 대답-검토-질문, 시험 치기의 그런 가르침을 원하지 않았다. 그들은 자신들이 배우고 있는 것이 실제적인 삶에서 자신들에게 어떻게 도움을 줄 것인지를 알고 싶었던 것이다. 그들은 개인들로 대우받기를 원했다. 그들은 존중받기를 원했다. (p. 3)

Dewey는 미성숙을 결손이라기보다는 하나의 긍정적인 힘, 즉 성장의 힘으로 보았다. 어린아이들은 의존적이기만 한 것은 아니다. 그들은 유연하다. "삶이 있는 곳에는 이미 간절하고 열정적인 활동들이 있다"고 Dewey는 언급했다. "성장은 그들에게 행해진 어떤 것이 아니라, 그들이 행하는 어떤 것이다"(1929/1970, p. 42).

"경험의 재구성"으로 보는 Dewey의 교육의 개념화는 우리들로 하여금 학습을 적응과 변화, 그리고 성장이라는 결과를 향한 하나의 과정으로 이해하도록 만든다. 그것은 학교가 아닌 학생들의 시간 감각에 기초한 더욱 더 유용하고 효과적인 근원적 은유(root metaphor)로 향하게 한다. 경험으로 점철된 세상에는 오직 현재만 있지만, 그 주어진 현재는 과거의 의미와 미래의 약속으로부터 역동적으로 구성되고 재구성되며, 또다시 붕괴되고, 마침내 재구성되는 것이다.

이것은 비결정적이고 유동적이며 역동적이고 변증법적인 과정으로서, 환경(사람 외부에 있는 세계)과 경험된 세상을 의미 있게 만들고자 노력하는 사람들의 에너지와 충동 간의 변증법적인 긴장이 학습 기회들로 이끄는 그런 과정이다. 재구성적 경험은 학습자로서의 사람들이 도관 모형에 기초한 학교에서는 가능하지 않은, 자유로운 책임의 태도로 환경과 협상할 때 일어난다.

재구성적 행동은 Merleau-Ponty가 "급진적 반성(radical reflection)"이라 부른 그런 맥락에서 일어나는데, 그것은 세상을 "생각될 수 있는" 그 어떤 것으로 위치 지우는 의식의 능동적 상태이다. Merleau-Ponty(1962)에 따르면, 급진적 반성은

> '작동 중이면서 작동 그 자 체에 대한 의식인' 반성은 … 내가 어디서 주체와 객체에 대한 이러한 생각을 도출해 내는지 물을 이유가 없다. 왜냐하면 그것들은 단순히 그것이 없으면 그 누구에게도 아무것도 존재하지 않는 그러한 조건들의 공식화이기 때문이다. 그러나 반성적인 나는 적어도 주제화되고 있다는 점에서 무반성적인 것과 다르며, 주어진 것은 의식이 아니거나 혹은 순수한 존재가 아니다. 즉, Kant 자신이 심오하게 언급한 것처럼, 그것은 경험이다. (p. 219, 강조 첨부)

그리고 세상의 학습자는 행위자(경험자)로서의 경험 내부와 청중(학습자)으로서의 경험 외부 모두를 조작하면서 순간적-부분적 연속체를 통해 흘러간다. 급진적 반성은 누군가의 주제가 경험되는 경험이다. 우리는 급진적 반성을 통하여 지속적으로 스스로를 비평하거나 (혹은 우리가 존재하고 사물을 인식하는 습관적 방법을 재구성한다) 근본적인 모습을 생각한다. "우리는 절대적인 주관성의 의미에서가 아니라 개별적으로 부서지고 시간의 과정에서 다시 만들어지는 의미에서 나(I)를 경험하게 된다"(p. 219). 즉, 재구성되는 것이다.

경험된 세상은 충격적이고 안정적이지 못하며, 설명을 요구한다. Ernest Keen이 썼듯이, "그것은 진실로 무(nothingness)의 공황으로부터 우리를 지켜 주는 플롯들이다"(p. 187). 주제화된 가능성은 능동적 학습자와 충격적인 놀라움을 가진 경험된 세계 간의 관계를 드러낸다. 주제화는 무의미함을 극복하는 줄거리 구성, 즉 플롯화(emplotment)이다. 이런 식으로 발전하는 이야기는 하나의 플롯과 주제를 요청한다. 즉, 그 주제는 발전이 지속적으로 일어나도록 영향을 미치고, 그 발전은 삶의 재구성적 론도(rondo)로 주제를 수정한다.

그러므로, 그저 단순하게 학교나 또는 그 밖의 어떤 것에 대한 경험을 가지는

것은 학습하는 것이 아니다. 우리들로 하여금 그 경험 의미를 부여하고, 다른 경험들과의 연속성을 찾아보도록 움직이는 그 무언가가 일어나야만 한다. 주제화된, 경험적 맥락 안에 의미가 부여되어야 한다.

결과와 과정은 발달적 연속성 내에서 서로 분리될 수 없다. Dewey(1916/1968)는 다음과 같이 말한다.

> 능동적 과정으로서의 경험은 시간을 필요로 한다 … 후반부는 전반부를 완성한다. 즉, 그것은 내포된 연관성을 밝히지만, 지금까지는 인식되지는 않는다. 따라서 후자는 전자의 의미를 드러내는 반면에, 전체로서의 경험은 이러한 의미를 가지고 있는 사물들을 지향하는 하나의 '경향 혹은 성향' 을 확립한다. (p. 78, 강조 첨부)

따라서 세상의 학습자들은 그들로 하여금 자신들의 프로젝트를 완성하고, 의미를 명료화하며, 그것들이 가지고 있는 함축적인 주제들이나 혹은 플롯들을 의미 있게 만듦으로써 사물들을 질서 있게 만들게 하도록 하는 현상으로 이끈다.

학습을 "지식 너겟(knowledge nuggets)" 또는 지식의 개별적 마디들의 획득으로 구성되는 것으로 취급하는 것은 경험의 연속적인 흐름과 주제화를 통한 의미부과의 필요성을 부정하는 것이다. 학습이라 불리는 것이 이런 방식으로 일어날 수도 있고, 교실에서는 언제나 그렇게 되는 것임에도 불구하고, 그것은 대략적으로 "외부" 에 대해 상술하는 것뿐만 아니라, 과거를 미래로 흡수하거나 현재를 미래로 추진하는 것을 배제하기 때문에, 지나치게 자주 가능성에 대한 억압을 드러낸다. 비록 재료의 흡수는 있을 수 있겠지만, 재구성이 없는 학습은 그것이 의미가 없기 때문에 공허하다.

이것은 일종의 일시적 단기 학습(unfunded learning)과 같아서, 최종 시험 후에는 금방 사라져 버린다. 예컨대, 마치 학생들이 자기 자신들이 역사의 주역들이 아닌 것처럼 역사를 배우거나 혹은 학생들이 시적 또는 산문적 내러티브들 안에서 자신들의 스타일대로 살고 있지 않은 것처럼 문학을 배우고, 혹은 학생들이 힘과 관심, 그리고 기관들의 상호작용으로 가득 차 있는 환경에서 살고 있지 않은 것처럼 정치 행정학을 배운 후에는 그러하다.

Dewey가 전체로서의 경험을 이야기할 때, 그는 완전한 경험에 반대되는 것으로서의 부분적 경험의 특징들을 구분한다. 경험은 사람이 시공간을 이동할 때 그에게 일어나는 어떤 것 이상을 의미한다. 경험은 지속적으로 일어나지만, 그러나 그것은 종종 불완전하고 미발달적이며, 미완성의 상태로 남아 있을 수 있다. 이런 종류의 불완전한 경험은 그저 "내적 무기력(inner lethargy)" 이라고 볼 수 있는 외적 방해에 불과하다. Dewey(1934/1958)에 따르면,

> 그런 경험과는 대조적으로, 경험된 내용이 완성에 이르는 과정을 달리게 될 때, 우리는 하나의(an) 경험을 가지게 된다. 그럴 때만 그것은 경험의 일반적 흐름 속에서 통합되고, 다른 경험들과 구별된다. 하나의 활동이 만족스럽게 완성되고, 하나의 문제가 그 해결책을 인식하게 되며, 하나의 게임이 계속 수행되게 된다. 하나의 상황은 … 그 종결이 중지가 아닌 완성(consummation)이 될 때 마무리된다. (p. 35)

종결은 살아 있는 학습자의 삶 속에서 경험을 규정하고 지식을 구성하게 되는 그런 상태가 되도록 세상의 학습자들을 움직이는 작은 적응들의 교정적 과정을 통하여 일어난다. 그것은 종결이면서 동시에 연속이다.

## 완전한 경험과 불완전한 경험

그러나 이것이 재구성적 과정은 원숙하고 상처가 없으며 완벽하게 형성되고 통합된 경험을 산출하도록 기대되어야 한다는 것을 의미하는 것으로 받아들여서는 안 된다. 구체적인 일상성 안에 있는 삶은 그런 순박한 결과를 거의 허용하지 않는다. 대부분의 경험은 조각나고 불완전한 성질을 가지고 있으며, 그것은 세상과의 교섭을 인도하는 것으로 여겨지는 이해에 의존하고 있다. 우리는 어둡고 보이지 않는 측면들을 가진 경험의 파편들에 의미를 부과한다. 즉, 우리가 계속해서 나아갈 수 있도록 그것들의 완전성을 가정하는 것이다. 임시적으로 그리고 불완

전하게 진행되는 완전치 못한 경험들이 종종 학습자들이 목표를 설정하고 그것들이 의식 속으로 전달될 때 이용 가능한 최상의 적응이 된다.

실제로, 학교가 잘할 수 있는 것들 가운데 하나는 우리들로 하여금 그렇게 파편화된 전체를 목록화하도록 돕는 것이다. 아마도 이것이 서로 신뢰하고 위험을 감수할 수 있는 사람들이 일상의 삶이 가진 복잡성과 무질서에 더욱 효과적으로 대처하는 것처럼 보이는 이유, 그리고 그들이 매우 엄격하게 보이는 사람들보다 더 나은 학습자인 이유가 되는 것이다. 아마도 능력의 징표는 경험적으로 불완전하고 우연적인 상황에서 더욱 효과적으로 행동할 수 있는 개인의 능력이 될 것이다.

따라서 그 미숙한 표현에도 불구하고, 통합적 경험은 재구성으로 이끄는 상호작용적 긴장을 통한 자아와 대상의 상호 간의 적응이다. Dewey(1934/1958)는 무거운 돌을 들어 올리고 옮기는 고통을 받는 사람들, 즉 돌에 몸을 밀착시키고 발을 옮기면서 균형을 잡고, 휘청거리다가 안정된 상태가 되면 자기가 원하는 곳까지 그 돌을 옮기는 그러한 사람들의 생생한 예를 든다.

아마도 그것은 Dewey가 말한 바와 같이, "탐구 중인 사색가"(혹은 자유로운 교실에 있는 학생), 즉 "그가 돌 대신에 아이디어로 구성된 환경과 상호작용을 하는… 그것을 완성하는 종결은 하나의 절실히 느껴지는 조화(felt harmony)의 제도"(p. 44)인 것이다. (이는 내가 이 문단을 마무리하면서, 그리고 내가 말하고자 하는 것을 언급하는 것으로 결론을 내리면서, 혹은 당신이 그것을 읽으면서, 그것과 싸움하면서, 그러나 결국에는 그것을 이전에 이루어진 것과 다음에 이어질 것들에 맞추는 과정에서 하는 것과 동일한 것이다.)

재구성은 에너지를 소비하는 것과 우리가 살고 있는 세계에서 요구하는 것에서 발견되는 모종의 저항을 극복하는 것을 함의한다. 일상적인 삶에서의 주고받기로부터 초래되는 긴장과 사람들에게 불균형의 초래를 의식적으로 알려주는 선택 결정, 그리고 경험이 완성되었다는 것을 알려주는 긴장의 이완 등의 재구성적 사이클, 즉 경험이 지속적으로 진행되고 또 개봉되지 않은 새로운 경험이 이어지는 그러한 재구성적 사이클이 완성된다.

그러고 나면, Dewey를 따라서 사람들은 다음과 같이 말할지도 모른다. 즉, 경험이 어느 정도 완성되지 않으면, 그리고 그 경험이 균형 잡히고 온전하게 작동되지 않는다면—비록 완벽하게는 아닐지라도, 즉 교실에서 결론이 반드시 가능한 것은 아닐지라도—, 모종의 경험을 통해 학습이 일어나지 않을 수도 있다고. 한편으로, 기대되는 결과를 가져오게 하는 명확하게 규정된 계획이 있지 않으면, 하나의 완성된 활동 편린들도 있을 수 없다고. Dewey의 돌을 옮기는 예화를 사용하여 볼 때, 세워지는 벽은 나의 (혹은 우리의) 벽이다. 그 돌이 한 장소에 두어졌을 때, 나는 내 목적을 실현했을 뿐만 아니라 벽을 세우는 것에 관한 그 어떤 것, 즉 비록 차후에 일어나는 재구성이 될 가능성이 있지만, 돌과 같은 것이 한 장소에 고정된다는 것도 학습한 것이다.

## 습관의 재구성

만일 교육이 경험의 재구성이라고 한다면, 재구성되었다는 것은 무엇인가? 다시 말해 침전된 경험으로부터 구성된 것이 이어지는 경험에 의해 재구성된다는 것을 우리가 조작적으로 어떻게 설명할 것인가? Victor Kestenbaun(1977)은 Dewey의 경험과 의미에 대한 현상학적 접근에 대한 그의 글에서, Dewey의 의미 이론은 그의 습관 개념에 기초를 두고 있다고 설명한다. (습관에 대해 이어지는 전체적인 논의는 Kestenbaun의 개척적인 책에 주로 의존하고 있다).

우리는 경험을 우리의 삶에 삽입하고 그것에 주제화되고 플롯화된 의미를 부여하여, 우리의 습관으로 작동되도록 한다. 그러나 습관은 단순히 학습된 결과로 일어나는 것보다는 훨씬 더 그 이상이다. Dewey에 따르면 습관이라는 용어는 다음을 의미하는 일정한 조건에 대한 요구로 채워진다.

> 선행 활동에 의해 영향을 받고, 그런 의미에서 획득된 그런 인간 활동으로서, 그것은 그 자체 안에 행위의 최소 요소들로 이루어진 질서나 체계화를 내포하고 있고, 그 특성에 있어서 방어적이고 역동적이며, 명백하게 표명될 준비가 되어 있다. 또한 분명하게 지배적인 활동이 아닐 때조차도 다소 억제된 형태로 작동된다. (pp. 40-41)

Dewey가 습관을 중요한 기표(signifier)로 본 유일한 철학자는 아니다. 예를 들어, Anthony Paul Kerby(1991)는 내러티브와 경험에 대한 최근의 연구에서, 체질(habitus)과 습관(habit)이라는 두 중세적 용어가 William James와 Edmund Husserl(그리고 그는 Dewey와 Merleau-Ponty를 추가할 수도 있다고 했다)의 글 속에 처음 등장했던 그 당시에 대해 논의하고 있다. 그는 습관들을 침전된 인간 특성, 가치, 신념, 그리고 태도로 그 특징을 기술하고 있다. 즉, 그것은 "미래 행동의 결정요소들 … 세상과 접촉하는 사람들의 중재자적 스타일"(p. 20)인 것이다. 이후에 Kerby는 습관(habitus)을 세속적인 조망으로 위치지운다.

> 과거와 미래의 시간은 그것이 여전히 현재라는 다소 조작적인 지평선이기 때문에 정확하게 파악될 수 있다. 그것은 현재(예컨대, 지각)가 유의미하게 되는 맥락이고, 또한 나에게 의미가 통하는 배경이다 … 이렇게 축적된 지평선은 다소 안정적이고, 세상에 대한 나의 행동의 다소 무의식적인 매개변수[원문 그대로]가 되는 습관에 안착하게 된다. 이것은 내가 이끌어 가는 삶의 유형과 스타일에 대한 설명의 핵심을 이루며, 따라서 어느 정도에서는 그러한 사실들을 내가 지금 하게 될 평가와 판단의 유형, 그리고 또한 내가 수행하게 될 행동 유형으로 규정한다. (pp. 21-22)

아마도 자신의 습관을 안다는 것은 심오한 종류의 자기 지식(self-knowledge)이 될 수 있다.

Dewey의 습관은 모두 다 이런 것이며, 비록 몇몇 습관들이 가지는 한 특징이라 하더라도, 그저 생각 없는 지각이 아닌 그 이상의 어떤 것이다.

> 습관의 본질은 반응 '방식들' 혹은 양식들에 대한, 그리고 특정한 조건하에서 특정한 행동들을 기피하는 하나의 획득된 경향성이며, 이것들은 행동하는 한 방식을 나타낸다. 습관은 특정한 행동들의 공공연한 재발이 아니라, 기호와 혐오성에 기초하여 그 어떤 자극들에 대해 느끼는 특별한 민감성과 접근 가능성을 의미한다. '그것은 의지(will)를 의미한다.' (1922, p. 42, 강조 첨부)

습관은 고정된 특성들뿐만 아니라, Kerby의 "습관"(habitus)을 언급할 때 시사된 것처럼, 우연성에 반응할 수 있는 학습된 능력을 포함한다. 신중하게 계획된 순차적인 절차를 적용하여 정교하게 개발된 현대식 비행기가 나는 것은 이러한 절차들이 소위 자동화 파일럿(automatic pilot)이라 불리는 전기기계적 장치로 프로그램화될 수 있는 그런 환경과 습관의 완벽한 제휴를 나타낸다. 그러나 다른 전문 시스템과 마찬가지로, 자동화 파일럿은 여러 가지 변칙들에 대해 반응하는 데 제한된 능력을 가진다. 비행을 위한 여러 가지 통합적 기능이 방해를 받거나 긴박한 상황이 될 때, 그 적응은 학습을 필요로 하게 된다. 다감각적 학습기관으로서 파일럿은 우연적 상황에 대응할 수 있어야 한다.

파일럿이 파일럿(pilotness)이 되기 위한 본질적인 것은 단순한 기술 이상이다. 그것은 예상치 못한 상황으로부터 학습하는 능력이다. 이 능력은 현재 진행되고 있는 일들에 대해 습관화된 지식에 기초한다. 이러한 반응으로부터 파일럿이 되는 학습은 더 광범위한 프레임의 파일럿다운 습관들 내에 침전되고, 이후에 일어나는 문제들을 해결하는 데 사용될 수 있게 된다. 따라서 오래된 습관들은 새로운 습관들을 점증적으로 구성하는 데 사용된다. 그러한 결과는 우리가 말하는 노련한 파일럿, 즉 단순히 절차에 따라서 하는 것 이상을 아는 사람, 특별한 조치가 필요할 때 새로운 조치를 취할 방법을 아는 그런 사람이 되는 것이다. 반성적 경험은 학습을 낳는다.

이러한 경험의 질서가 교실에서는 거의 일어나지 않는다.

## 습관을 전망으로 만들기

Dewey의 습관 이론에서 하나의 핵심적인 개념으로서, Merleau-Ponty의 급진적 재구성이라는 아이디어와 일반적으로 현상학적 조망이라는 개념과도 밀접하게 연관된 개념은 습관의 사전목적적 특성(preobjective character)이다.

> 가장 깊숙이 안착된 우리의 습관들은 정확하게 우리가 거의 의식하지 못하는 것

들이다. 그 습관들이 익숙하지 않은 상황에서, 즉 일상적이지 않은 상황에서 작동될 때는 새로운 적응이 필요하게 된다. 그렇기 때문에 거기에는 충격이 있게 되고, 거기에 수반되어 의미를 용해시키고 변형시키는 지각이 있게 된다. 긴장이 최고조로 조심하고 긴장되어 있을 때는, 일상적이지 않은 상황이기 때문에 무슨 일이 일어날 것인가에 대한 불안과 더불어 그 문제에 관해서 큰 관심을 보이게 된다. 그때 우리는 일어난 일을 받아들이고, 아직 일어나지 않은 사실에 대해서서는 예상을 해 보게 된다. (1929/1970, p. 253)

일상적인 사건들의 과정에서 습관들은 경험을 발전시키는 것과 잘 제휴되어 방해 없이 지속적으로 잘 기능하지만, 상황을 동요시키는 사태가 발생하여 도전을 받게 되면 그것은 새롭게 조직되어야 한다. 그것들이 반성의 대상이 될 때, 그것들은 의미를 얻게 된다. 즉, "급진적 반성"은 단순히 습관들을 가지는 것이 아니라, 사전목적적인 상태와 경험하는 것(experiencing)으로부터 떨어져서 습관들을 재기호화하는 것이다. 관리된 교실들은 예상 가능성과 질서, 통제, 복종 그리고 구조화된 과제들, 경험적 우연성에 대한 잠재력이 체계적으로 배제된 그런 곳이다. 그러한 교실들은 자동화된 파일럿들을 프로그램화하기 위한 장소들이다.

습관들은 능동적으로 보존성이 강한 행동적 세력들로서, 그것은 "단정적이고, 일관되며, 자기지속적" (Dewey, 1922, p. 58)이다. Dewey에 따르면, "그 어떤 습관도 하나의 경향성, 즉 그 실행에 관련된 상황들에 대한 선택과 능동적 수행성을 나타낸다. 습관은 공상적 낙천주의자(Micawberlike)와 같이 나타나는 자극에 대해 머뭇거리지 않으며, 그래서 항상 바쁘다. 그것은 충만한 작동으로 나아가기 위한 기회를 능동적으로 추구한다" (p. 48).

따라서 교실에 있는 학생들은 그들이 이미 적절하게 소유하고 있는 의미들을 파악하고 극복하며, 스스로 확고부동하도록 시도하며, 그리고 조속히 안정된 습관을 가지고자 고군분투한다. 강력한 사회적 압력 한가운데서도, 그들은 다른 사람들이 보는 것을 보거나 다른 사람들이 아는 것을 알지 못할 수도(어쩌면 그렇게 하지 않고 싶을지도 모른다) 있다. 그들은 거기에 수반되는 불편 때문에 학습을 거부한다. 그러나 타성의 장벽을 넘어 투쟁하는 능력 또한 습관적이 될 수 있다. 그리고 이 습관 역시 그 자체가 실현되도록 투쟁할 수도 있다. 경험으로부터 학습하는 습관은 언제나 더 많은 보존적 습관과의 긴장 관계에 놓일 수 있다. 따라서 타성과 변화에 대한 잠재력은 습관적인 특질들이다.

예를 들어, 고도로 부과된 경험적 장면에서 습관들을 해제함으로써 개인 간의 대화에 적용된 어떤 습관에 대해 (연역된 자기인식에 대해) 급진적 반성의 과정을 자극하는 집단 역동에 기초를 둔 훈련을 생각해 보자. 사람들의 관심을 불러일으켜, 그들은 역기능적인 인간적 부조화를 예상하고 회피하기 위하여 제2의 학습 능력을 설치하고자 하는 더 심오한 목적을 가진 반성의 대상이 된다. [T-집단에 참여한 사람들은, 사람들의 관심이 매우 강력하게 요구될 때, "자기지속적인" (self-perpetuaring) 그런 특성들이 어떻게 될 것인지를 알고 있다.]

## 순행적 지각으로서의 proception*

철학자 Justus Buchler의 예술적인 구성인 proception은 습관에 대한 이러한 개념화를 더 확장해 주고 명료화시켜 준다. 그 용어는 지각 표상(percept, 라틴어로 "지각되거나 받아들여진 어떤 것"을 의미하는 라틴어 perceptum으로부터 유래)이라는 단어와 관련되어 있다. 문자적 의미에서 그것은 능동적이고 유목적적인 수용을 의미한다. Buchler의 설명은 그것의 문자적 의미에다가 몇 가지 의미들을 부가시킨다. Dewey처럼, Buchler는 개인이 경험을 '갖는다는(having)' 것이 의미하는 것과 지각이 어떻게 누적적으로 의식에 통합되어서 이어지는 행동과 생각에 영향을 미칠 수 있게 되는지에 관심이 있었다.

Buchler는 우리들로 하여금 학습자가 세상에서 실제로 어떻게 "순행지각적으로" 작동하는지를 더욱 명료하게 이해하도록 돕기 위해 조작(manipulation)과

* proception은 인간 행위자와 물리적 환경 간의 의도적인 상호작용을 통하여 인간의 경험이 지속적으로 변화되어 가는 과정을 의미하는 것으로, 고정된 지각에 머무르지 않고 후행하는 경험에 지속적으로 영향을 미친다는 점에서 '순행지각'으로 번역한다: 역자 주

동화(assimilation)라는 아이디어들을 좀 더 진전시켰다. 조작은 사람이 의식적으로 수행하는 것을 의미하는 반면에, 동화는 받아들여지고 의도적인 원인이 없이 자연적으로 침전된 것을 의미한다. Buchler에 따르면, "존재의 조작적 차원에서 개인은 행위자요 대행자이며, 동화적 차원에서 그는 관망자요 수난자이며 환자이다. 즉, 그는 문자적으로도 불가피하게 능동적 행위자와 관망자 둘 다인 것이다" (p. 18). 삶을 살면서 우리는 그 어떤 목적의식을 가지고 공격적으로 행동을 취하는 것(조작)과 다소 수동적인 개방적 자세로 살아가는 것(동화)을 번갈아 한다.

사람들이 더욱 능동적이고 직접적인 조작을 할수록, 동화적 삶도 풍부해질 것이다. 그리고 더욱 개방된 동화적 삶이 이루어질수록, 그 결과로 복잡하고 집중된 조작도 더욱 많아지게 될 것이다. 삶을 순행적으로 살고 조작하려는 우리의 경향성 또한 우리에게 적용 가능한 동화의 양에 영향을 미친다. 조작과 동화는 순행지각 또는 순행적 지각(proactive perception, 현상학적 의도성에 대응하는 용어임)에서 작동할 때 상호 관련된다.

순행지각은 그 의미가 더욱 풍부해진 습관의 개념으로서 물리적, 기호적 혹은 정신적 대상의 세상에서 행위자로 살아가는 사람들의 '상호작용적인' 측면이다. 그것은 움직이고 지속되고 요동치며 상호작용하는 '과정', 즉 '방향'을 가진 상호작용적 과정, 다시 말해 경험된 세상의 어둠 속에서 빛을 비추는 것과 같은 것이다. 따라서 Buchler는 "순행지각은 [사람들이] 세상에 맞서는 기본적 관계"(p. 16)라고 하였다.

심리학자 Gordon Allport(1960)는 다음과 같이 말했다.

> [Buchler의] 용어는 각 개인들이 세상에 대한 자신의 과거의 관계, 즉 축적된 경험을 수반하는 동시에 강력하게 미래로 추진해 나간다는 사실을 인지하는 것이다. 모든 인간 존재는 보고 듣고 행하고 생각하고 만들고 말하는 데 대한 자신의 가능성을 나타내는 "순행지각적 방향들"을 가진다. 이러한 가능성들은 부분적으로는 그 자신의 기질과 또 부분적으로는 그가 자신의 순행지각적 방향성을 획득한 문화와 상황에서 도출된다. 그 용어는 투입에서부터 행동에 이르기까지 개인적으로 적절한 행동

의 전체적인 과정을 나타낸다. (p. 301)

따라서 순행지각적 영역들은 사람들이 선택하고 선정하며 적절성을 결정하는 준거를 제공하는 개성(selfhood)으로 귀결되었을 때, 좀 더 축적된 의미와 함께 협력하게 된다. 순행지각적 질서는 학습자에게 나타나 있는 의미의 구조이며, 그것을 가지고 교과들은 학습자의 경험된 삶 속에서 상술된다.

순행지각은 습관보다는 한층 더 풍부해진 개념이다. 그것은 우리들로 하여금 단순히 학습된 행동 패턴으로서의 습관에 안주하려고 하는 경향성에 저항하도록 도와준다. 그것은 그 방향성의 측면과 간주관적 측면에서 습관을 설명하는 것이다. 그것은 Dewey가 말한, 학습자가 우연적 사태를 직면하고 분투할 때, 생생한 삶의 상호 교호적, 상호작용적, 변증법적 측면에 대한 주장을 한층 더 강화시킨다.

그것은 Dewey의 습관 개념에서 애매모호한, 즉 지붕이나 경계 같지는 않고 "우산 같은" 부분을 명료하게 해 주는 데 활용되는 하나의 통합적 개념으로서, 경험이 이동할 때와 개인 학습자가 움직일 때 함께 이동한다. 그것은 순간적이고 부분적이며 개인적인 특이 요소들을 방향과 통합의 문제와 연계시킨다.

구별이 이루어지는 방법과 그 어떤 적절한 구별이 확립될 수 있는 방법이 분명하도록 도와주는 데 있어서, 순행지각은 재구성이라는 아이디어의 가장자리를 더욱 강하게 만들고, 재구성이 실제로 어떻게 작동되는지에 대한 철학적 설명(아래에서 논의될 방법의 개념과 함께)을 제공한다. 순행지각은 경험을 확장시키기도 하고 제한하기도 한다. 나아가 생생한 삶 속에서의 동화와 조작 간의 교호적 상호작용, 즉 "사람을 조작하는 가운데 또한 동화시키며, 동화되면서 그는 또한 조작하고 있는 것이다"(Singer, 1976, p. 20)를 통하여 그것은 습관에 대한 더욱더 풍부하고 한층 더 복잡한 이해와 학습 경험을 통한 변형으로 들어가는 입구를 제공해 준다.

이러한 논의는 우리들로 하여금 학생이 빈번하게 과거도 없고 앞서 발달된 학습 방법과 검증 사실도 없는 그러한 진공 상태에 있는 빈 용기처럼 취급된다는 사실을 상기시켜 준다. 순행지각은 우리에게 학습자를 단일 공간에서 살아가면서 의미와 목적을 가진 삶 속에서 개인적인 내러티브를 구성해 가는 유일한 존재로 바라볼 것을 요구한다.

물론, 학교교육은 그러한 생활세계 가운데 하나이다. 그것은 학교가 가지고 있는 여러 교과들에 대해 현존하는 순행지각적 영역들을 활용할 수도 있고 무시할 수도 있다. 후자의 경우에, 그것은 그 교과들에 영향을 미치는 힘을 상실한다. 교육자들은 학교교육을 순행지각적 영역, 즉 학생들이 점증적으로 증가하는 가능성에 대한 발산적-수렴적 드라마에서의 조작과 동화를 통하여 하나의 이야기를 구성하는 것을 배우는 그러한 내러티브 가능성의 분야로 취급할 수 있다. 그렇지만 도관 은유라는 구속복에 의한 저지에 갇혀 있는 그들은 종종 이렇게 하지 않는다.

## 통합된 학습 경험의 온전성

Dewey와 Buchler에게, 하나의 학습 경험은 일정한 기간의 동요와 불균형 이후에만 일어나는 통일되고 통합된 구조를 소유하는 것이다. 즉, 그것은 하나의 극복인 셈이다. 구조는 사람과 경험의 재료들 간의 앙가주망(engagement), 즉 관계라는 특징과 예견되는 목적의 방향성으로부터 그 형상을 도출해 낸다.

우리가 경험으로부터 어떤 것을 배울 때, 우리는 흔들리고 부딪치며, 사물들을 우리가 가지고 있는 이전의 경험 구조에 잘 맞추지 못한다. 학습 과정은 우리 스스로를 바로잡고, 사물들을 제자리에 질서 있게 배치하려는 노력들로 이루어진다. 이것이 주제화(주제 만들기)가 경험적 사이클에서 수행하는 역할이다. 이 경우 주제화는 의미 귀속, 플롯을 만드는 구조화하는 행위이다.

이런 종류의 학습은 심미적 특징을 지닌다. [그것은 Dewey(1934/1958)와 Buchler(1974) 모두 다 예술에 대한 경험, 지각 질서로서의 예술, 그리고 예술이 우리를 지각하는 사람으로 변화시키는 방법 등에 관해서 책을 썼다는 사실을 나타낸다.] 예술에 대해 '경험하기' (experiencing, 그저 예술 작품을 들여다보는 것을 넘어서서, 그것을 이해하고, 그것이 우리에게 모종의 행동을 취하는 것을 허용하는)는 우리들로 하여금 우리가 이전에 가지고 있는 사물을 보는 방법을 재구성하도록 힘을 발휘한다. 심미적 차원은 예술가가 표현한 시각과 관람자 혹은 독자의 습관 사이의 대조에 존재한다. Dewey(1934/1958)에 따르면, "[일상적인] 경험을 가지는 데에는 그러한 대조가 없다. 하지만, 그것이 심미적 특징을 가지지 않는다면 통일성을 가진 그 어떤 종류의 경험이라도 있을 수 없다." 그리고 "모든 온전한 경험에는 … 흡수, 발전, 성취 등이 있다. … 잠복기는 인식된 것이 열매를 맺고, 지각 가능한 것이 일상적 세상의 한 부분으로 만들어질 때까지 진행된다" (p. 55).

'이러한 의미에서 교육은 재구성으로 보여질 수도 있는데, 그것은 단순히 경험의 재구성만이 아니라, 습관/순행지각 대상(procept)을 통합된 경험으로 재구성하는 것이다.' 우리는 학습 상황, 즉 긴장의 상태에서 완성의 흐름으로 이동되는 그 어떤 상황을 생성시킬 수 있으며, 이것은 곧 또 다른 상황을 형성하기 위하여 새로운 상황과 상호작용하는 순행지각적인 장면이다. 요컨대, 순행지각하는 것으로서 습관들은 우리들로 하여금 어떤 사물을 다른 것들이 아닌, 단지 예술가가 개인적 시각을 나타내는 방법들로 이미지들을 조직하는 것으로 "보도록"(see) 영향을 미친다. 교사의 과업은 학생들이 이러한 순행지각적인 "보기"를 문제 삼아, 당연하게 받아들이는 습관들, 즉 지각에 부여되는 상식적인 한계들이 재구성될 수 있도록 도와주는 것이다.

따라서 훌륭한 교사는 불연속성을 관리하고 자극하면서, 학생들이 험난한 경험을 활용하도록 돕는, 즉 선동가뿐만 아니라 통합가로서도 활동하면서, 학습이라는 봉사에서 우연히 일어나는 무질서에 영향을 미치는 그런 사람이다.

Dewey와 Buchler는 계속 운동하는 가운데 지각과 판단, 그리고 선택으로 이루어진 변화무쌍한 우주를 시각적으로 보여 주었는데, 이는 Dewey가 "비행과 횃대(flights and perchings)"라고 부른 것으로서, 그 해결은 곧 도전과 응전의 삶을 살아가고 있는 사람들의 현실화된 개인성(individuality)으로 귀결되는 것이다. 통일성은 자아와 환경 간의 변증법적 긴장에서 일어나며, 그 긴장이 선의식에서 의식의 상태로 옮아 갈 때, 다시 말해, 학습이 실현될 때 구성된다.

게다가, 그 어떤 사건이나 상황이라는 것도, Dewey(1922)가 말한 바와 같이, "더 높은 수준으로 향하는 추진력에서 그 의미를 가진다. 그리고 분명 관련이 있다"(p. 347). 하나의 경험의 실현은 다음 경험의 시작이며, 과정이나 전망 모두에 있는 수많은 다른 것들에 깃들어 있을 수 있다. 그리고 후속되는 경험들이 학습 경험이 되느냐 아니냐는 이미 논의된 요소들의 기능, 즉 실현된 통일의 수단들이 이용 가능한지의 여부이다.

Dewey와 Buchler의 연구는 우리들로 하여금 학교교육을 그 자체로서 하나의 종결이 아니라, 동화적-조작적 삶의 과정으로 규정하기 위한 하나의 장면으로 보도록 자극하는 것이다. 그것은 실제로 도관 모형에서 수행되는 것으로, 자기 주도적인 프로젝트의 성장을 허용하지 않거나 학생들에 대한 차이를 만드는 학습으로 경험의 통일을 허용하지 않는 그러한 메커니즘의 구조에 대한 직접적인 도전으로 맞선다. 그러한 학습은 삶에서 분명하게 일어나는 것은 아니지만, 인습적인 학교와 그 학교가 가하는 통제와 제한이 없는 곳에서 다소 예기치 않게 일어난다.

08장

# 방법적 과정을 통한 판단

질문이 없는 방법은 인류와 그 자신들이 공들인 결과를 파괴할 수 있다. 의문에 의해 형성된 방법은 이성의 본질적 표현이다. 이성은 영원한 성장과 번성을 목적으로 하는 의문이다.

…

모든 방법의 사례들에서 우리는 분류하고 배열하고자 시도하긴 하나, 무엇보다도 우리는 점진적으로 나아간다.

– Justus Buchler의 방법의 개념(The Concept of Method)

학습으로 재구성된 경험은 질서 있고 점차적으로 증진되는 측면을 가진다. 뜻밖의 의미가 방법적으로 발전된다. 재구성적 방향은 순행지각적 질서로서의 습관들이 가지는 긴장을 보존함으로써 적절한 지점에서 이루어진다. 습관들은 자기 방식으로 세상과 직면하며, 계속되는 변증법적 활동은 조직적으로 연결된다. 방법의 경계는 단지 가능성의 한계에 의해서가 아니라, 이러한 것들이 새로운 경험에 의해 영향을 받는 순행지각적 힘의 분야에 의해 정해진다.

Dewey의 생각과 마찬가지로, 경험과 함께 그것이 어떻게 의식으로 들어가는가에 대한 Justus Buchler의 생각은 스트레스, 긴장, 역설, 대립, 투쟁, 극복, 그리고 중노동 등과 같은 개념들에 의지하고 있다. Buchler의 책 가운데 이러한 엄격한 측면이 잘 나타나 있는 것은 방법에 관해 매우 잘 구성된 그의 작은 책자 외에는 없다.

Buchler는 결과와 수단의 연계, 적어도 삶을 학습하는 것이 어떻게 유도되는지에 관심이 있었다. 그는 이것이 쉬운 삶이라고 주장하지 않았으며, 다음과 같이 되어야 한다고도 하지 않았다.

> 사람은 언제나 혹은 대부분이라도 사물들을 자신들을 위해 좀 더 쉽게 만들고자 원한다는 증거가 없다. 위험과 숙고는 노력을 최소화하는 방법이 아니다. 그러나 위험, 숙고, 반대, 그리고 일탈 등은 방법적 목적의식에서는 빈번하다. 기계공학적 방법들은 삶을 좀 더 편리하게 만든다는 생각과 광범위하게 관련되어 있다. 그렇지만, 이러한 방법들이 만들어 낸 경쟁력 있고 연극 같으며 이동 가능한 창조물은 결코 한층 더 나약한 선택권을 가진 더욱 단순한 삶을 추구하는 것이 아니다. 결과의 달성을 촉진시키는 것은 결과의 가치를 위태롭게 하는 것일 수도 있다. (1961, pp. 108-109)

완성된 경험으로 가는 지름길은 그 경험의 의미를 손상시키는 일인데, 왜냐하면 그 지름길들은 생생한 삶의 복잡성을 회피하기 때문이다. 『경험으로서의 예술(*Art as Experience*)』에서 Dewey는 경험의 성숙에 대한 가장 큰 장애물로서 "서두르고 참을성 없는 환경"을 제시했다. 그에 따르면, "저항은 반성으로의 초대로서가 아니라, 타도되어야 할 방해물로 취급된다. 개인은 무의식적으로, 심지어 숙고된 선택에 의해서도 자신이 가장 짧은 시간에 가장 많은 것들을 할 수 있는 상황을 추구하게 된다"(p. 45).

'방법은 방법론이 아니다. 즉, 방법적 문제들이 곧 방법론적 문제들은 아닌 것이다.' Buchler는 수단들을 마치 그것들이 결과가 가지는 특성과 무관한 것처럼 상술하는 레시피 같은 방법들을 거부하였다. 그는 이것을 "방법 숭배(methodolatry)"라고 불렀는데, 그 이유는 그것이 결과와 수단 간에 필요한 긴장을 제거해 버리기 때문이다. 방법은 한 유목적적 형태의 "자발적 발화"로서, 이는 경험의 자료들이 적합하게 맞추어져야 하는 구체화된 패턴들, 즉 다양한 경험적-연역적 연구 프로그램들과 탈맥락적 수업 상황들과 같은 것들과는 대조되는 것이다. 그것은 선험적인 것이 아니라, 그것을 형성해 가는 독특한 상황에서 갑자기 나타난다.

방법론이 정형화된 수단들로서 '선험적' 인 것인 반면에, Buchler(1961)는 방법을 "자연적 복잡성을, 유목적적으로 그리고 인지적으로, 재생산 가능한 발화의 순서 내에서 조작하는 힘이며, 방법적 활동은 그러한 힘을 재생산에 의해 영감을 받은 결과의 추구로 전환하는 것" (p. 135)으로 부른다.

학습자들이 진전해 나아가는 '방법' 은 곧 자신들이 발견할 내용을 결정하며, 그 때 그들이 발견하는 것은 다시 나아가는 방법으로 피드백이 이루어진다. 학습의 맥락들은 학습된 내용의 의미를 제공한다. 방법 숭배를 저지하는 것은 바로 이 방법적 삶의 성질인 것이다. 현상학자들은 방법이 '노에시스' [1] (noesis, 지각하는 충동)와 '노에마' [2] (noema, 지각된 현상) 간의 반성적 상호 관련성에서 나타난다고 말할지도 모른다.

방법은 누적적으로 결정된 예견된 목적을 지향한다. 이러한 노에시스-노에마적(noetic-noematic) 변증법에서 계속적으로 추구하는 행위는 획득된 내용의 특성뿐만 아니라 추구된 대상의 특성에도 영향을 미친다. 방법은 아직 결정되지 않은 탐구에서도 사용된다. Buchler(1961)는 언급하기를, "언제나처럼 이길 것이라는 자신감으로 가득 찬 복서는 자신이 방법에 있어서 부족하다고 생각하지 않는다. 왜냐하면 단순하게 그는 자신이 이길 수 있는 방법을 항상 예견할 수 없기 때문이다" (p. 107).

방법은 "경계" (alertness)를 요구하는데, 그것은 마음이 "배타적인 수동성의 상태로부터 분기될 때 일어나는" (p. 84) "방법적 모색(methodicgroping)" 에 의해 특징지어진다. 방법은 "경험의 저항을 철폐하지" (p. 85) 않는다. 즉, 그것은 일정한 노선을 제공하는 것이 아니라, 하나의 방법을 다양화하는 방법을 제공해 준다. 그것이 출현함은 판에 박힌 일상적인 것이 아니라, 자발적 행위의 한 표현이다.

---

1) 어떤 것을 아는 능력으로서 이해(understanding)를 의미함: 역자 주

2) 현상학에서 사고, 판단, 혹은 지각의 대상이나 내용을 말함: 역자 주

자유에 대조되는 것으로서 방법적 활동을 비판하는 사람들에게, 그리고 그것은 자유나 혁신이 이어지는 곳에서만 목적이 달성될 수 있다고 주장하는 사람들에게 Buchler는 방법을 통해 성취된 명백히 온전한 과정에 만족해하는 모든 사람들에 있어서, 그것을 넘어서서 이동하고픈 영감을 받는 사람들도 있고, 또한 그것을 창조나 혁신의 상태로 옮기는 쉬운 방법을 활용하는 그런 다른 사람들도 있다고 응대한다. 그는 "아마도 방법은 약한 것은 약화시키고, 강한 것은 강화시킨다" (1961, p. 162)고 말한다. 방법은 자유를 제한하지 않는다. 오히려 그 가능성을 높여 준다. 그것은 지각적 함몰을 저지한다. 그것은 그 분야에서 적절한 모습을 확인하면서 점차 나아갈 때 내재적 유의미성을 도출해 낸다.

경험에 기초한 학습은 필연적으로 엄격한 가능성에서 부족하다는 주장이 이 책의 마지막 장에서 직접적으로 언급된다. 그러나 엄격(rigor)이라는 용어는 탐구가 가지는 일종의 기계론적인 냉정함을 내포하고 있기 때문에, 이 용어가 올바른 단어가 아닐 수도 있다. 여기서 의도하고 있는 것을 표현할 수 있는 더 좋은 단어들은 '벅찬(demanding), 난해한(intricate), 복잡한(complex), 열정적인(strenuous), 그리고 끈질긴(arduous)' 등이다.

경험적 학습을 위해서는 위험부담과 엄격, 영혼의 터프함, 그리고 경험을 찾아내기 위하여 경험을 사용하고자 하는 성향이 요구된다. 이런 종류의 "빠른 전진" (forging ahead)이 위험부담과 추진력, 경이로움, 그리고 가능성을 만들 조건이 전혀 없는 도관 모형 교실에서는 불가능하다. Buchler는 질문에서, 확고하고 심지어 엄격한 방법적 테두리 안에서 위험 부담을 포함하는 하나의 방법을 제공한다.

## 탐구와 질문

방법이 그 자신을 완성하고자 노력할 때, 질문은 사물이 더 깊어지게 하고, 또 개방하고자 애쓴다. 방법이 질문이 되었을 때, 그 과정은 재구성적 방향을 제공해 준다. 그것은 세상에 있는 학습자가 자유 속에서 살아가는 것이다. 그것은 Dewey가 "전심(wholeheartedness)" 이라고 부른 것의 특질, 즉 희열로서의 탐구를 가진다. Buchler는 "상상과 경이에서 일어나는 질문은 개인의 순행지각 대상과 순행지각적 영역과 관련하여 개인의 물어보는 듯한 자세(interrogative stance)로 표현된다" (p. 114)고 하였다. 그것은 방법에 대한 방법적 반성이요, 실제적 형식으로의 급진적 반성인 것이다. 그것의 산물은 곧 하나의 판단이다.

문제시되는 것을 지식으로 바꾸는 과정에 대해 좀 더 잘 알려진 용어는 John Dewey의 '탐구(inquiry)' 로서, 이는 Buchler의 '질문(query)' 과는 중요한 몇 가지 점에서 다르다. 질문과 마찬가지로, 탐구는 "불확실하고, 안정되지 않고, 방해를 받는" 상황에서 일어난다. 탐구를 필요로 하는 그 어떤 미확정된 상황은 문제적 상황이 되고, 따라서 사람으로 하여금 대상이 될 구체적인 어떤 것을 제공하기는 하나, 질문과 달리 Dewey의 탐구는 안정된 결과를 지향한다.

Dewey(1938)는 논리에 관한 주요 작품에서 "탐구는 미확정된 상황을 그 구성요소에서 구분과 관계를 확정하여 원래 상황의 요소들을 통합된 전체로 전환시키는 통제되고 지시된 변형이다" 라고 하였다(p. 104). 그것은 곧 "정당하게 주장할 수 있는 산물" (pp. 118-119)을 지닌 문제 상황을 드러내는 한 수단이다. 그것이 지식의 정당화가 절대적인 "기초 관념들(foundation ideas)" 이나 제일 원리에 대한 참조가 아니라 탐구 맥락의 한 기능이 되는 그러한 "자기 교정적 과정" 의 탁월성을 주장할 때, 탐구는 Buchler주의의 질문과 유사해진다. 지식은 더 많은 지식을 탐구하는 데, 그리고 더 많은 질문을 제기하는 데 사용된다.

그러나 Dewey의 탐구에서 목표는 완전한 상황을 복원하는 것이고, 따라서 그 문제를 고정시키고 정착시키는 것이다. Buchler의 질문은 신념을 고정시키지 않고, 심지어 이렇게 하고자 시도조차 않는다. 오히려 그것은 사물들을, Buchler가 판단, 즉 학습을 세상 안에서의 유희로 바꾸는 표현적 행위로 언급한, 새로운 출발점을 향해 이동시키고자 애쓴다.

## 판단과 질문

방법적 질문의 산물로서 판단이라는 관념은 이 연구의 마지막 절에서 전개될 입장에 중요한데, 그것은 세상에서의 학습은 표현적 내러토리(narratory) 과정으로 보여질 수도 있다는 것이다. 판단은 의미의 기여가 없이는 산출될 수가 없다. 왜냐하면 그것은 단언적, 행동적, 그리고 표현적이라는 세 가지의 잠재적 형식으로 의식이 있는 행동을 요구하기 때문이다. Buchler(1974)에 따르면, 이것들은 "인간이 만들어 낸 산물들이 기능하는 본질적 방식들" 이다.

> (1) 우리가 단어를 사용하거나 아니면 다른 그 어떤 방법을 활용하여 설명하고 주장하고 확언할 때, 그 기초가 되는 방향이 성취하거나 신념을 지지하는 것일 때, 그것이 우리가 만들어낸 산물을 위하여 증거를 인용하는 것이 적절할 때, 우리는 단호하게 판단한다. (2) 우리가 행동할 때, 그 기초가 되는 방향이 결과를 지향하는 것일 때, 우리가 행동적 판단 양식으로 무언가를 만들어 낼 때, 우리는 행동적으로 판단한다. (3) 우리가 궁리하거나 무언가를 만들 때, 행동에 있어서의 그것이 가지는 역할보다는 오히려 그 고안이 지배적이고 그 기본이 되는 관심일 때, 그 형성 과정과 형성된 것으로서의 산물이 중심적인 것일 때, 우리는 표현적 판단의 양식으로 만들어 낸다. 즉, 우리는 표현적으로 판단한다. (p. 97)

이러한 판단 형식들은 또한 내러티브의 형식들로 보여질 수도 있다. 판단이 없이는 내러티브 학습도 있을 수 없다. 판단이 곧 출발점이 되어야만 하고, 자동적인 행동이 되어야 하며, 따라서 학습자에 의한 소유가 되어야만 한다. 그리고 구성적 완성이 되어야만 한다. 판단의 산물은 내러티브 재구성적 과정, 즉 기호적 실행이다. 그리고 모든 판단의 형식들이 언어적인 것만은 아니라는 사실을 언급하는 것이 중요하다.

## 의사소통을 통한 구성

Dewey와 마찬가지로, Buchler(1951)는 학습된 내용의 의미를 구성하는 의사소통의 힘을 인식하고 있다. 즉,

최고도로 정련된 의사소통적 요구의 형태는 상호 간의 질문이다. 깊고 강력한 사고가 구성되는 것은, 개인적인 것이 되든 상호-순행지각적(inter-proceptive)인 것이 되든, 깊고 강력한 질문에서이다. 생각하기 싫어하는 이론혐오(misology)는 결국 자기 질문을 싫어하는 것이다. 소크라테스적 방법은 이러한 두려움으로부터 자유로워지기 위한 권유이자, 해방의 가치를 드러내 보이는 시도이다. 그것은 질문을 형식화하기 위해 추구하고, 이러한 방법에 의해 균형 잡힌 의사소통으로부터 자연적인 안개를 제거하고자 노력한다. (p. 35)

재구성적 질문은 심오하게 반이론혐오적이며 반교조적이다. 즉, 그것은 중요한 모든 것이 완벽하게 결정되어 있는 세상을 거부하며, 사물들이 "알려져 있고(known)" 도전과 질문 제기를 초월해 있는 그런 세상을 거부한다. 따라서 그것은 Daniel Bell(1968)이 "원시적"이며 "시골뜨기"로 표현한 사람들에 의해 저지될 가능성이 있는데, 그들에게 있어서 "지식은 진리로 이끄는 것이 아니라 불확실성과 애매모호성으로 인도하기 때문에 불안정하다. … 변화하는 우주에서 편안하게 살 수 있는 사람은 거의 없다"(p. 155)고 믿는 사람들이다.

Buchler의 판단은 분명히 행동으로의 의사소통이다. 의사소통은 생각들을 사용하는 데 둔다. 즉, 의사소통은 생각들을 구성하고, 그것들을 미묘하게 변화시키며, 그것들을 다른 관련된 습관들과 연계시킬 수 있다. 시간이 지나면서, 이것은 새로운 습관들이 학습자에 의해 신중하게 향상되고 수정될 가능성이 있는 발전으로 인도될 수 있다.

Dewey 또한 새로운 습관들의 의사소통이 그것들의 구성과 내면화에 본질적인 것이라고 주장하고 있다. Victor Kestenbaum(1977)은 그가 "표현을 통해 습관적 의미 분야를 구성하는"(p. 42) 것으로 보는 "표현적 대상"과 "표현적 행동"에 대한 논의에서 의사소통과 관련한 Dewey의 논증을 상술한다. 표현적 대상들은 경험의 조직을 "이끌어낼(soliciting)" 수 있는 대상들이다. 더 구체적으로 말하면, 그것들은 학습이 일어나는 장(field)을 창조하는 사건들이다.

표현은 새로운 습관들을 시연하는 것이고, 순행지각적 영역의 틈을 개방하는 것이며, 또한 새로운 도전과 새로운 자료들을 상기시키고, 가능화(possibilization)가 이루어질 수 있도록 하는 것이다. 그것은 이른 아침에 날이 밝았음을 알림과 동시에 동물들 스스로의 활력과 상태를 확인하며 수탉이 울어대는 소리와 같은 것으로서, 다른 사람들의 세계에 대한 반응과 간주관적 경험 세계와의 관계에 대한 신호이다.

원초적 경험으로부터 학습을 예증하는 것은 분명히 행동적이고 표현적인 것이다. 그리고 행동적 자세는 방법에 있어서의 자유(freedom-in-method)를 필요로 하는데, 그 자유는 곧 탐구와 교정을 위한 자유이다. 전달된 진리의 반복 위에 성립되어 "도관 모형"으로 예증되는 교육적 실천들은 결코 진정한 학습 경험이 아니라, 구성된 권위와 그 현상의 지지를 받는 기호적 사건들이다.

인습적 교실의 과정은 교사와 학생들 간의 대칭 상태를 결여함으로써 무력해지게 되고, 이는 표현과 의사소통의 억제에도 영향을 미친다. 불균형은 내러토리, 즉 좀 더 약한 부분에서의 표현적 충동을 좌절시킨다. 이러한 균형의 결손과 질문 환경의 부재는 연계되어 경험의 특질을 제한한다. (이것이 교사와 학생들이 공유된 학습 과정에서의 상호 참여를 제외하고는 반드시 "동등"해야 한다는 것을 뜻하는 것은 아니다.)

질문으로부터 흘러나오는 판단은 교사들에게 평가하는 데 실제적인 어떤 것을 제공할 수 있는데, 이는 학생들의 표현적 특성들과 경험의 편협된 조각, 즉 도관 테두리를 통과하는 데 있어서의 성공에만 의존하여 기록하는 무력한 판단 양식에서의 "객관적" 평가 방법과는 반대되는 것이다.

세상에서 활동해 나가는 학습자로서 양 극단 간에 존재하는 긴장, 다시 말해 사전목적적 습관들(preobjective habits)과 완성된 경험으로부터 귀결되는 충격과 감동 간의 긴장은 판단에 있어서 한정된 결과를 가져오도록 인도한다. 이러한 역동적 과정은 틀을 구성하고, 지식을 창조하며, 과거와 현재의 통합, 오래되고 묻혀 있던 습관들과 새로운 습관들과의 통합으로 이끈다. 주입식(hammer-and-nail) 교수에서는 그와 같은 대결과 통합이 없다.

### 비판적 사고로서의 질문

재구성적 질문은 경험의 재료들로부터 지식을 역동적으로 형성해 내는 그런 사고에 다름 아니다. 세상의 학습자들은 미확정된 경험을 사고의 대상으로 전환하는 "공격적으로 경험하기(aggressive experiencing)"가 필요하다. 사고는 그저 존재의 도구적 수단이 아니며, 확실히 교실을 위해 보존된 그 어떤 것도 아니다. 그것은 존재의 한 방식이며, 시간을 감당하는 한 방식인 것이다.

우리가 지금 비판적 사고라고 부르는 것으로 가는 길은 경험적 조망을 통해서 직접적으로 갈 수 있다. 진정한 방법적 학습, 즉 질문에 의해 변형된 방법은 Gregory Bateson이 "이차적 학습(deutero-learning)"이라 부른 것이 된다. 질문은 방법 자신의 방법적 의미가 된다. Buchler의 방법에 대한 우리의 탐구는 우리를 Merleau-Ponty의 "급진적 반성"으로 되돌려 놓았는데, 이는 단지 사고의 대상에 관한 사고가 아니라, 사고의 중개자로서의 경험에 관한 사고를 통하여 실현되고 구성된 현상으로서의 경험과 관련된다.

경험적 학습은 단지 경험을 "갖는 것" 이상의 것을 필요로 한다. 그것은 새로운 경험과 애매모호함에 대한 관용으로의 개방을 요구하여, 복잡한 재구성적-방법적 과정이 일어날 수 있게끔 한다. Dewey에 따르면, "반성적 사고의 기능은 모호함과 의심, 갈등, 모종의 방해 등을 경험한 상황을 명료하고, 일관되고, 안정적이며 조화로운 상황으로 변형시키는 것이다"(p. 101). 그러나 이러한 것들은 서로 간의 단순한 확장이 아니다. 그 상황은 명료하지만 조화되지 않을 수도 있고, 일관되지만 안정적이지 않을 수도 있으며, 또한 안정되었으나 일관되지 않을 수도 있다.

그러한 안정된 상태는 서곡으로 일어난다. 우리는 일차적 상태에서 그것을 넘어서는 또 다른 상태들을 추구할 수 있도록 그것들을 추구한다. 의미의 추구는 덧없는 진리와 입장의 순환적 포기를 함의한다. "의미의 안정성으로 사건의 불안정성을 극복하고자 하는 노력은 인간 노력의 주요 과업이다"라고 Dewey는 『경험과 자연(*Experience and Nature*)』(1929/1970, p. 45)에서 말했다. 여기서 강조는 하나의 행동적, 이동적 용어로서의 애씀(striving)이라는 용어에 있다. 세상의 학습자는 사물들을 개방하는 데, 성숙된 종결을 회피하는 데, 세상에서의 삶을 경험으로 받아들이는 데, 그리고 안정되고 방법론적으로 도출된 해답들을 가지고서가 아니라 방법적 질문 제기를 통하여 통제와 훈육을 지속하는 데 주의를 집중한다.

경험적 학습은 이런 점에서 한계를 가지며, 따라서 정적이고 세분화되고, 반복적이거나 혹은 부과된 존재 방식들과는 매우 다르고, 또한 반성적 차원이 없는 우발적 사건의 혼돈과도 다르다. 그 구분을 가능하게 하는 것은 경험이 차이를 만들도록 허용된다는 사실이다. 긴장 내에 들어 있는 비용과 위험은 그 긴장을 가치 있게 만들고, 그것을 학습이 되게 만든다. 그것은 하나의 변형이 아니라, 판단과 의사소통을 통해 일어나는, 그럼으로써 그 근본적인 사회적 기초를 확인하는 연대와 합병인 것이다.

## 창조적 소외

이러한 생각들의 측면에서 보면, 세상의 학습자는 Mauris Natanson(1975)이 "대상과 사건으로부터 그것들을 구성하는 사고의 조건으로 옮아가는 실존적 사상가"(p. 167)라 부른 것이다. 반성적인 사람은 확실성이 없는 미확정된 세계에서 살고 있으며, 그것으로부터 생산적으로 소외되어 있으며, 바로 이 소외로 인하여 자유의 기쁨과 고통을 경험하면서, "사회적 인과관계와 통제, 그리고 단정 등과 같은 전통적 공식들을 통하여 조금씩 움직이는 것이"(p. 170) 자유롭다.

따라서 학습은 그 과정에서 의미를 발견한다. 문제는 지식이 아니라 앎(knowing)이다. 왜냐하면, 학습이라는 경험의 본질은 지식이라는 결과와 분리될 수 없기 때문이다.

이런 점에서 보면, 소외는 현상학자들이 '판단 중지(epoche)'라고 부르는, 즉 당연하게 받아들이는 태도에 대해 궁극적으로 거부하고, 자연적 태도를 비판적 반성의 습관으로 대치시키는 그런 반성적 자세를 나타낸다. Rolf von Eckartsberg

(1971)는 "영아는 '자연적으로' 이미 존재하고 잘 기능하는 부모의 문화 패턴 속으로 성장해 간다. … 그리고 특정한 구조와 기능에 대해 완전하게 의식하게 됨이 없이 아주 자발적으로 거기에 참여하고 함께 하게 된다"(p. 67)고 언급한다. 그러나 그러면서 아동은 성장하고, 만일 조건들이 옳다면 사고하고 반성하며, 비판하는 것을 배운다—그리고 소외된 존재가 되는 것이다! 이런 식으로 본다면, 교육은 어린 사람들로 하여금 생산적으로 문제를 일으키고 주변인이 되도록 가르치는 과정이다.

이러한 창조적 소외를 위한 조건들이 우리 사회에서 이미 관행화된 교육에서는 존재할 수 없다는 것은 분명하다. 마치 그러한 조건들이 확립된 질서를 위협하는 것처럼(아마도 그것들은 또 그렇게 하기도 한다), 이러한 조건들이 존재할 수 없다고 확신하는 것은 바로 그 구조인 것이다.

09장

# 재구성적 사이클

현상적 분야는 결코 결정지어지고 마무리된 상태로 놓여 있지 않다. 그것은 변화되고 발전되며, 이동하고 진화되고, 그리고 새로운 것들이 발생한다. 경험은 모양새가 잡힌 현재일 뿐만 아니라 흘러가는 현재이기도 하다.

– Calvin Schrag의 경험과 존재(Experience and Being)

재구성적 사이클이라는 아이디어는 하나의 편리한 도구(convenience)이다. 즉, 그것은 실재가 아니다. 우리가 살아가고 있는 세상은 엉망진창인, 즉 스파게티가 담긴 그릇이고, 설비(grid)가 아니라 유체공학에서의 실험이며, 기계공학이 아니라 애매모호하게 형성된 삶 그 자체이다. 어떤 경우에, 이 사이클은 즉흥적이지만, 또 다른 경우에는 시간이 오래 걸리고 무기한적이다. 하나의 시작이 또 다른 끝이 될 수가 있다.

Paul Ricouer(1980)가 "사이클은 한쪽 방향으로 지향된 추상적인 선을 따라 서로 간에 일어나는 일련의 사례들"(p. 170)이라고 언급한 것처럼, 사이클은 시간에 맞게 일어나지만, 시간에 계획되어 있지는 않다. 이러한 사이클은 존재적 시간에서 일어난다. 각각의 사이클은 하나의 이야기처럼, 그 결론이 "전체적인 발달로 이끌려 가는 기둥"(p. 170)의 역할을 하듯이, 일시적 특이성을 지니고 있다. 전체성, 완전성, 시작과 중간, 그리고 끝을 가짐, 결합—이 모든 것들은 전체로서의 경험이 가지는 주관적인 특질인 결말 그 자체에 의해 만들어진다. 이러한 시간에 대한 개념화 하나만으로 재구성적인 질문과 평범한 시간에 수행된 과제들을 둘러싸고 형성된 학습 간의 양립 불가능성을 명료하게 해 준다.

그러나 하나의 경험으로서 이와 같은 것이 실지로 존재한다면, 그리고 학습 경험이라고 부르는 것에 적절한 분류가 있다면, 그리고 하나의 필수적인 특성이 이것이 바로 그 과정이라는 것의 의식이라고 한다면, 그때 그것은 단지 시간상에서 발생한다는 이유만으로 이 현상을 계열적 용어들로 설명하는 것이 적절하다고 여겨진다. 그러나 우리가 여기서 가지고 있는 것은 하나의 레시피가 아니라 발견적인 것이다. 우리는 이전부터 존재하는 습관으로부터 새로운 수단을 적용할 때 배운다. 즉, 그것들을 새로운 습관으로 전환시키는 것이다. 우리가 수용하는 것은 학습의 상호작용적이고 변증법적인 특성 때문에, 우리가 이미 어떤 사람인지에 따라, 그리고 우리가 이미 그것에 따라 살아가고 있는 순행지각적 질서에 의해 깊은 영향을 받는다. 이것이 바로 경험적 실재에 관한 설명이 교육에서 그렇게 중요한 이유이다.

재구성적 사이클을 조금 더 세밀하게 검토하기 전에, 학교가 어떤 곳인가에 따라 직접적인 연관을 가지고 있기 때문에, 경험에서 사이클이 구성될 수 있는 조건을 간단히 논하고 넘어가는 것이 도움이 될 것이다.

### 자유와 가정(subjunctivity)

세상의 학습자는 우연성의 분야에서 작동하며, 권위를 멘토에게 양도할 수도 있다. 즉, 교사에게 지각적 분야에 대한 한계를 두도록 허용하게 해 주는 것으로부터 학습이 유래된 것이다. 그러나 멘토와 학습을 함께 하더라도, 학습자는 질문의 방법적인 제약에 의해서만 제한받고 모든 가능성의 범위 내에서 자유롭게 선택할 수 있어야 한다.

재구성적 사이클은 세상의 학습자가 의식의 방향을 제공하여 그것이 자의식이 될 때 성공한다. 그리고 이것은 차례로, 예견된 결과가 그 사람의 의식에 분명해질 때, 경험을 계획으로 구조화하는 것으로 이끌어지는 것이 가능해진다. 이러한 가능성의 특성들이 결핍되어 있을 때, 대부분의 교실 수업은 그 질이 떨어진다. 학교에서 지속되는 결핍들 가운데 한 가지는 진정한 열정을 지닌 학생들이 학교의 프로그램에 애착을 가지는 것이 좀처럼 가능하지 않다는 것이다.

자유가 없이는, 우리가 지금 설명하고 있는 계획들도 있을 수가 없다. 그 계획들은 교사들이 아닌 학생들에게 속해야 한다. 계획은 가정법의 가능성에 대한 연습이다. James Edie(1975)는 "아직 경험하지 못한 미래로 도약하는 것은 … 가능성이라는 범위 내에서이다."라고 언급했다. 또 Edie는 다음과 같이 말했다.

> 나에게 현재 주어져 있는 것의 어떤 측면이든지, 그것은 동일한 것에 대한 다른 가능한 제시들과 또 다른 가능한 탐색이라는 무한한 분야에 둘러싸여 있고 호위되어 있기 때문에, 이 일이 이렇게 주어진 관점으로 나에게 제시된다고 '말하는 것(to say)' 은, 그렇게 제시된 존재의 내재적 필연성이 없기 때문에 그것이 다른 방식으로 '제시될 수(could)' 있다. … 거기에는 자유에 대해 경험된 지각적 기초인 지각적 경험에 대한 가정법이 있다는 것을 함의하는 것이다. (p. 248, 원본에 강조를 함)

Justus Buchler(1951)는 계획을 개개인의 "순행지각적 방향", 즉 현상으로서의 세계에 방향을 제공하는 인지된 상황의 특징들에서 나타나는 것으로 제시한다. 계획은 숙고된 발명의 산물들, 즉 지식에 의해 상상된 행동들이 이루어진 것이다. 질문은 "계획들"을 통해 체계적인 경험을 하는 집중적인 수단이다(p. 54).

자유와 가정법, 그것은 세상의 학습자를 위한 것이다. 토론의 구조를 제공하기 위해 Calvin Schrag의 4단계 경험적 사이클을 방문해 보는 이 장은 어떻게 세상의 학습자가 체계적인 질문을 통한 경험의 복원에 착수하는가를 설명하는 도구로서의 이러한 주제에 대한 결과를 검토할 것이다. 그리고 이것들과 연관된 다른 것들, 예를 들자면, 호기심, 노력, 열중, 집요함, 그리고 전심 등도 함께 검토될 것이다.

## 들어가기와 통과하기

시작은 아주 조금씩 증가할 수 있고, 이전의 경험에서 이어지기 때문에 구별되지 않을 수도 있다. 그러나 그 과정은 다음과 같을 때 일어난다. 즉, 주의(attention)가 다른 것들이 아닌 그 어떤 지각적 분야의 한 부분을 지향할 때, 그 사람이 노력을 확대할 만큼 충분히 그 어떤 것에 흥미를 느끼게 될 때, 그리고 어떤 것에 대한 질문이 제기될 때 일어난다.

질문이 제기될 때, 그것은 행동에 방향을 제공하고 주제화 혹은 주제 형성(thematization)으로 유도한다. 선목적적 습관이 긴장 아래에 두어지고(Dewey), 현상의 기초가 검토된다. "세상"의 반응은 질문의 본성에 의해 그 틀이 형성된다. 이런 의미에서 질문 제기는 보편적일 수도 구체적일 수도 있고, 광범위하거나 좁을 수도 있으며, 미결정적일 수도 있고 결정적일 수도 있다. 후자의 경우일 때, 그 질문은 한정된 선택의 문제에 관해 이미 조직되어 있는 공식적 반응에 의존하는 실험과 퍼즐이 될 수 있고, 완전하게 실현된 경험으로 전도하는 것이 되지 않을 수도 있다.

### 곤경들, 퍼즐들, 문제들

퍼즐의 답을 찾는 것과 재구성적인 사이클에서 의미를 탐색하는 것 간의 대조가 기본적으로 필요하다. 전통적 양식 속에 있는 가장 창의적인 학교교육마저 퍼즐 접근 방식을 토대로 구성되어 가는 경향이 있다. 과학자들의 관습과 습관에 대한 Thomas Kuhn(1970)의 유명한 글에서, 그는 퍼즐이 과학적인 실습에 중심을 가지고 있기 때문에, 퍼즐에 주의를 기울였다. 퍼즐은 확고한 질문과 이미 결정된 답(예를 들어 십자말풀이의 다양성과 같은)에 대한 구조를 표현한다. 그러나 그는 "확인된 답 이상의 무언가가 있음에 틀림없다. 그리고 수용된 해결책의 본질과 그것들이 얻어지는 단계 양자에 한정되는 규칙들이 있어야만 한다"(p. 38)고 말한다. 처방된 방법론이 틀림없이 있어야 한다는 것이다.

더 이상의 구분은 Jerome Bruner(1962/1965)가 영국 철학가 Weldon이 쓴 문제

해결에 대한 작품에 대한 논의에서 가져 왔다. Weldon은 곤경들, 문제들, 그리고 퍼즐들을 구별한다. 곤경은 형체가 없는 문제이다. 문제는 "우리가 퍼즐 형식을 풀려고 시도할 때의 어려움이다." 퍼즐이란 "주어진 세트가 있고, 절차상의 제한도 있는, 모두 정확히 규정된 게임이다"(p. 97).

Bruner는 진정으로 강력한 정신이 바로 곤경을 퍼즐로 바꾸는, 명백히 풀 수 있는 것이 된다고 믿는다. 그러나 퍼즐-지향성에는 종결을 향한 충동, 즉 열린 생각에 대한 제한이 있다(물론 체스와 같이, "종결된" 반성도 복잡하고 정교할 수 있다). 문제를 통해서 곤경으로부터 퍼즐을 도출하는 것은 애매모호함을 제거하기 위해 정답을 교환하는 그러한 냉철하고 연역적인 과정이 될 수도 있다.

그럴 경우, 퍼즐들은 제한된 답에서 예상되어 있고 경험의 열린 마음을 막을 수 있다. 그것들은 방법론의 존재를 함의한다. 즉, 그것들은 방법적이고 재구성적인 질문을 통한 경험으로부터 의미를 형성시키는 것과는 양립 불가능한 관계이다. (우리가 Buchler의 질문에 대한 개념을 더 호의적으로 받아들여 Dewey의 탐구를 옆으로 물려 놓은 것은 초기의 퍼즐 같은 성향 때문이다.)

퍼즐 탐색과 퍼즐 풀기는 재미있을 수도 있다. 특히 공학에서는 그 가치가 클 수도 있다. 대부분의 기술들은 이러한 방식으로 창안된다. 그러나 이것은 John Dewey가 말한 진입하고 통과하는 것을 유도하고 자극하는 "결과가 예견된 목적"의 출현을 불가능하게 하기 때문에 경험을 통한 학습에 제한을 준다. 결과들에 대해, Dewey(1922)는 이전에 『인간 본성과 행위(*Human Nature and Conduct*)』에서 인용한 구절에서 다음과 같이 말한다.

> 처음부터 시작하여 후속되는 결과들(consequences)이 관련된 그 어떤 목적을 쳐서 넘어뜨릴 [때] 일어난다. 목적(ends)들은 활동 과정에서 일어나며, 의미를 제공하고 더 이상의 과정의 방향을 지시하는 데 적용된 결과들을 예견한다. 그것들은 행동에 있어서의 중심축을 재방향 지우는 것들이다. (p. 209)

이 "행동에 있어서의 중심축을 재방향 지우기"는 개인이 행동에 관여하고 무엇에 대해 지각하고 있지 않는 한 운용되지 못한다. 예견된 결과가 자극하는 경험을 가지기 위해서 자유가 필요하지만, 그것에 대한 반성을 위한 충분한 통제와 한계를 나타내야 한다. 이것은 퍼즐을 푸는 것처럼, 도형에 대한 배타적인 집중보다는 초보자를 참여시키는 것을 내포한다.

경험 속으로 사라지는 학생들이 사실상 학습 경험을 가지고 있다는 사실에 대해 어떻게 교육자들이 편안해할 수 있는가? 그리고 만약 이 과정이 중재되었다면, 어떻게 해서 멘토들이 그 과정의 출발을 도와서 그것이 좋은 결과를 가지고 올 수 있도록 만들 수 있는가? 그 어떤 학습 상황 속에 있는 교육자들의 관심은 학생이 학습 결과들을 추구하는 '노력' 을 확장시키는 데 충분히 '관심' 을 가지게 될 것인가이다.

### 흥미의 유발

교사들은 흥미를 "떠오르게(evoking)" 해 주는 다양한 방법들을 가지고 있다. 어쩌면, 가장 흔한 방법은 구어적 의미나 시험에서 과제를 부과하거나 질문을 하는 것일 것이다. 이것의 예견되는 효과는 학생들이 하는 일에 주목할 수 있도록 강요하는 것이다.

또 다른 하나는, 풀이하는 과정에서 학생이 반드시 올바른 질문을 제기할 필요가 있는 문제를 만들어 내는 것이다. 퍼즐들, 시뮬레이션들, 그리고 게임들, 그리고 다소 원초적 수준에서, 연습문제집들과 과제집들이 모두 질문을 만들어 내고 집중을 유도하는 데 사용될 수 있다.

또 다른 방법은, 소크라테스의 대화에서처럼, 학생들에게 곤경을 불러일으키고 나서, 난해하고 심지어 수수께끼 같은 유형의 질문 제기를 통해 학생들에게 그 곤경으로부터 벗어날 수 있는 안내를 제공하는 것이다.

이러한 방식으로 학생들을 시작하게 만드는 특유의 방법들은 모두 다 진리를 전달하고, "도관(conduit)"을 통해 고전으로 여겨지는 "소재"를 보내는 형식들이다. 즉, 그것들은 경험을 내포하는 방법론적 방식들인 것이다. 그것들은 교육에 있어서는 유용성이 있지만, 경험적인 학습의 촉진에 있어서 흥미는 멘토에 의해서가 아니라, 학생의 특성에서 떠올려져야 한다.

홍미가 "떠오를 수" 있다고 제안하는 것은 중요한 질문을 요청하는 것이다. 수많은 사람들은 최소한의 관심을 가지려는 노력을 하면서, 무목적적인 삶을 살아간다. Dewey(1922)는 다음과 같이 언급한다.

> 우리는 우리를 둘러매고 있는 사슬들에 익숙해 있으며, 그것들이 제거되었을 때 우리는 그것을 그리워한다. 그것은 우리가 처음부터 무시무시한 풍채를 걸치고 있었던 것을 관습을 통해서 결국 껴안고 있게 되는 하나의 오래된 이야기이다. 기분도 불쾌할 뿐만 아니라 무의미하기 때문에, 활동들은 충분히 오랫동안 지속되면 동의될 수도 있다. 만일 다른 모종의 조작과 배제의 양식을 요구하는 조건들이 지속적으로 지원된다면, 마음이 일상적이거나 기계적인 절차에 홍미를 보이는 것이 가능하게 된다. (pp. 355-356)

대부분의 삶의 활동들은, 특히 이러한 첨단 기술의 시대에, 우리는 홍미를 가질 필요가 없어진다. 어떠한 것들은 확실히 우리가 그렇게 되지 않도록 설계되었다! 우리는 강요된 상황에 부딪혔을 때, 그리고 우리가 자유롭게 그럴 수 있을 때의 자연스러운 태도로부터 벗어난다. 우리의 안정적인 습관들은 어떤 점에서는 안정적이지 못하게 되어 버렸다. 우리는 스스로를 현상에 개방하고, 새롭게 보며, 그것의 기저를 의심한다. 우리의 의식은 더욱 더 집중적이 된다.

우리는 가끔 홍미를 느낀다. 하지만 이것은 단지 심리학적인 문제, 즉 자극과 반응의 문제인가? 무조건 교사가 조건들을 설정하고, 학습자는 그 아래에서 홍미를 가지고 결과를 위해 노력을 쏟아야 하는가? 이것이 홍미를 불러내는 것을 뜻하는 것인가? 교사들이 이것이 자신들이 하는 역할이라고 믿는다는 증거가 있다. 그들은 멀티미디어의 요란한 활동들을 통해, 학생들에게 "동기를 부여하고", 학습이나 적절한 문제풀이의 종류들을 유도해 내는 환경을 만들어 낸다.

학생들이 세속으로부터 격리된 학습 환경에서 느끼는 대부분의 답답함과 지루함은 교사가 학습 경험의 시작을 결정한다고 가정하는 것에서부터 싹트기 시작한다. 교사의 처방을 가지고 자신에게 알맞은 경험을 만들어 가는 방법을 발견하는 것은 학생의 몫이다. 성공은 흔히 '하나의(an)' 경험에 대한 교사의 정의를 받아들인 것으로 보이는 학생의 기술에 따라 측정될 때가 있다. 학생은 보상과 처벌에 대한 교사의 통제에 따르면서, 조용하게 주의를 분산시키는 것에 동의한다.

### 흥미와 노력에 대한 Dewey의 생각

이 문제와 관련하여 『교육에서의 흥미와 노력(*Interest and Effort in Education*)』(1913)이라는 제목의 John Dewey의 반어적이고 재미있는 작은 책은, 권위의 임의적인 사용으로 학생의 흥미를 자극하는 것은 단지 학생의 주목을 분산시킬 뿐이라고 주장한다. 학생들은 흥미를 가지지 않고도 "집중을 한다". 그들은 자신들의 참된 관심에 대해 마음을 두고 있으면서도, 더하기를 한다거나 강들과 산들의 이름을 낭독한다(Huckleberry Finn에 나오는 Miss Watson의 졸린 주일학교처럼).

Dewey(1913)에 따르면, "흥미 없이 그 어떤 활동을 불러일으키는 것은 심리학적으로 불가능하지만", 그 흥미는 벌이나 자랑하는 것을 피하는 것일 수도 있다. "어떠한 것이 흥미 있게 만들어져야 할 때는, 흥미 그 자체가 그것을 원하기 때문이다. … 그 일, 그 물건은 이전에 비해 더 흥미롭지 않다. 매력은 단순히 다른 무언가(예를 들어, 벌을 피한다는 것이나, 보상을 갈구한다거나, 아무것도 하지 않는 것보다는 무엇을 한다는 것과 같은)에 대한 사랑을 통해 만들어진다"(p. 2).

다른 한편으로, 내재적 흥미는 자신과 대상의 일치이다. 이것이 바로 흥미의 교육학은 경험의 교육학이어야 하는 이유이다. 즉, 흥미는 방법을 질문으로 이끈다. 흥미는 활동적이고 투사적이며, 추진력이 있다. 흥미는 "관심의 대상에 구현된다." 즉, "그것은 하나의 직접적인 관심을 의미하며 목하 문제가 되고 있는 것에 대한 인지를 의미하며, 그 결과가 개인에게 중요하다"(p. 16)는 점에서 개인적인 것이다. 그것은 교실에서 연구되고 있는 교과와 관련이 될 수도 있고 안 될 수도 있다.

우리는 언제나 이미 '무엇인가(something)'를 하고 있는데, 그것은 그 자체의

"성향이나 방향"(p. 18)을 가진 그 무엇이다. 우리가 하고 있는 그 무엇은 우리가 '누구(who)' 이고 또 '무엇(what)' 이며, 그리고 '어디(where)' 에서 우리의 존재가 표현되느냐에 관한 것이기 때문이다. 즉, 우리는 순행지각적 지향에 사로잡혀 있다. '수단들(means)' 을 수행하는 과정에서, 우리는 더 크거나 작은 신중함과 특별함을 가지고 우리의 '결과들(ends)' 을 결정하고, 그 결과들은 다시 그 수단들에 영향을 미친다. 우리는 방법적으로 작동한다. 결과와 수단은 분리될 수 있는 것이 아니지만, 반성적으로 결정적이다.

이 원칙을 이해하는 것은 경험 학습의 근본적인 측면을 이해하는 것이다. 수단과 결과는 적절성을 결정짓는 지향적 연속으로 작동된다. 이 순행지각적 지향은 개인의 취향, 즉 지각적 성향으로부터 성장하는데, 그것은 세상의 자료를 받아들이고, 그것을 새로운 경험에 영향을 끼치는 데에 사용되는 주제에 영향력을 미친다. 각각의 증가는 더 많은 것을 배우기 위해 앞으로 나아가고 더 깊이 하는 데에 힘을 보태 준다.

모든 흥미들이 교육적이지는 않지만, 그러나 그러한 것들은 단순히 새 경험을 이끌어내는 것만이 아니라, 배움에 대한 새로운 능력으로 이끌어 가기도 한다. 인간들은 다른 동물들에게는 본능적인 많은 것들을 배워야만 하기 때문에, 그들은 학습의 습관을 배워야만 하며, 이것은 지적 능력과 육체적 능력을 통합시킨다.

주의(attention)의 한 특징으로서 진정한 흥미는 신체를 통하여 그 자체를 적극적으로 나타낸다. Maurice Merleau-Ponty(1962)가 우리에게 상기시켜 주는 바와 같이, "몸은 우리가 세상을 가지기 위한 일반적인 도구이다. … 습관은 단순히 이 근본적인 능력의 한 형식이다. 우리는 새로운 의미를 흡수하고 중요성의 참신한 핵심을 완전히 이해했을 때, 몸이 이해를 했고 습관이 길러졌다고 말한다"(p. 146).

그러나 이러한 흡수는 하나의 발동 과정(motor process)이라 할 수 있는 능동적인 과정이다. 이것은 흔히 발동 활동의 한계 두기가 초기 조건이 되는 교육 활동을 설계하는 데 있어서 굉장히 중요한 한 요인이다. 경험적 학습은 학습자가 모든 감각의 장치들을 통일되고 경험하는 전체로 통합시켜 자유롭게 지식을 추구할 수 있게 됨을 필요로 한다. 전통적인 교실에서는, 그것이 사고와 정서의 분기점이고 통제 이데올로기에 근거하고 있으므로 이것이 불가능하다.

이 통제의 강박은 Bernd Jager(1971)가 말하는, "대면하기 위해 일어서기" (getting-up-to-meet), 즉 경험에 있어서 새롭고 익숙하지 않은 것을 향한 자발적인 움직임이 되는 그러한 특징을 완전히 막아 버린다. Jager는 "사람과 세상에 대한 호의적인 현존에서 흘러나오는 학습만이 삶을 증진시키고 인간의 존재 가치를 높일 수 있다" (p. 235)고 결론 내린다.

가장 발전된 모습으로의 흥미는 하나의 활동이 되는데, 이는 우리가 다른 결과의 과정에서 일어나는 일들로부터 의미를 추론하거나 혹은 이런저런 자료의 추구에서 모아진 의미를 무시하기보다는, 그것이 의미하는 바를 보기 위해 행동을 개시하는 그런 활동이다. (그/그녀의 통제 노력에 답답해서 짜증이 난 선생이 Johnny에게 "무엇을 하는 거니?" 라고 묻는다. Johnny는 "아무것도요." 라고 대답한다. 그러나 살아가는 세상에서 "아무것도" 라는 것은 없다.)

지속, 인내, 그리고 한 걸음씩 나아가는 것은 노력이 지향하는 곳을 향하는 예견된 결과의 존재를 요구한다. 무작위의, 방향성이 없는 경험을 통해서는 학습이 있을 수가 없는데, 왜냐하면 그러한 상황에서는 결과가 없기 때문이다. 반성은 결과와 수단 간의 역동적이고 긴장된 상호작용을 내포하기 때문에, 거기에는 반성이 있을 수 없다.

세상의 학습자로서, 우리는 우리가 가고 있는 곳을 지향하여 우리의 방향을 정하고 시작하는 것, 즉 또 다른 시작을 향한 결과(consequences)를 허용한다. 이것은 표현적 판단을 향하여 유도되는 질문으로 연결되는 방법이다. 우리의 흥미 있는 경험에서 나오는 산물들은 이러한 노력들을 가치 있게 만든다. 그래서 비록 그 시작은 미미할지라도, 우리의 과정을 자유롭게 선택하고, 흥미를 불러일으키고 결과를 확립하는 것을 통해 사이클의 초기 단계에 들어가면서 우리는 진전하게 된다.

## 발달(전개)과 운동

### 추진력으로서의 노력

노력이라고 정의 내릴 수 있는 어떤 것의 시작은 사이클의 두 번째 단계로의 이행을 나타낸다. 발달은 노력이 주제화에 영향을 미치고, 하나의 플롯이 반성적 행동으로부터 나오기 시작하고, 행동이 사고에 영향을 미칠 때 시작된다.

'발달' 이라는 용어는 교육에서 다소 느슨하게 사용되는 경향이 있다. Dewey는 그의 학업 초기에, 『아동과 교육과정(*The Child and the Curriculum*)』(1902/1956)이라는 책에서, 발달이 의미하는 것을 확정하고자 노력했다. 발달은 운동이고 변화이며, 진화하는 힘이다. 발달은 초점과 방향이 있을 때 일어난다. 무작위의 활동, 즉 다른 사람들의 요구를 충족시키기 위해 착수된 계획들에서는 발달이 없다. 발달과 성장은 학습의 대상과 학습자의 살아 있는 경험이 연관될 때 일어난다.

노력은 긴장된 상황이나 무작위의 에너지 소모가 아닌, 지속된 흥미이다. 이것은 지속성과 일관성, "장애물에 맞서고 방해를 통과하는 인내력" 과 관계가 있다. 이것은 진입과 통과(entry-and-passage)에서부터 "발달과 운동" 을 지향하는 추진력을 제공한다. 이것은 체계적인 행동을 질문으로 나아가게 하고, 습관과 경험의 재구성이 가능케 한다.

그러나 이러한 노력이 한낱 결과를 지향하는 자발적인 행동을 의미하는 것으로 손쉽게 이해하지 않는 것이 중요하다. Ricouer(1966)는 노력의 철학 그 자체가 경험을 통하여 지식을 얻는 것으로는 충분한 설명이 되기 어렵다는 것을 보여 주었다. 그에 따르면, 노력은 (그리고 노력의 징후인 관심) 그것의 대상과 떨어져서는 존재할 수가 없다. 우리는 아무렇게나 "밖에 있는" 무언가, 즉 "우리의 주의를 끌거나", "우리의 관심을 사로잡는" 어떤 것을 선택하여 주의를 기울이지 않는다. 노력은 대상과의 교호작용이라는 하나의 특징만큼 대상을 지향하는 추진력이 되지 않는다. 그것은 관계함(engagement)의 '원천(source)' 이 아니라 그것의 '결과(result)' 이다. 이것은 곧 우리가 다른 사람들이 우리가 하기를 원해서 노력을 가하는 것은 불가능하다는 것을 시사한다. Ricouer(1966)에 따르면, "관심은 손이나 눈이나 귀와 같은 기관을 통해 종결되는 행동이 아니다.

> 그것은 자체에 대한 의식이 아니다. 즉, 그것을 통해서 대상으로 나아가는 의지이다. '관심은 무엇인가에 대한 관심이다(attention is attention to)' … 나는 나 스스로에게 관심이 있는 것이 아니라, 대상에 관심이 있는 것이다. 이것은 특별한 것도 아니다. 이와 대조적으로, 신기한 요소는 이러한 노력이 상실된 더 광범위한 의도성은 행동의 하나가 아니라 '앎의 하나(one of knowing)' 라는 사실이다. 보는 것과 같은 가벼운 노력은 보여지는 대상이 나타나면서 사라져 버린다. 앎이 주체의 행동을 완전히 흡수해 버리는 이러한 유형의 노력은 엄밀히 말해서 관심이다. (p. 32, 강조 첨가)

이러한 구분은 자유, 즉 의식의 자유로운 행동들을 통해 대상을 경험하는 세상의 학습자의 해방과 관련되어 있다. 그러나 노력은 방법적이고 지향적이다. 현상학자들이 이 용어를 쓰는 의미에서, 그것은 의도적이다. 학습자를 지각된 상과 연결 짓는 아크(arc)로서 의미를 불러일으키는 노력은 지식으로 종결된다. 노력은 확정되지 않은 길을 따라가면서 저항에 맞선다. 상황은 긴장 상태가 되고, 학습자의 자아에 대한 습관적 의미는 도전받는다. "자아와 그 자체의 통일" 에 대한 위기가 뒤따른다(Ricouer, 1966, p. 332).

노력에 관한 것으로서 형식적인 교육은, 만일 수업 상황에서 학생들이 교사와 함께 모여 있을 경우, 노력은 교육 목표의 측면에서 학생들에 의해 표현될 것이라는 가정에 근거를 두고 있다. 그러나 이것은 정확하게 말해서 도관 모델로 문제가 있다. 만일에 노력과 관심이 그것이 요구되는 상황에서 통일되게 일어난다면, 교육의 위기는 오지 않을 것이다.

사실, "교육" 이 노력으로 가득 찬 삶에 대한 하나의 연구된 손상(impairment)이라고 주장될 수도 있다. 이것은 Richard Zaner(1981)가 자아에 대한 논문에서 언급한 상황, 즉 질병 같은 것으로서, 그것은 "사람의 신체적 발동의 실패" (p.

168)이다. 우리는 단지 우리에게 의미 있고 매력적인 결과를 이루기 위해서 노력을 쏟는다. 노력이 필요한 행동은 공통적인 특징들을 지니고 있다. Zaner(1981)에 따르면,

> 일들이 일어나는 일상적인 과정에서의 장애물(하나의 '문제')로 나타나는 어떤 것으로서의 방해, 즉 내가 의무적으로 관심을 보여야 하고 경계를 하게 되는 그러한 곤경에 빠진 경우를 상정해 보라. 나는 잠시라도 일상적인 방법으로는 더 이상 나아갈 수 없을 것이다. 나는 "멈추고 생각해야만" 한다. 내가 이제까지 해 오던 것을 "멈추고", 내가 그 어려움으로부터 어떻게 벗어날 것인가를 "생각하는" 것은 그 곤경을 해결하고, 혼란을 안정시키며, 그리고 다시 한 번 더 일상적 궤도로 돌아가는 것이다. (p. 168)

그러나 대부분의 시기, 대부분의 경우에 교실들은 모두가 "일상적인 업무"(daily routine)이다. 그것들은 본질적인 경이가 부족하고, 흥미와 노력을 끌어낼 수 있는 순행지각적 습관에 대한 일종의 혼란과 도전이 전혀 없다. 그리고 그러한 "혼란"이 일어날 때에는 재빠르게 제압된다. 사회과 교사의 말에 따르면, "수업이 시작될 때에는 '학생들에게 흥미 있는 시사적 사회문제'에 관해 잘 진행되고 있었다. 그러나 나는 당연히 교수요목으로 되돌아가야 했다." (교수요목에 있던 주제는 흥미롭게도 시민전쟁 이후의 재건에 관한 것이었다.)

세상에서 제기되는 흥미에 대한 반성적 경계를 통해 요청된 노력은 가만히 못 있고, 긴장되며, 규범적인 학생 행동에 지장을 줄 수도 있다. 이것은 관심을 세상으로 밀어낸다. 이것은 Zaner(1981)가 우리에게 되새김시켜 주듯이, 자아가 발달되는, 그리고 우리의 행동들과 선택들이 창조되는 이야기의 명백한 징후이다. 그에 따르면, "그러므로 자아는 '분투하는 경계, 즉 노력'이 필수적이다"(p. 172, 원문에 있어서의 강조). 도관 모형은 자아를 노력을 기울이는 행위자로 보아 억압한다.

### 의도성: 유도적 통로

발달-운동은 사람이 세상을 학습하는 것과 경험하는 것 간에, 그리고 사람의 의식의 활동과 사람들이 관심을 가지는 다수의 대상들 간의 전진적 결과이다. 의식은 언제나 지각적 분야에 있는 어떤 것에 대한 의식이다. 세상에 존재하는 사물들, 생각들, 본질들, 즉 현상은 지각하는 사람과 지각된 현상 간에, 지각하는 행동에서의 상호 관련성을 통하여 우리의 '의미(meaning)' 분야에 들어오게 된다. 이것은 의도적이다. Scharg(1969)에 따르면 다음과 같다.

> 세상 경험의 구성 요소들은 … 그 구성 요소들을 의미 있는 배치 속으로 묶어 주는 유도적 흐름 속에서 자신들의 연결과 결합을 성취한다. 특정한 경험의 내용이 초점의 대상이 될 때, 의식은 수행된 그림을 지향하고, 그 그림 자체는 배경을 향해 움직이며, 다양한 영역으로 분화된다. 경험으로부터 그림까지, 그리고 그림으로부터 배경에 이르는 통로를 따라가는 경험의 이러한 유도들은 의도성을 나르는 사람이다. 그들은 세상에 대한 경험자가 그의 스피치와 육체적 태도를 통해 상술하는 의미들을 야기시킨다. … 그들에 의해 의미들이 세상에 밀어닥친다. (pp. 83-84)

불도저가 사람들이 밀집해 있는 지구를 우리의 현재로 밀어붙여서 미래로 조금씩 움직이는 것도 아니고, 좋은 시절에 번개가 치면서 우리의 인생에 뜻을 부여하는 것도 아니다. 의도성은 유도적이며, 시간과 공간을 통해 의식으로 향하고 있는 나침판이다. 세상의 학습자들은 세상과 역동적인 관계, 즉 개인적인 의도성이라고 하는 독특한 특징 때문에 결정된 학습의 유도적 통로에 있으며, 그것은 가정의 상태로 개방된다.

### 긴장의 유지

발달-움직임은 학습자들이 멘토로서 활동하는 다른 사람들이 그들이 감지하고 규정하는 데 도움을 주는 범위 안에서 자신들의 경험의 과정을 따라가는 조건적인 상태이다. 발달과 움직임의 단계에서 대단히 중요한 교사의 역할은 억제 과정을 도와주는 것이다. 효과적인 경험의 결합은 긴장 상태를 유지하는 데에 있어 대단히 중요하다. 학습자들은 스트레스가 많고 문제가 되는 도전에서는, 그것들이 자신들을 휩쓸어 버릴 거라고 생각하면서 습관으로 도피하게 되는 경향이 있다. 고려 중인 현상은 학생들의 쌓여 있는 가용한 습관들이 애매모호함에 휩싸이거나 독단에 의지하거나 또는 섣부른 결론을 내리는 것을 피할 수 있을 정도로 충분히 확장되고 풍부해질 때까지 제한된다.

경험으로부터의 학습에서는 학습자가 점진적인 한계점을 통해 습관의 재구성을 향하여 움직여 갈 때, 무목적성과 기계론적인 성향 간의 투쟁이 지속되고 있다. 그러나 흥미가 높고 전심의 특징이 있을 때, 긍정적인 힘이 나타난다. Dewey(Archambault, 1974에서 인용)는 다음과 같이 말한다.

> 한 사람이 온전히 열중할 때, 그 주제는 그를 지탱하고 있는 것이다. 질문들은 … 자연스럽게 일어난다. 많은 제시들이 넘쳐난다 … 더 많은 탐구들과 독서들이 나타나고 이어진다. 그 주제에 자신의 마음을 묶어 두는 데 에너지를 사용하는 대신에(그럼으로써 그 주제에 적용될 수 있는 수업은 그 자체가 분열된 마음의 상태를 만들어 낸다), 그 물질이 그의 마음을 지탱하고, 사고로 전진해 나가는 추진력을 제공한다. 참된 열중은 지적 힘으로 작용하는 하나의 태도이다. (p. 225)

전심(wholeheartedness)은 경험적인 흐름의 맥락 속에서 환경, 과거, 그리고 미래와 학습자의 관계로부터 자라나는 특성들의 한 집합체이다. 그것은 곧 의식의 성취이다. 이것은 학습자를 더 안정적인 상태의 점진적인 순행으로 몰아간다.

## 발전(진화)

발전(진화)에서의 경험은 그 자신의 삶을 지속하고 있다. 거기에는 "앞으로 나아가는" 자동학습이 있는데, 이는 결실이 있는 경험을 향해 뛰어들고 폭발적이며, 공격적인 학습이다. 지각을 학습으로 바꾸기 위해서, "구경꾼은 그 자신의 경험을 직접 만들어야 한다."라고 Dewey는 『경험으로서의 예술(*Art as Experiene*)』(1934/1958, p. 54)에서 썼다. 이 개념이 가진 힘의 진가를 알아보기 위해서는, 학습이 외적 원인에 의해 조작된 자극과 반응이 적절한 관계에 있을 때 일어남에 "틀림없다(must)"는 생각과 대비해 보면 도움이 된다.

### 조작과 동화

경험적인 학습이 자동적인 단계로 발달되어 가는 것은 동화적이기도 하고 조작적이기도 하다. 그러므로 학습자가 경험을 하고, 동화를 하고, 그렇게 해서 "배운다"라는 것은 사실이 아니다. Buchler(1961)는 조작과 동화 사이의 연관성을, 목적과 결과를 방법적 흐름 내에서의 상호 관련성으로 보는 자신의 견해를 명확하게 하는 데 사용한다. 그는 제안하기를, 우리가 의식적으로 현상을 조종하고, 우리의 방법(Dewey의 습관과 Ricouer의 주의를 기울이는 노력)이 증식되고 미묘한 순행지각적 양식이 밀접한 관계가 될 때, 우리는 성장한다.

이 점진적인 단계에서의 방법들은 세상의 학습자가가 의미를 종료할 때에도 새로운 가능성을 떠올려주고 나타내는 장치가 된다. 역시 행동의 의도적 자질인 표현성(expressiveness)은 유도적 자질을 가지고 있다. 즉, 이것은 새로운 의미들을 분명하게 하고 매력적이게 하는 하나의 방법이다. ("내가 말을 하거나 쓰지 않으면, 내가 무엇을 알고 있는지 나는 알 수가 없다.")

마찬가지로, 방법은 학습자가 매체를 판단으로 향하도록 하는 조작자로 행동할 때에만 일어난다. 개인의 방법적 지향은 질문의 자세가 강화되어, 개인의 오래되고 습관적인 방법 위에 새로운 방법을 건설하도록 이끈다. 발전(진화)는 질문이 재구성의 방향으로 향하여 움직일 때 나타난다.

### 질문하는 방법

그러므로 발전(진화) 단계에서 세상의 학습자는 방법적인 지향성, 즉 하나의 질문 제기(questing)를 나타낸다. 즉, 전심이 담긴 태도는 경험을 전개함으로써 전달된 사건들과 자극을 지향할 뿐만 아니라, 이미 존재하는 습관과 존재 방식들로도 향하고, 자기 이해를 향하기도 한다. 거기에는 행동과 주제, 그리고 목적이 연결되는 폭넓은 합목적성(purposiveness)이 있다. 가능성은 현실성으로 나타난다.

Buchler(1961)는 표현하기를, 이러한 상황들에서 "마음은 정력적으로 일어나는 일들에 대해 공격적으로 효력을 미친다" (p. 40). 그러나 이보다 더한 것은, 의도성을 통하여 우리가 학습이 일어날 기회가 되는 맥락을 만든다는 것이다. Buchler는 계속하기를, "우연한 발견들이 실제로 있었지만, 그렇다고 그것들이 단지 우연적인 것만이 아니고 발견인 이유는, 사전의 목적과 사전의 구상이 있었기 때문이다" (p. 40). 이것은 동시 발생(synchronicity)에 대해 우리가 발견할 수 있는 좋은 정의이다. 목적의식과 개념화는 방법적으로 자극된다. 즉, 그것들은 방법론에 의해 미성숙한 상태로 소멸될 수도 있다.

아마도 이 단계에서 그런 일이 발생하는 것은 가끔 환상적이고 극적인 특성들 때문에, 그리고 학습자가 세상에 너무 명백하게 나타나 있어서 혼란스러운 교사들이 학습자들로 하여금 자유비행을 하지 못하게 막으면서 의식이 도망가 버린 우리 안으로 가두려고 하기 때문일지도 모른다. 세상의 학습자를 돕는 멘토는 분명한 혼란에서부터 한 발짝 뒤로 물러서서, 전문가의 권위에 도전하고 경험이 그 과정을 이끌어 가도록 놓아두어야 한다.

### 교수, 학습, 시도

발전(진화) 단계에서 일어나는 일들은 단순히 "시도하는" 것이 아니다. 경험적인 학습에 적용되는 것으로서 의도성이라는 생각은 학습자가 "의도적으로" 별개의 기술이나 발상을 통달하려고 시도한다는 것을 함의하지 않는다. Israel Scheffler (1965)는 학습의 인식론에 대한 연구에서, '시도한다(trying)' 라는 것이 이 과정을 설명하는 데 잘못 사용된 용어라는 것을 보여 준다.

> 교수는 일반적으로 시도한다는 것을 내포하는 반면에, 학습은 그렇지 않다. 한 아이가 걷는 것을 배우고 있다고, 그가 매일 몇 개씩의 새로운 단어를 배우고 있다고, 그가 자신이 사회적으로 행동하는 방법을 배우고 있다고, 그가 자신을 말로 잘 표현

하는 것을 배우고 있다고 말하는 것은, 보통 그 자체가 그가 이러한 일들을 수행하기 위해 '시도하고' 있다는 것을 전달하지 않는다. 그것은 그가 지금 진행되고 있는 일들에 대해 생각하고 있다는 의미에서, 자신의 관심에 초점을 맞추어서, 그리고 조심스럽게 행동하면서 그것들에 종사하고 있다거나 일하고 있다는 것을 전달하지도 않는다. (p. 10, 원본에 강조 추가)

어린아이는 걷고 말하는 것을 배울 때, 이제 시작 단계인 발달적인 예견된 결과를 가지고 있다. 이것들은 성장과 이해, 환경의 통달, 그리고 성숙에 내재해 있는 기능과 삶의 분야를 넓히는 것과 관련되어 있다. 그러나 이것들은 절대 끝이 없는 결과들로서, 중도의 종료도 단지 결과의 확대로 유도되어 가고, 습관의 급증으로부터 결국 가능성이 폭발하게 된다. 자신들의 발달적 충동을 자유롭게 실행하는 것을 통해 배우는 것이 자유롭지 못한 아이들은 성장 발달을 저해당한 것이라 볼 수 있다.

Scheffler는 활동에 종사하고 있는 상태와 과정에 '사로잡혀서(caught up)' 가는 상태를 구별한다. 개인이 "시도"할 때, 그 사람은 도구적 목적을 위해 경험을 종결하고 그 한계를 정한다. 반면에 개인이 세상을 받아들인다면, 그 개인은 다방면으로 일어나는 일들에 대해 열린 마음을 가지고 있는 것이 된다.

시도하는 학생들은 그들과 세상과의 긴장을 파괴하고자 노력하고 있을 수 있다. 긴장을 가지고 살아가는 세상의 학습자는 더 진전하기 위해 그 긴장을 활용한다. 발전(진화)의 자유비행은 이전의 발달과 움직임의 특징에 의해 추동된 하나의 상태이다. 그러나 결코 그것은 외부로부터 강요된 노력의 결과가 아니다. 그것은 스스로 방법적으로 건설된다.

### 자유와 위험

발전(진화) 단계에서, 학습자는 증가된 감수성, 예민함, 그리고 민감성에 의해 특징지어진 역설의 상황에 직면하게 된다. 오래된 습관의 방식을 방해하는 더 많은 새로운 습관들이 있게 되고, 더욱 큰 불균형을 이룬다. 과거의 학습 위에 새로운 학습을 지속적으로 구축하는 것이 분명히 강제적인 것은 아니다. 우리는 자유롭지 않을 자유도 있으며, 기계론적인 버팀목으로 이동하기 위해, 혹은 우리의 살아가는 삶과 세상 간의 긴장감을 해소하기 위해서(병이나, 게으름, 전환, 은퇴 등에서 일어나듯이, 그리고 모종의 병리학의 형태로 나타나듯이) 우리의 삶을 폐쇄시키고 살 자유가 있다. 우리 모두는 이것을 온전하고 현실적인 이유뿐만 아니라, 불편함과 위험을 피하기 위한 이유 때문에도 이것을 항상 사용한다.

경험적 학습의 교육학은 그것의 실행에 있어서의 중대한 위험성을 인정해야 한다. 평론가들이 제안하듯이, 사소한 것과는 멀리 떨어진 경험적인 학습은 그 결과가 강력하다. 항상 개인의 이전 학습을 빨리 넘어서는 위험이 있다.

우리는 Kurt Lewin(1935)이 말하는 "인지 구조들"의 안전성 안에 살고 있다. Lewin이 보는 학습은, 그가 말하는 "힘의 장(force-field)"에 대한 고려, 즉 학습자가 살아가는 삶에 있는 여러 사건들과 만나는 것을 저항하는 요소들(pp. 80 ff.)의 영향을 받는다. 이는 Dewey가 연관 지은 새로운 습관의 구성과의 긴장감을 형성한다. 세상에서의 학습은 "자유공간" 혹은 "자유로운 움직임의 공간"의 확장이다(p. 80). 물론 학교교육을 통해 발달해 온 특정한 기술들(수학과 같은)이 자유로운 삶의 공간을 확장시키지만, 다른 종류의 학습들도 마찬가지이다. 특히 경험을 통한 자율적이고 지속적인 학습과 관련된 종류들 말이다.

성숙한 성인의 삶을 이끌어 가는 것은 확실성을 불확실성으로 옮기는 것을 강요한다. 이것은 요구되는 학습이 일어날 때까지는 공포와 불확실, 비틀거림, 부드러운 땅 위에 있는 존재감, 그리고 혼미 등으로 이끌어질 수 있다. 스트레스가 너무나도 압도적이 되어 버릴 땐, 완고함과 독단으로 유도될 수도 있다.

Lewin은 중재된 경험적 학습의 강렬한 형태인 집단 역동성의 발견으로 이끌었다. 이것은 경험적인 학습에서 가장 깊고 가장 강력한 근원 중의 하나에 초점을 맞춘다. 즉, 그것은 우리 스스로를 세상의 사회적 활동가로 지각하도록 하는 데 미치는 타인들의 영향을 일컫는 간주관성이다. 집단 역동성의 지도자는 거의 순수한 재구성적 질문의 촉진자이다. 무기력한 순응지각 대상(procets)은 역동적으로 문제 제기되고, 그것은 매우 심한 불안정한 상태로 이르게 되는데(Lewin의

"해제하는"), 이는 단지 동화적 학습 모형에 전적으로 반대된다.

그러므로 적지 않은 멘토의 책임은 세상의 학습자가 예정된 보상에 맞서 자율적인 학습을 얻기 위한 노력과 균형을 맞추도록 도와주는 것이다. 세상 밖으로 나가 보고 변형적 경험을 견뎌낸 우리들이 알게 되었듯이, 새로운 조망들은 엄청난 어려움과 심각한 대가를 통해서만 원상태로 돌아올 수 있다. 세상의 학습자는 아주 위험한 가능성의 세상에 살고 있다.

우리는 네 개의 추상적 단계 가운데 세 개의 단계와 연관된 특징들에 대하여 논의해 보았다. 세상의 학습자는 방법적으로 경험으로 들어가서 시작하고, 흥미를 나타내고, 발전(진화)되는 목적을 향한 노력을 통해 지속적이고 꽤 분명하게 방향지어진 발달적 움직임으로 바뀌게 된다.

약간의 위험을 무릅쓰고, 학습자는 개념적 한계점을 지나 질문의 발전(진화) 단계로 넘어간다. 이는 학습자가 전심으로 생산적인 단계로 진행할 때, 결과들과 수단들이 의식에 나타나는 "자유비행"의 차원이다.

## 산출

### 판단을 통한 의미

그 사이클은 지식에 대한 구성적 전유(appropriation)와 함께 종결된다(그것이 그렇게 한다는 특화된 의미에서). 산출의 단계에서 의미가 생성되며, 그 의미를 표현하는 앎이 등장하게 된다. 산출은 판단이라는 산물의 등장을 의미하는데, 그것은 세상의 학습자가 경험을 소유하고, 그것을 수직적(지적-정서적인) 의미와 수평적(일시적인) 의미 양자로 통합시키며, 그것을 단언적으로, 행동적으로, 혹은 표현적으로 활용할 때 드러나는 것이다.

Buchler(1951)는 판단에 대해 다음과 같이 말한다.

> 과정이 포착되고 소유되는 유일한 장치이다. 그것들은 구체화된 조작들이다. 그러나 그것들은 또한 자연이 동화될 수 있도록 하는 기능도 한다. 판단의 세계는 …

자연 … 자기-조명의 과정에 있다. 판단은 … 자연이 개인으로 하여금 스스로를 초월하도록 허용하는 수단들이다. 각 산물을 통하여 개인은 글자 그대로 증식되는(multiplied) 것이다. (p. 53)

판단이 순행지각적 특성들의 산물이라는 것을 기억하라. 단언적 판단은 추론되거나 혹은 과학적으로 기초된 진리, 혹은 그러한 진리 안에서 의미를 탐색하는 것이다. 표시적 혹은 표현적 판단은 "여러 재료들을 가지고 어떤 모양을 만들고 배열하는 것으로부터 귀결되는 산물들(예컨대, 예술 작품들과 같은)이다." 행동적 판단은 행동을 포함하는 산물의 형태, 즉 의사결정과 자발적인 행동의 산물들인 행동 패턴들과 지향적인 운동 등이다. 이러한 것들은 실제에서 복잡하게 서로 얽힌 기능적 구별들이다. 예를 들어, 문학작품은 표현적인 것뿐만 아니라 단언적인 것일 수도 있다. 오페라는 위의 세 가지 모두에 해당될 수도 있다.

개인들은 학습이 구성될 때 스스로를 초월하게 되는데, 이는 그 어떤 단명한 신비적인 경험 때문이 아니라, 그들이 자신의 주제화된 순행지각적 지향성의 산물로 산출되고, 세상의 저항에 대해 역동적, 변증법적으로 극복해 나가는 데 스스로를 활용하기 때문이며, 이는 우리가 질문이라고 부르는 반성적 의사소통을 통해 가장 의미가 풍부한 사례에서 가능한 것이다.

이것이 Ricouer(1966)가 "자발적" 통제라 부른 것 하에서 학습자의 주도성이 더욱더 강화되는 단계이다. 산출의 단계에서, 세상과 협상하기 위해 취해지는 것이 많을수록, 그 세상은 사람들이 활용하기에 한결 "유순해질" 것이다. 이어지는 경험은 한층 더 증진되고 더욱 풍부해지게 된다. 참여하고자 하는 힘이 더욱 통제되기 때문에, 그것은 자유롭고 탐구적인 것이 된다.

"행동이 지식을 낳을" 때, 전심의 상태는 Dewey가 "통합적 경험"이라 부른 것에서 성취된 새로운 존재 습관(habits-of-being)에 의해 초월된다. Dewey에 따르면, 거기에는 그가 『경험으로서의 예술(*Art as Experience*)』(1934/1958)에서 쓴 바와 같이, "활동가의 마인드를 구성하는 이전 경험 결과들의 생생한 조직과의 상호작용을 통하여"(p. 55) 잘 발달된 "섭식, 발달, 실현"이 있다.

Dewey는 완전하게 결실을 맺고 통합된 이러한 종류의 모든 경험을, 그것이 인습적인 의미에서 예술과 관련을 가지든 아니든 간에, 그 본성상 심미적인 것으로 본다. 그에 따르면, "경험을 심미적인 것으로 구분하는 것은, 저항과 긴장의 전환" 인데, 이는 "기본적으로 내포적이고 완성적 결말을 향한 이동으로 전환시키려는 시도인 자극에 관한 것이다" (p. 56).

### 표현을 통한 판단

Victor Kestenbaum(1977)은 Dewey와 Merleau-Ponty의 글을 읽고서, 경험으로부터 학습을 구성하는 본질적 요소는 표현의 행동이며, 그러한 행동들은 "습관 그 자체가 창조적이고, 자기 구성적 현상이라는 근본적 의미에서 창조적이다" (p. 42)라고 주장한다. 그는 "목표는 나의 습관적 의미 분야에 대한 재조직과 재구성을 요구할 능력을 가지고 있을 때 표현적이다" (p. 56)라고 말한다.

따라서 표현적 행동은 내포된 의미로부터의 재구성적 장치로 기능한다. Kestenbaum은 "표현의 행동은 하나의 고착되고 구체화된 습관적 의미들이다. 그것은 과거와 현재의 혼합이다" (p. 42)라고 말한다. 그것은 한 마디로, Buchler주의자적 판단인 것이다.

Merleau-Ponty(1962)는 사고가 표현, 즉 다양한 형식으로의 스피치를 통하여 구성된다고 주장한다. 그는 "우리는 내적 혹은 외적 스피치를 통하여 우리 스스로에게 사고를 표현한다. … 표현을 통해서 … 우리는 그것을 우리 자신의 것으로 만든다" (p. 177)고 말한다. Merleau-Ponty는 구두 보고가 모든 학습 경험의 결과가 되어야 한다는 것을 의미하지는 않는다고 했다. 즉, 스피치나 표현은 다양한 형식을 취할 수 있다는 것이다. 스피치는 지향호(intentional arc)*가 여행할 수 있

---

* Merleau-Ponty의 『지각의 현상학』에서 전개된 '세계에로' 나아가는 몸의 지향성의 구조, 즉 신체의 도식과 지향호를 의미한다. 그는 주체 의식에 기초한 지식 습득에 대한 지성주의 모델을 비판하면서 상황을 받아들이는 몸 습관과 몸의 자유 능력인 지향 호(intentional arc)라는 개념을 통해 실천적 지식을 제안하고 있다. 『지각의 현상학』에서 Merleau-Ponty는 과학적 이성으로는 정초할 수 없는 새로운 방식으로서의 세계 이해를 확립하고 있다. 그가 과

게 해주는 수단인 회로를 구성하는 모든 형태의 행동에 대한 하나의 은유이다. 우리가 단어나 다른 표현 수단을 통해 사물의 이름을 지을 때, 그 이름은 인간 판단의 한 유형인 지각적 행동을 완성하는 인식(recognition)인 것이다. Merleau-Ponty(1962)는 다음과 같이 말한다.

> 성공적일 때, 그 표현의 과정은 단순히 독자들과 작가 자신, 즉 일종의 기억 회생자(reminder)에게만 위탁되는 것은 아니다. 그것은 새로운 감각 기관으로서의 작가나 독자 안에 확립하면서 우리의 경험에 대한 새로운 분야 혹은 새로운 차원을 열면서, 그 의미를 텍스트의 중심부에 존치시키며, 단어들의 유기체 안에 있는 삶으로 가져온다. (p. 182).

Remy Kwant(1969)는 표현에 대한 자신의 현상학적 연구에서, "세상은 보여지기를 기다리면서 우리 앞에 놓여 있는 기성의 시각적 분야가 아니라, 우리 스스로가 시각적 분야를 구성함으로써 가시적인 실재(reality)를 능동적으로 만든다. 인간은 보는 것을 학습해야 한다" (p. 22). 그리고 느끼고, 냄새 맡고, 듣는 것을 또한 학습해야 한다. 감각적 혹은 지적 정보로 받아들이는 것은 하나의 구성적 행위로서, 이것이 바로 우리가 능동적 인간으로 행하는 그 어떤 것이다. Kwant는 구성적 표현으로서의 판단에 관한 Buchler의 결론을 되풀이하면서 다음과 같이 결론짓는다. "우리에게 보여지는 전체의 세상은 표현적 활동을 통해 구성된다" (p. 25).

---

학적 이성을 문제 삼는 이유는 과학적 이성은 세계를 정확하게 기술하고 인식하는 방법은 제공하지만 동시에 우리 삶에서 직접적으로 경험되는 사물들의 살아 있는 관계를 망각하기 때문이다. 이러한 과학적 이성에 맞서 그는 자신의 철학에서 사물들의 살아있는 관계를 기초하는 "최초의 의미의 핵"을 복원시키고자 한다. 그리고 Merleau-Ponty는 "최초의 의미"를 명료화하는 작업에서 후설처럼 "선험적 의식"을 중심 개념으로 삼지 않고, 인간의 "신체"를 강조한다. 하지만 Merleau-Ponty가 신체를 말할 때, 그가 의미하는 신체 개념은 데카르트적인 기계론적 신체를 지칭하지 않는다. 기계론적 신체와는 달리 인간의 신체는 "고유한 신체"라는 특징을 가지고 있다. 그리고 "고유한 신체"의 원초적인 경험을 밝히는 데 있어 핵심적인 역할을 하는 개념이 바로 "신체도식"이다(역자 주).

도관 모형은 형식적 학교교육의 교과, 즉 경험 그 자체에 대한 의미의 부과를 표현적 활동에 대한 억압으로 보여 준다. 가장 강력한 의미는 무기력한 교과가 아니라, 학교교육의 재구성적 과정에 놓여 있다.

### 종결의 문제

우리는 '종결(close)' 이라는 단어에 유의할 필요가 있다. 그것은 곧 끝(ending)이 아니다. 하나의 경험은 종결되지만 삶은 계속된다. 그것은 문의 셔터를 내리거나 매듭을 묶는 것이 아니라, '합류(confluence)' 가 이루어질 가능성이 더욱 많아지는 것으로서, 그것은 곧 행동과 그 결과들이 지각으로 연합되고, 그러고 나서 재분할되며, 또 다른 의미들을 추구하게 된다. 그 과정이 역동적으로 개방되게 된다. 그 결과는 완전하면서도 그 과정을 역동적으로 개방하는 것을 유지하면서 여전히 흐른다. 그리고 모든 경험들이 그렇게 순수하고 완전하게 구성되어서, 황홀할 정도로 "심미적" 인 것은 결코 아니다.

세상의 학습자는 판단을 발전시키기 위하여 단편적인 정보와 지각들을 활용하는 쪽으로 나아간다. 그러나 이 판단들이 완전한 정지는 아니다. 즉, 그것들은 학습자를 앞으로 나아가도록 추동한다. 그것들의 완전성은 사람들로 하여금 새롭고 더 많은 이해의 가능성을 보고, 우리가 이제 "동시성" 이라 부르는 상황을 지향하도록 개방한다.

멘토는 세상의 능동적 학습자에게, 마치 학습의 산출물이 학습자에 의해 소유된 어떤 것처럼, "이제 여러분들은 그것을 학습했고, 결국 그것을 통달했습니다." 라고 책임 있게 말할 수 없다. 이것은 수동성과 종결을 시사하는데, 이는 학습자가 Buchler가 말한 "순행지각자(*pro*ceiver)" 가 아니라, "수용자(*re*ceiver)임을 나타낸다. 서로 다른 요소들이 한데 모이고 의미로 더욱 풍요해지는데, 여기서 축적(funding)은 세상의 학습자가 새롭고 풍부한 경험을 지향함을 의미한다. 학습은 존재의 변형된 특성으로서, 그것은 조망에서의 변화이다.

완전한 사이클은 하나의 에피소드, 즉 하나의 주체적으로 결정된 행동의 틀, 하나의 에피소드로서의 그 지시에 독립적이지 않는 주체와 그것과의 관계에 존재하는 사고-경험으로 불릴 수도 있다(Kerby, 1991, pp. 37-38 참조).

경험적 사이클에서의 종결은 처음 장소에서 사이클을 자극하는 최초의 주제화로 되돌아간다. 그것은 역사철학자 Hayden White(1980)가 언급한 "하나의 도덕적 질서로부터 다른 도덕적 질서로의 통행" 이라 부른 것, 즉 의미에 있어서의 이동으로부터 귀결된다. White는 계속하기를, 그러나 우리는 "실재 그 자체가 사라졌다고, 사실적인 것의 질서에 관한 사건들이 일어나기를 멈추었다고 단정적으로 말할 수는 없다. 그러한 사건들은 단지 의미가 이동되었을 때 일어나기를 멈춘 것처럼 보일 뿐이다" (p. 22). 전체성, 완전성, 시작과 중간과 끝을 가지기, 이 모든 특징들은 회고적으로 실현된 경험을 형성하는 결말 그 자체에 의해 확립된다.

Merleau Ponty(1962)는 기계론적 의미에서 종결은 오로지 지각을 '희생' 으로 해서만 일어난다고 주장한다. 세상의 성공적인 학습자에게 "모든 종합은 타파된 시간과 재성립된 시간 양자의 종합으로서, 그것이 과거를 보유하고 있는 새로운 현재를 낳기 때문에, 그것을 확정하고 또 그것에 의문을 제기한다" (p. 240).

각각의 종결은, Dewey와 Buchler가 유사한 언어를 사용한 바 있지만, Merleau-Ponty가 "새로운 분야의 개방" 이라 부른 것이다. Buchler는 의미를 구성하는 수단으로서 방법적 과정을 제시하였지만, 질문의 핵심에는 방법 숭배가 영향을 미치는 종결의 시도를 통해 나아가는 반성적 의사소통의 행위와 학습자의 의식을 개방 유지시켜 주는 내적 변증법이 있다. 우리는 방법론들을 사고를 종결짓기 위한 장치로 사용하고 문자적 의미에서 의미를 추출하면서, 다시 말해 그것을 뽑아내어서 점검함으로써 그렇게 하는 것이 아니라, 우리의 의미를 지속적인 도전에 종속시킴으로써 방법적으로 살고 있는 것이다. 의미는 오로지 과거가 미래에 제시되고, 거기서(그리고 그때) 결실을 맺을 때, 바로 그 과정에서 아주 복잡하게 형성된다.

학습 사이클에서 일어나는 구성에는 마술 같은 순간이란 없다. 이것이 일어나는 것으로 보일 때, 학습자는 Dewey가 "인지" (recognition)라고 부른 것이 만족되는데, 이것은 지각의 시작이 될 수 있는 것이지만, 그것과 그것에 종속되는 것이 분명하게 구분되는 것이다. Dewey(1934/1958)는 말한다.

> 인지는 그것이 자유롭게 발전될 기회를 가지기 전에 포착된 지각이다. 인지에는 지각이라는 행위의 시작이 있다. 그러나 이 시작은 인지된 사물에 대한 완전한 지각의 발달에 기여하도록 허용되지 않는다. … 인지에 있어서, 우리는 하나의 스테레오타입으로서 이전에 형성된 그 어떤 스키마에 의존한다. (p. 52)

인지는 자연적 태도를 지원한다. 말하자면, "이것이 우리가 이 주제에 관해 알기 위해서 필요한 모든 것이다"라는 것이다. 하나의 예를 제공하자면, 인지는 인종주의와 외국인 혐오증과 같은 그러한 사회적 현상의 핵심부에 있는 것이다.

인지는 사이클의 산출적 단계에서 매우 중요한 위치가 될 수 있다. 왜냐하면, 그것은 거기서부터 계속 이동해 가는 것이 '아니어서' 너무 용이하기 때문이다. 세상은, 특히 형식적 교육이라는 세상은 그것이 산출을 방해하지 않을 때조차도 인지를 강화한다. 유일한 의미가 선다형 검사에 있어서의 인지에 놓여 있는 개념은 빈약하고 쓸모가 없게 된다. 그래서 그런 시험에서는 학생들이 시험 뒷날에는 (그 전에는 아니라 하더라도!) 보통 모든 걸 다 잊어버리게 된다.

한편, 이러한 입장에 가지는 교육학적 함의들은 경험적 학습에서의 교사는 경험의 지속적인 흐름에 대한 학습자의 개방을 지원하고자 시도하는, 그런 과정을 촉진시킨다는 것을 시사한다. 경험의 수행으로부터의 지식의 산출은, 비록 그것이 삶에 꼭 필요한 모종의 형태의 사건이라 하더라도, 별개로 분산된 학습의 꾸러미가 아니다. 그것은 책임 있게 그리고 축적으로 습관들을 형성하고, 그것을 개방으로 유지하는 하나의 과정이다.

생산적 단계에서는 필연적으로 통일성이 없다. 적어도 이 용어의 인습적 의미, 즉 서로 분리된 자료나 현상들이 "하나의 정답(an answer)"으로 결합되는 그런 의미에서는 없다(어떤 지적 조작들은 통합이 아니라, 요소들을 분리하고 풀어헤치는 것이 목적이기도 하다). 방법적 과정은 복잡성, 일종의 황홀한 분해를 더하는 쪽으로 유도될 수도 있다.

### 다른 사람들과의 의사소통

세상 속에서의 학습은 서로 간의 교환에 참여하거나 학습자에게 어떤 요구를 하는 그런 다른 사람들과 더불어 그리고 그들을 통하여 발생한다. 결국에 우리는 학습자로서 홀로 남게 되지만, 우리는 다른 사람들과 함께 하는 홀로이며, 우리는 다른 사람들, 좀 떨어져서 보면, 우리가 배울 때 모두가 다 우리의 교사들인 사람들과의 관계를 통해 그 과정을 개방한다.

이러한 전환적 단계를 통해 나아가면서, 학습자는 세상의 우연성과 가끔씩의 불변성을 경험하면서 진정으로 세상 '안에(in)' 그리고 거기에 '속해서(of)' 살아간다. 이러한 삶의 방식은 인간 의사소통의 불확실성에 스스로를 복종시키는 것을 내포한다. 이러한 종류의 의사소통에는 긴장의 이완 혹은 완화가 필연적인 것이 아니다.

그것은 닫아 버리는 것이 아니라 오히려 개방하는 것이다. 개인들은 다른 사람들과의 회합에 자신들을 개방하고, 또 서로 분리된 계획성에 의해 고정되어 버린 현상에 개방시켜 스스로를 변화하도록 한다. 세상의 학습자는 황량한 현상에 대한 조망을 통해 움직이는 것이 아니라, 일관된 흐름 속에 있고 학습자의 에너지에 영향을 미치고 또 영향을 받는 그러한 사람들과 자신들의 일들, 제도들, 사회 구조들, 그리고 대표 전형들(typifications)에 대한 조망을 통해 나아가는 것이다.

자유로운 학습자는 의사소통을 통해 반복적으로 시험한다. Dewey는 말하기를, "의사소통을 차치하고서는, 습관 형성은 판박이가 되어 버린다"(p. 229). 달리 말해, 변증법적 변화의 수용이 없다면, 우리는 틀에 박히게 된다. 즉, 우리의 습관에 갇혀 "갑갑하고 답답하게" 된다는 것이다.

그렇다고 해서 의사소통으로의 개방이 무정부주의나 엔트로피(균질성)로 이끌 필요는 없다. 그것은 타인들과의 밀접함, 소속감, 그리고 (자유에 대해 예상되는 두려움뿐만 아니라) 즐거움을 향한 네트워크와 유대를 내려놓도록 유도될 수도 있다. Dewey는 계속 말하기를, "의사소통은 습관의 수와 다양성을 증진시킬 뿐만 아니라, 그것들을 미묘하게 서로 연결시키는 경향이 있으며, 결국에는 특정한 사례에서 형성되는 습관을 새로운 연계 양식이 그것의 새로운 사용을 요구할 것이라고 인지하는 습관에 복종하게 만드는 경향이 있다" (p. 229).

학습자들로서 우리는 우리의 순행지각/습관들의 독특한 활용을 발견한다. 즉, 그것들은 스스로를 발견하는 주어진 분야에 자신들을 투사한다. 따라서 학습자가 능동적일수록, 자신들을 표현하고 새로운 대상들을 찾고 환경과 그 안에 있는 사람들과의 창조적인 긴장 속에 살려는 습관에 대한 조망이 더욱 풍부해진다.

이런 방식으로 이루어지는 경험으로부터의 학습은 판단을 통한 산출에 대한 Buchler의 철학(1951)에 핵심적인 아이디어인, 친숙함에 채워져 있는 신기함의 발견을 의미한다. 그는 말하기를 "우리 가운데 어느 누구도 신기한 것으로 여기는 그러한 것들은 오랫동안 예기치 않았던 유의미성의 발달을 나타내거나, 혹은 공식적 본질과는 즉각적으로 조화될 수 없는 오래된 특성의 출현을 나타낸다. 그래서 발견은 피할 수 없다. 유의미한 발견은 그 다양성의 발화를 필요로 한다" (p. 46).

역설과 긴장, 이것들은 우리가 여기에서 주장하고자 시도했던 주제 분야로부터 떠오른 두드러진 특징들로서, 이 역설과 긴장은 미확정된 상황들의 세계에서 진행되는 방법적이며 변증법적인 과정과 관련된다. 경험적 학습의 진정한 힘은 그 두 번째 용어( '학습' )의 의존성에 놓여 있는데, 심리학자들과 교육이론가들은 첫 번째 용어( '경험' )에, 아니면 좀 더 적절하게, 양자 간의 역동적 상호작용에 관심을 집중하여 왔다. 즉, 학습은 경험을 풍부하게 하고, 풍부해진 학습은 또 경험을 풍부하게 한다는 등등의 식이며, 이는 Dewey가 사실과 사고 간의 상호작용으로 묘사했던 것과 Buchler가 조작과 동화 간의 상호작용으로 표현한 것과 거의 동일한 방식이다.

'학습' 경험은 경험이라는 것이 더 이상의 많은 사용을 위해 이해되고 통합되는, 다시 말해 재구성되는 그런 경험이며, 학습 '경험' 은 의식에까지 인도되고 재구성적 질문을 통해 구성되며, 언제나 옮겨 다니는 그런 우연적 상황으로부터 더 많이 경험하고 더 많이 학습하는 데 사용될 수 있게 되는 그러한 경험이다.

### 경험 "내려놓기(laying down)"

Merleau-Ponty(1962)는 지각된 세계에 대한 증거는 "불확정성의 원리(principle

of indeterminacy)"가 된다고 주장한다. 그에 따르면,

> 존재는 그 근본적인 구조 때문에 그 자체로 미확정적이다. 그리고 그 과정에 의해 지금까지 무의미했던 그것이 의미 있는 것으로 되어 가고, 그것에 의해 그저 하나의 [특정한] 의미성만을 가지고 있던 것이 더욱 일반적인 의미들을 가지게 된다는 점에서, 그 변화는 이성으로의 변형인 것이다. 그리고 그러한 점에서 그것은 사실상 상황을 수용하는 행위이다. 우리는 이 행동에 자신의 목적을 위해 존재를 받아들이고, 그러한 하나의 상황을 변형하는 것으로서 초월(transcendence)이라는 이름을 붙여 준다. 정확하게 말해서 그것은 초월이기 때문에, 그런 경우에 존재는 그것에 본질적이라고 할 수 있는 긴장이 사라질지도 모른다는 그 무언가를 결코 넘어서지는 않는다. (p. 169)

그 주기는—그것이 보여 주는 특화된 의미에서—이와 같은 초월적 과정을 통해 새로운 것이 오래된 것 속에서 활용될 수 있는 공간을 차지하는 식으로 맞아 들어갈 때 완성되며, 그때 그것은 이 용어가 "표현된"이라는 것과 "상호 연결된"이라는 양자 모두를 의미하는 이중적 의미에서 '유기적으로 구성되었다(articulated)'는 것이다.

유기적 구성(혹은 연계성, articulation)은 반성적 상호작용의 통합적 사건을 의미하는 표현적 상호 침투(expressive interpenetration)이다. '그것은 궁극적인 재구성적 사건이다.' 그것은 학습자로 하여금 잠깐 중지했다가—생산적으로—다시 출발할 수 있게끔 해 준다.

도관 모형은 미확정된 "현상적 세계", 즉 사람들이 지각이라는 역동적인 행동을 통해 자신들의 존재를 "내려놓는" 그런 세계의 실재를 거부한다. 그것은 이와 같은 전체 과정에 대한 적으로서, 그것이 시작되도록 허용하지 않는 한 마무리될 수가 없을 뿐만 아니라, 또한 그것이 지시적 조작에 의해 체계적으로 방해받을 때 생산적인 결론에 도달할 수도 없다. 유기적 구성은 대부분의 미국 학교에서 발견되는 통제된 상황, 재구성적 질문 제기에 의해 요청되는 표현적 의사소통이라는

것이 거의 완전하게 결여되어 있는 그러한 상황에서는 오로지 우연적으로만 일어날 수 있다.

José Ortega y Gasset(1957)는 일종의 존재론적 명령(existential imperative)을 언급하였다.

> 삶이란 우리를 직접적으로 자극한다…, 우리에게 그 어떤 기성의 것을 주는 것이 아니라, 대신에 우리 각자는 그 삶을 자신에게 맞게 만들어야만 한다. 우리가 살아가야만 하는 이러한 상황 혹은 세계와 관련해서 가장 낯설고 가장 당황스러운 것은 그 냉혹한 서클 혹은 지평선 내에서 그것이 항상 우리에게 다양한 행동의 가능성, 즉 우리가 선택하고 그 결과에 따라 우리의 자유를 실행해야 함에도 불구하고 다양성을 준다는 사실이다. (pp. 42-43)

재구성적 질문은 존재론적 자유의 실행이며, 우리는 이것을 통해 선택의 명령을 수행하면서 "부적절한 충족이 경이로운"(Buchler, 1974, p. 110) 것으로 인식되는 그러한 구조화와 분리될 수 없는 질문과 직면하게 되는 시작과 끝 양자에 이르게 된다. 또한 이 책의 마무리 장이 안내된 내러티브 과정을 통해 보여 주고자 시도할 때 풀리게 될 문제들을 드러낸다.

## 학습자로서의 주자

앞의 장들에서는 진전되어 온 논증이 가지는 실제 세계에 대한 함의들과 관련한 예비적인 여담을 가지고 추상적이고 철학적인 조망으로부터 경험적 교육학의 문제를 언급해 왔다. 이 절을 마무리하면서, 나는 실제적인 세상의 학습자, 즉 1970년대 중반에 보스턴 마라톤 정기 후원 대회 우승자였던 마라톤 주자 Bill Rogers에 대한 논의를 통해, 여기서 언급되었던 논증의 주요 노선을 명료화하고 구체화하기를 시도하고자 한다. (Rogers는 대단히 말을 잘하는 운동선수였다. 다음의 관찰은 1970년대 초 방송에서 했던 그의 공식적인 진술들에 기초하고 있는데, 당시 그는 우리 두 사람이 Massachusetts 주 Newton 시에 있는 Commonwealth Avenue의 중심부에서 일하고 있었을 때, 나와 함께 달리곤 했다.)

Rogers나 혹은 여타의 세계 수준급 주자들에게 있어서 마라톤을 뛰는 것은 단순히 육체적 행동이 아니다. 그것은 하나의 재구성적 질문의 훈련된 행동이다. 즉, 그것은 방법적이고 역동적이며, 조작적이고 동화적인 26마일의 학습 흐름인 것이다. 세계적 수준의 마라토너들은 고조된 의도성의 상태에서 레이스를 펼친다. 그들은 더 큰 육체적 강도를 가진 사람들이 보지 못하는 의미들을 발견하는데, 그것은 달리기 기술과 연계된 그들의 생리학적 상태가 진정으로 선목적적이기 때문이다. 즉, 그것은 그들로 하여금 유도적 복잡성 내에서 일어나는 그 레이스를 통하여 자신들이 갈 길을 생각하도록 자유롭게 해 주는 것이기 때문이다.

Rogers는 성공적인 마라토너는 달리는 과정에서 학습하는 방법을 알아야만 하며, 문제들에 접근하고 그것들에 적응하는 방법, 즉 바람의 방향과 다른 날씨 상황, 달리기 코스의 수정, 오르막과 내리막에서의 달리기, 경쟁자들의 전술적 작전, 자신의 몸에 대한 느낌, 구경꾼들의 분위기 등을 알아야 한다는 것을 이해하는 것 같았다. 주자들로 하여금 1분 1초를 단축하고, 혹은 기록에서 벗어나게 하도록 하는 것은 바로 이러한 작은 조정들이다. 그는 자신의 몸 안팎으로 그러한 질문(query)의 상태가 되도록 할 수가 있었다. 달리 말해서, 그는 자신이 레이스를 경험할 때 일어났던 것에 대해 철저하게 반성하는 능력 때문에 승리를 한 것이다. 그는 달리는 기계가 아니라 경주에서 충분히 승리할 수 있는 법을 학습하기 위하여, 현재를 교정하고 미래에 영향을 미칠 수 있는 경험을 활용할 줄 아는 능력을 통해서 자신의 과거에 대한 집중된 학습에 의해 자유로워진 운동선수였던 것이다.

Ricouer(1966)로부터 인용한 다음의 문단은 우연성과 미확정적인 것을 방법적으로—집중된 의지를 가지고—다루는 이러한 능력이 어떻게 선목적적인 습관(우리가 "알고 있는" 것들과 우리가 그것들을 알고 있다는 사실을 알지 못하면서 사용하도록 하는)을 통해 흘러나오는지를 잘 보여 준다.

능력과 의지의 이런 관계는 자발적인 움직임을 넘어 상당하게 확장된다. 내 사고의 전체적인 조각은 실제적 관계를 유지하는 쪽으로 진행하는데, 이는 피아니스트와 그의 손가락의 관계와 같다. 즉, 그가 자신의 손가락을 "통해"(through) 아무것도 없는 데서 무엇인가를 그려 내는 데 완전하게 몰입되어 있을 때, 그 피아노는 다만 가능성만을 내포하고 있다. 마찬가지로 내가 질문을 하거나 말을 하고 있을 때, 나는 문법이나 스타일 등을 직접적으로 그 의미에 대해 생각하는 것이 없이 그것들을 수행하고 있는 것이다. 사고한다는 것은 언제나 내가 지성적 본질로 활용하는 이전 사고에 의해 형성된 지식을 삶으로 가져오는 것이다. 따라서 가장 추상적인 구조에서 볼 때, 코기토(Cogito)는 과정의 조건인 셈이다. 나는 내가 더 이상 공식화시킬 필요가 없는 사고 조건에서만 새로운 사고를 공식화한다. (p. 329)

Rogers는 피아니스트가 그의 손가락을 통해 음악을 만들어 내는 것처럼, 자신의 몸을 통해 "경주를 끌어 내며(drew the race)", 혹은 우리들 가운데 누군가는 우리의 몸을 통해 침전된 지식을 도출해 내어 지향된 행동으로 나타나게 한다. Rogers의 달리기는 Ricouer가 말한, 환경에 맞추어 교정하고 수정하는 유순한 무의식적 행동이라는 것의 가장 완벽한 하나의 예이다. 마라토너로서의 최고 전성기에, Rogers는 효율적으로 달리는 방법을 알았을 뿐만 아니라 달리는 것에 관해 더욱 효율적으로 학습하는 법을 알았는데, 이는 '그가 달리고 있었을 때도', 행동들의 무의식적 측면들이 그로 하여금 새로운 경험으로 변경하는 것을 자유롭게 만들었기 때문에 가능한 것이었다.

그는 출발선부터 결승선까지 42.195킬로미터라는 매우 구체적인 결과가 예견된 목적을 가졌었다. 그는 가장 '먼저' 거기에 도착하기를 원했고, 모든 출발자들에 의해 실제적으로 공유되지 않은 그 이상의 용의주도함을 가지고서, 그것을 적절하게 수행하기를 원했다. (그 목적이 단지 레이스를 '완주'하는 데에 있는, 능력이 뛰어나지 않는 주자는 자신의 조망이 매우 좁았을 것이며, 경험으로부터 배우는 것도 덜했을 것이다.)

Rogers는 마라토너로서의 자신의 성공에 기여할 만한 모든 것에서 훨씬 더 많은 조망된 결과들을 가기고 있었다. 그는 아마도 대부분의 직업에서 필요한 것으로서, 세 가지 판단 양식으로의 작동을 지향하면서, 자신을 "동기화"(motivated) 시킬 뿐만 아니라, 더 많은 반성적 자세를 취하도록 영향을 미치는 런닝 기어를 설계하고 판매한 비즈니스맨이었다.

사람들은 Rogers와 같은 성공적인 사람을 지성과 정서의 혼합, 즉 보통의 사람들이 하는 것보다는 훨씬 더 개방적으로 표현된 전심의 경우로 본다. 그의 흥분은 자신을 최고조의 이해로 나아가도록 추동하였다. 그는 '표현이 풍부' 하였다. 다시 말해, 그는 자신이 가지고 있는 지식과 '의사소통' 을 한 것이며, 사건들의 의미에 대한 반성한 것이다. 그가 경쟁적 달리기로부터 더 이상 학습이 불가능해졌을 때 그는 권태가 왔으며, 자신이 해 왔던 일에서 은퇴해야 할 것 같다고 말했다. (아마도 승리에 대한 육체적인 무력 또한 "권태"를 가져왔을 것이다.)

Kestenbaum이 언급한 것처럼, Rogers의 경우에, 그의 "자아와 세계는 상호 규정적이었다"(p. 93). Rogers는 스스로 레이스가 요구했던 것이 "되었다". 즉, 그는 레이스를 상당한 정도로 "통제한" 것이다.

물론 그의 레이스 경험은, 사실상 육체적인 것이었지만,—레이스가 가지고 있는 고통의 특성 때문에, 그가 레이스를 언제 그만둘지 결코 확신할 수 없었지만—그것은 또한 정신적인 행동이었다. Rogers는 자신의 레이스를 목하 수행 중인 것으로서 뿐만 아니라 이해되는 것으로서의 "분별의 산물"로 본 반성적 운동선수였기 때문에 수많은 사람들의 환상을 제대로 파악했다. 레이스를 시작하기 전에 타임리코더로 시간을 계측하는 그런 기계적인 로봇 같은 사람(mechanistic automaton)도 아니었으며, 종종 마라톤의 우승에서 보는 것처럼, 쓰러지기 직전에 결승선을 통과하기 위해 뛰어오를 수 있을 만큼 최대한 빨리 달리는 그러한 무모한 폭력가도 아니었다. 이러한 경우에 있는 어느 누구도 경험으로부터 효과적으로 배우는 사람들이 아니다.

마라톤 코스가 더욱 일상적인 경험으로 구성된 대부분의 삶보다는 주자들에게 더욱 억제되고 한정된 경험이라는 것은 분명한 사실이다. 그것은 대부분의 경험들보다 훨씬 더 분명하게 규정된 시작과 끝을 가지고 있다. 그러나 요청되는 강렬한 의도성의 수행은 완성된 경험의 과정을 위한 거의 완벽한 은유(그것이 수행되고, 명백한 단순성을 가지는 한에 있어서)이다. 삶과 마찬가지로, 그것은 언덕과 회전, 고통과 희열, 그리고 우연성으로 가득 차 있다.

게다가 마라톤은 수많은 참가자들이 있다는 것뿐만 아니라, 구경꾼과 같은 대리 참가자들이 존재하고 있다는 것 때문에도 삶과 같이 하나의 심오한 사회적 사건이다. Rogers의 지향호(弧)는 단지 경쟁자로서의 동료 주자들뿐만 아니라, 마라토너들과는 구별되어 나와 있는 사람들, 즉 음료수와 물을 건네주며 레이스 코스의 갓길에 서 있는 구경꾼들과도 연결되어 있다. 그 모든 사람들이 유의미한 타인들이며, 그들이 없이 마라톤은 아무런 의미도 산출할 수 없다.

여기서 우리는 주자가 마라톤의 경험으로 들어가게 되는데, 그것은 그 주자가 마라톤의 재미를 발견했기 때문이며, 그것이 과거와 미래의 삶에 대한 더 많은 의미를 완성하고 제공하기 때문이며, 또한 그가 노력에 대한 더 많은 자극으로 기능할 이유(조망된 결과)와 고도로 발달된 기술을 가지기 때문이라는 것을 알게 되었다. 그것이 순수한 학습 계획이다. 비록 그 어떤 주어진 레이스나 연습에서 학습의 증진이 작다 하더라도, 성공적인 마라토너는 학습자이며, 또 학습자가 되어야만 한다. 그가 이미 체화한 고도로 발달된 특성들은 그 다음의 결과들과 역동적으로 상호작용하며, 따라서 그 주자에게 "유도적인 통로와 세계 경험의 연결 조직들"(Schrag, 1969, p. 84)을 자기 통제하에 두는 능력을 제공해 준다—이런 경우에, 한정된 세계 경험은 레이스를 달리는 것과 승리하는 것에 생득적으로 내재되어 있다. 각각의 레이스는 재구성적 질문을 활성화하는 하나의 사례이다.

레이스에 적용되는 습관의 특성 때문에, 각 마라톤은 그 주자를 이전 사람과는 다른 사람, 즉 노력의 "추진력(propulsiveness)"에 의해 변화된 사람으로 남겨 두게 된다. 지식 때문에 생긴 능력, 즉 정통함(knowledgeability)은 부가적인 통제와 부가적인 즐거움, 그리고 부가적인 학습 능력을 낳는다.

Rogers가 교사 혹은 코치를 보유하고 있었다는 사실에서 세상과 좀 더 대칭적으로 비교할 수 있는 점들이 존재한다. 그의 멘토가 그와 함께 어떻게 활동하는지에 대한 구체적인 지식이 없다 하더라도, 그로 하여금 경험을 조직하도록 하고, 스트레스를 받은 상황, 즉 신체와 자연의 다루기 어려움과 저항 간의 긴장을 잘 다루며, 또한 반성적 활동에 내재한 잠재력을 잘 관리하도록 도와주는 경험적 학습의 촉진자였다고 생각하는 것은 쉽다. 마라톤 달리기는 방법적으로 한정되거나 혹은 관리된 자유 안에서의 실행이다. 다른 어떤 것들보다도 달리기를 가르치는 교사들은 경험으로부터 학습할 수 있는 그 흔하지 않은 능력을 가르쳐야 한다. 이런 경우, 그 경험은 아주 구체적이고 잘 구획된 그런 종류의 경험, 즉 시작과 결과, 그리고 경계가 잘 정리된 경험이다.

그리고 마지막으로, 각각의 마라톤은 전개되면서 영향을 미치는 한 편의 확장된 내러티브, 즉 하나의 이야기이다. 그것은 다른 계획들과 또 다른 가능성들을 형성하는 삶의 부분으로서 주자에 의해 구성된 하나의 내러티브이다. 그것은 그 주자가 잘할 수 있는 일들 가운데 하나이다.

내러티브, 학교교육을 다시 디자인하다

Narrative Schooling:
Experiantial Learning and the Transformation
of American Education

4부

# 산출: 경험 기반 프로그램

경험에 대하여 사고하는 것은 정확하게 사고하는 최상의 방법이다.

– Paolo Freire의 교육의 정치학(The Politics of Education)

# 10장 내러티브 충동

누군가가 영웅이라는 이야기 … 그가 이룩하였거나 남겨 놓은 업적을 포함하여 우리가 알고 있는 모든 것을 알고 난 후에야 그가 누구인지(누구였는지) 알 수 있는 그 누군가는 그가 어떤 사람인지(사람이었는지)만을 우리에게 말해 준다.

— Hannah Arendt의 인간의 조건(The Human Condition)

재구성적 질문(Reconstructive query)은 기계적 구조 및 교육의 도관 모형을 특징으로 하는 주체-객체 이원론(subject-object dualism) 모두를 배척한다. 자극-반응 그리고 다양한 제한적 조작을 통해 학습 조건을 통제하는 것을 최우선적으로 강조하는 도관 모형(conduit model)은 학생들을 분산시키고 그들의 능동적인 에너지를 억누른다. 이것은 종종 간접적인 결과가 아닌 직접적인 목적이 된다. 도관 모형은 젊은이들에게 매일 아침 눈을 뜨고 학교가 파하면 귀가하는 그들의 발달 프로젝트의 세계를 봉쇄하고, 그들이 처한 입장과 환경에서 매우 귀중한 프로젝트를 거의 제공하지 않는다. 그것은 경험에 관한 사고가 불가능하도록 만들며 자신들의 삶과 경험에 대한 줄거리 구성(emplotment)이나 경험에 대한 의미를 어디에 두고 해석할 것인가를 위한 교육 자료를 어떻게 활용해야 하는가 하는 문제를 완전히 방해한다.

대안 교육(alternative pedagogy)에 대한 비심리학적 접근은 학교교육을 경험된 세계의 힘(power)과 자유의 실행에 개방할 것을 요구한다. 재구성적 질문에서는 동화와 조작의 확산-수렴 과정을 통해 학습자의 습관이 재구성—학습이 발생—되며, 이를 위해 도관 모형의 엄격한 스콜라 철학은 지나칠 정도로 제한된다. 두 개의 주요 용어인 재구성(reconstruction)과 질문(query)은 학교 담장 너머로 활력 넘치게 뻗어 나가는 질서정연하게 정렬된 과정의 작업을 설명한다. 이것은 세계 속에서 생활하는 학습자들(learners-in-the-world)이 비록 그 세계가 지니고 있는 다루기 힘든 성질과 그 세계의 저항 및 역설에 익숙해진다 하더라도, 자신들의 의지 주체로서 소임을 다하고 세상에 문제의식을 가지고 참여하며 조작에 개방적인 마음을 지니며 교과 내용(subject matter)을 생활-프로젝트로 사용하는 교육 개념이다.

이러한 능동적인 존재의 질은 틀에 박힌 학교교육에서 뜻밖의 일에 대한 수동성 및 억압 때문에 소멸된다. 만일 교육이 그 과정 및 본질에 있어서 삶(life)과 관련성이 있다면 그것은 그 자체를 삶과 연관 짓는 방법을 찾아야 한다. 만일 학교교육이 철학자들이 일컫는 "가능화(possibilization)"의 문을 열지 않는다면 그것은 누군가에게는 잘못된 근거에 대한 의미가 되고 또 다른 이에게는 전혀 의미가 없는 속이 텅 빈 형식주의(formalism)가 된다.

도관 모형은 메커니즘에 대한 근원적 은유(root metaphor)의 결과물로서 의지 구성체(construction of will)로서의 자아(self)를 침해한다. 그것은 도덕적 및 정치적 발달을 제한하며 독단, 천박함 그리고 복잡성에 대한 혐오를 강화한다. 그것은 인간의 욕구 및 가능성에 대한 왜곡된 시각에 기초한 시스템이다. Paolo Freire가 자신의 혁명 프로젝트에서 기술한 바와 같이 그것은 억압의 도구다. 그것은 널리 퍼져 있는 개인의 실패와 사회적 불안에 기여한다. 우리는 경험적인 존재 원리를 기반으로 하는 근원적 은유가 필요하다. 그렇게 새로운 근원적 은유에서 우리는 프로그램을 발견하게 될 것이다.

재구성적 질문은 교육적 실행의 근본적 개혁을 위한 이론적 기반을 제공하지만 그것은 일정한 프로그램이 아니다. 그리고 그것은 교육자들이 실제로 해야만 하는 가치 있는 일에 관해 의문만 제기할 뿐 답을 제공하지는 않는다. 그것을 실천 가능한 형태로 바꾸기 위해 필요한 것은 여기서 시작된 질(quality)과 개념을 수용할 수 있는 체험적 구조, 즉 "조직 원리(organizing principle)" 이다. 우리는 Freire(1968)가 『피억압자의 교육(*The Pedagogy of the Oppressed*)』에서 기술하고 Courtney Cazden과 Dell Hymes(1978)가 지적한, 교사가 유일한 화자인 조작적인 관계(manipulative relationship)로부터 확장된 내러티브의 개념(그리고 사회적 현실)에서 중심적인 조직 원리를 발견한다. 학생들 사이에서 내러티브 충동은 해방도구(liberating instrument)가 될 수 있으며 그것을 통해 학생들은 경험의 흐름에 구조를 얹고 그들 자신의 삶과 학교교육의 전통적인 자료에 의미를 부여할 수 있다.

## 근원적 은유로서의 내러티브

이 책의 나머지 부분에서는 학교가 학생들이 자신들의 이야기를 구성하는 곳으로 또한 내러티브 의식을 개발하는 곳으로 적합하다고 여겨질 수 있는 개념을 정립하는 데 초점을 두고자 한다.

유기적으로 구성된 학습(articulated learning)으로서의 내러티브는 그 과정 및 구조에 있어서 거의 완벽할 정도로 재구성적 질문(탐구)과 동일하며, 그것은 근원적 은유로서 학습의 대부분의(전부가 아니라면) 요소를 적절한 경험으로 갖추고 있다. 좀 더 상세하게 논의될 사항으로 Donald Polkinghorne(1988)은 다음과 같이 적고 있다.

> 내러티브는 사건을 한데 모아 줄거리를 만드는데 이야기의 주제와 관련되는 사건은 중요성과 의미(signification)를 부여받는다. 줄거리는 여러 사건을 하나의 통일체로 형성하고, 그 사건들은 단순히 연속적이거나 독립된 우연적 사건에서 전체적인 주제(theme)에 공헌하는 의미 있는 사건으로 변형된다. 개별 단어의 의미와 기능이 그 단어가 들어 있는 문장이 이해될 때 명확해지는 것과 마찬가지로 개별 사건의 의의는 그것이 속해 있는 전체 줄거리를 이해할 때 분명해진다. (p. 143)

의미를 유발하는 줄거리 구성(emplotment)의 힘과 다른 구조적 요소들과 연관된 상호 간의 특질 때문에, 내러티브는 체계적이고 근본적으로 재구성적이며 표현력이 풍부하고 연계적이다. 따라서 내러티브는 재구성적 탐구에 놓여 있는 모든 비판적 과정이며 또한 재구성적 사이클에 기술되어 있는 것과 정확히 같은 방식으로 판단과 선택을 수반한다. 더 나아가 내러티브 "줄거리 구성"은 "주제화하기(thematizing)", 즉 사이클의 초기 단계에서 "계기가 되는(triggering)" 사건과 구분이 되지 않는다. 재구성적 탐구와 마찬가지로 내러티브는 다시 시작되는 끝을 만들어 낸다. (인생은 단편적인 사건의 연속으로 보이나 사실 그것은 지속적인 흐름 안에 있다.) 그것은 사람들이 의미-구성의 기초 단계에서 하는 일이지만 중재와 조정(mediation)의 대상이 되기도 하는데, 이는 학생들이 학교라는 배경에서 좀 더 풍부하고 복잡한 결과와 관련될 때 도움을 받을 수 있다는 것을 의미한다.

## 내러티브를 보는 관점

내러티브 연구와 이론 구축의 전 범위를 여기서 검토할 필요는 없다. 그중 일부는 전문적(technical)이고 난해하며 우리의 목적과 직접적인 관련이 없다. 그러나 이것만은 명확해 보인다: 내러티브 과정이 역사, 문학 및 신화를 산출하고 이것이 사회적 정체성과 개인적 정체성(문화와 자아) 발달에 중추적이기—주제화된(혹은 줄거리로 구성된) 경험이기—때문에 그것은 교육 및 학습과 떼려야 뗄 수 없는 관계에 있다.

내러티브는 교육의 과정뿐만 아니라 전 교과의 영역에도 관련될 수 있다. 내러티브가 사회과학, 문학, 비평, 심리학 및 정신분석, 언어학, 철학, 역사 그리고 심지어 자연과학에서 어떻게 작용하는지에 관한 연구는 최근 들어 급증하였고 이는 해석학적, 기호학적, 현상학적, 구성주의적—그리고 이에 따라 비심리학적—관점과 자주 연관된다. W. J. T. Mitchell(1980)이 편집한 저서에는 다음과 같은 다양한 인사들의 글이 수록되어 있다: Hayden White(역사); Roy Schafer(정신분석); Jacques Derrida, Paul Ricouer 및 Nelson Goodman(철학); Frank Kermode,

Barbara Hernnstein-Smith 및 Seymour Chatman(비평과 수사학); Victor Turner(인류학); 그리고 소설가 Ursula K. Le Guin.

자서전적 접근(autobiographical approach)을 수업 과정 연구에 활용하는 것에 대한 시사적인 학술 연구도 있다(Clandinin & Connelly, 1988; Connelly & Clandinin, 1987; Graham, 1989 참조).

내러티브 심리학에 대한 Theodore Sarbin의 연구(Sarbin, 1986; Sarbin & Scheibe, 1983)는 "내러티브 원리(narratory principle)—인간은 내러티브 구조에 따라 생각하고 인지하고 상상하며 도덕적인 선택을 한다"—를 밝히고 있다(1986, p. 8). Sarbin은 내러티브를 잠재적인 새로운 근원적 은유, 즉 "인간 행동에 대한 조직 원리(organizing principle)" (p. 11)로 취급하는데, 이는 인간이 지나간 삶의 경험에 의미를 구축하고 부여하는 수단이 된다.

우리는 과거를 설명하고 미래를 규정하기 위해—우리 삶을 이해하기 위해—이야기를 사용한다. Sarbin과 Mancuso(Sarbin, 1983)는 연구 보고서를 폭넓게 조사한 후에 다음과 같이 언급하고 있다:

> 보편적으로 인지되고 있는 사실: 입력된 자극들은 패턴으로 조직되고 그 패턴의 형식은 이미 습득한 지식의 영향을 받는다. 패턴은 … 내러티브 줄거리의 구성을 통해 표현되는 것 같다. 조직 원리의 기능을 하는 줄거리 구성(emplotment)은 무의미하게 투입된 자극들에 의미를 부여한다. (p. 235)

Sarbin(1986)은 내러티브를 근본적인 간(間)주관적인 인간 행위 내지 과정(human process)으로 본다. 이 근원적 은유는 사회심리학—기계적인 근원적 은유로는 인간의 사회적 행동을 설명하기가 불충분하여 약화되고 있는 분야—에서 효과적으로 사용되고 있다. 그는 다음과 같이 논의하고 있다.

> 행동을 통제하기 위한 근원적 은유의 힘은 심리학 이론가들이 기술적인 범주를 선택할 때 가장 잘 드러난다. 에너지와 힘의 전달을 근원적 은유로 삼는 메커니즘 세

계관은 자연에서 발견될 힘과 에너지를 찾아내어 통제할 것을 요구하였다. 심리학의 표준 어휘 목록—더 이상 이미지를 자극할 힘이 없는 죽은 은유 표현—은 그러한 에너지와 힘을 대신하는 용어—충동, 본능, 리비도, 인지, 강화 및 정신적 상태—로 이루어져 있다. 그것은 마치 인간애의 드라마를 비인격적인 물리력의 연극으로 축소시키는 도덕적 책무가 있는 것 같다. (p. 10)

Sarbin의 연구와 Mitchell의 저서 외에도 내러티브에 관한 최근의 세 논문은 내러티브 원리가 교육에서 수반할 수 있는 것을 명확히 하는 것과 관련하여 특별한 관심을 받을 만하다.

가장 빨리 발표된 논문은 Polkinghorne(1988)의 저서 『내러티브 인식론과 인문사회과학(*Narrative Knowing and the Human Science*)』*으로 내러티브 관점을 인문사회과학에 통합시키는 것에 대한 포괄적인 논쟁을 다루며 나머지 두 논문과 마찬가지로 내러티브를 자아의 성장과 연관 짓는다.

우리는 우리의 개인적 정체성과 자아 개념을 내러티브 형태(narrative configuration)를 활용하여 만들고 우리의 존재를 전개되고 발전되는 하나의 이야기 표현으로 이해함으로써 우리의 존재를 온전한 것으로 만든다. 우리는 자신의 이야기 속 한복판에 있으며 그 이야기가 어떻게 끝날지 확신할 수 없다. 또한 새로운 사건이 우리의 삶에 첨가됨에 따라 지속적으로 줄거리를 수정해야 한다. 그때 자아는 정적인 것이나 실체가 아닌 개인적 사건을 현재까지 발생한 것뿐만 아니라 앞으로 벌어질 일에 대한 예측을 포함하는 역사적 통일체(historical unity)로 구성하는 것이 된다. (p. 150)

Jerome Bruner(1990)가 쓴 『의미의 행위(*Acts of Meaning*)』**의 마지막 장, "자

---

* 강현석 외 공역(2009). 내러티브, 인문과학을 만나다. 서울: 학지사 출간

** 강현석 외 공역(2011). 인간과학의 혁명: 마음, 문화, 그리고 교육. 서울: 아카데미프레스 출간

서전과 자아(Autobiography and the Self)" (pp. 99-138)에서는 "화자와 타자(speaker and an Other)"* 사이의 내러티브 관계에서 발달해 나온 "교류 자아(transactional self)"를 소개한다(p. 101). 여기서 Bruner는 독점적인 표준화된 연구 방법론에 얽매인, 즉 "그 자체의 테스트 패러다임에 예속된" 반철학적 실험-경험 심리학(experimental-empirical psychology)을 대체하고 수정하는 새로운 "문화 심리학(cultural psychology)"의 철학적 기반을 찾고 있다(p. 102). Bruner는 테스트 패러다임이 시간과 공간 속에서의 주체를 동결시키기 때문에 인간을 단지 "정보 처리자(information processors)"로 여기며 경험한 삶이라고 볼 수 있는 유동적이고 역동적인 내러티브를 부정하고 중요한 인간 행위와 과정인 "의미-구성(meaning-making)"을 부인한다고 시사한다.

Mitchell의 연구물에 있는 몇 가지 논의와 크게는 Polkinghorne의 저서를 기반으로 Bruner는 자아의 이해에 이르는 길은 "자서전(autobiography)" 혹은 내러티브와 같은 구성주의적 과정을 통하는 것이 당연하다는 결론을 내린다. 또한 그는 연구 대상으로부터 유용한 내러티브 자료를 끌어내기 위해 동료들과 고안한 연구 프로토콜을 기술한다(pp. 123-136).

마지막으로 Anthony Paul Kerby(1991)의 좀 더 최신 저서인 『내러티브와 자아(*Narrative and the Self*)』는 "언어와 개인 사이의 관계"에 관한 철학적 담론이다. 그가 말하는 "유도 가설(guiding hypothesis)"에서 "자아(self)는 이미 정해진 내용이며 주로 내러티브 구조나 이야기 속에서 묘사되고 구현된다"(p. 1). Kerby에 따르면 "우리가 말하는 이야기는 우리가 되어 가는, 그리고 … 시각의 방식, 우리에게 좋은 일과 나쁜 일, 또한 가능한 일과 그렇지 않은 일—우리가 될 수도 있는 사람을 구성하는 것—의 일부분이다"(p. 54).

Kerby에게 내러티브는 발달적 자극체의 한 종류이다. 이야기는 "거기"에서 단지 들려주기를 기다리지 않고 재구성적 탐구에서처럼 말하는 상황에 따라 구성된다. 이야기는 우연적(contingent)이고 발생적(emergent)이어서 (교사와 같은) 타

---

* 상호 교섭 속에서 구성되는 자아

인의 조정에 영향을 받는 것 같다. 그는 "내러티브 표현이 단지 정보의 소통이 아닌 구성적이고 종합적인 활동이다"라고 주장한다(p. 92).

## 경험 구성체로서의 자아

이상의 연구자들은 이야기(stories)가 "자아(self)"—Richard Zaner(1981)가 현상학적 해석에서 명백히 밝힌 바와 같이 매우 복잡한 주제—를 구성하는 데 경험을 활용한다고 시사한다. "실제로 우리는 무엇을 생각해야 하고 어떤 방식으로 우리의 사고가 진행되어야 하며 언제 '자아'에 관해 사고할 것을 요청받는가?"라고 Zaner는 묻는다. 그는 개념적으로 방대하고 계몽적인 자신의 저서에서 자아라는 주제에 관해 다음과 같이 기록한다.

> 중요한 점은 인간은 자아의 표현이며 여러 자아들 간의 상호 교차점이라는 것이다. 따라서 "인간 전체" 그리고 "인간 세계"에 초점을 맞추는 어떠한 학문—사회과학과 행동과학, 역사, 신학뿐만 아니라 생명의학, 의료 업무, 그리고 법적 및 교육적 관심사—도 이해와 정당성을 위해 "자아" 현상의 해명에 의존한다. (p. 113)

Bruner(1990) 역시 자아의 개념이 인간의 본성에서 관찰 가능한 것이 무엇인지에 대한 철학적 언쟁에 뒤엉키게 되면서 "특이할 정도로 왜곡된 역사를 지니고 있다"고 언급한다. 그 주제에 관한 10쪽 분량(pp. 99-108)의 논쟁에서 그는 자아에 대한 관심이 심리학이 철학을 거부하고 인간행동에 대해 과학적 연구를 채택해 버림으로써 희생물이 되었다고 말한다. 자아는 최근까지 학습이론의 미궁 속에서 상실되었다. 연구 대상이 대개 쥐와 원숭이일 때 "자아" 개념에 대한 관심이 거의 있을 수 없다!

여기서 자아는 성장 과정의 결과로서 다루어지며, 또한 주체적인 개인과 세계와의 관계, 즉 개인이 내러티브로서의 경험을 통해 지식을 접하고 활용하는 세계 사이에서 이루어지는 구성적인 변증법적 관계의 결과로 다루어진다. 개인이 자기를 방어하거나 조작하려는 등(추리-통달 자극에서처럼) 여러 이유로 인해 자신의 이야기를 숨기기로 했다 할지라도, 내러티브는 그들 경험의 틈에서 이미 서술된 상태에 있으며 그들이 개별적으로 되거나 혹은 되고자 추구하는 자아 속에서 표현된다.

Kerby(1991)는 자아가 "내러티브 줄거리 구성의 산물"(p. 83) 혹은 주제 만들기(주제화)로 여겨질 수 있다고 제안한다. 인간은 그들의 이야기를 과거를 설명하고 미래를 계획하는 핵심 주제(core themes)에 입각하여 경험적이고 반성적으로 구성한다. 그러나 이보다 더한 것이 있다. 이야기 말하기는 이야기를 표현할 자아와 이야기를 들어줄 자아들의 존재와 참여(presence)를 함축한다. 내러티브는 이야기뿐만 아니라 행동에서도 표출된다. Polkinghorne(1988)은 다음과 같이 논의한다.

> 하나의 개인을 타인과 구별하도록 하는 것은 발견(discovery)뿐만 아니라 구성(construction)이다. 왜냐하면 그 사람의 이야기는 끝이 없는 미완의 것이기 때문이다. 내러티브로서의 자아실현은 그가 어떤 사람일지 상상하고 이것이 그가 되고 싶어 하는 모습인지를 판단하기 위해서 그에 대한 것을 한데 모으는 역할을 한다. 삶은 단지 이야기 글이 아니다. 삶은 경험되는 것이고 이야기는 들려주는 것이다. 삶의 이야기는 경험한 삶에 대한 재기술(redescription)이며 자아의 양상(aspects)을 통합하는 수단이다. (p. 154)

내러티브는 인간이 행위(aetion), 반성, 그리고 (표현이 풍부한) 언어를 통해 그의 삶에 의미를 부여하기 위해 자극을 주는 통합적인 기능과 작용을 표출한다. 즉, 우리의 삶에 유의미한 매개 기능을 수행한다고 볼 수 있다. 그것은 Justus Buchler의 판단에 대한 모범적 사례에서 알 수 있다. 지금 여기에서부터 결과가 예견된 목적(ends-in-view)으로 향하는 길(way)은 반성적인 내러티브 통로(path)가 된다.

그리하여 능동적이고 주체적인 행위이자 매개(agency)로서의 내러티브는 내러티브가 아니었더라면 무의미하고 무력했을지도 모를 우리의 삶에 통제수단을 더할 수 있다. Alex Haley는 그가 쓴 『뿌리(*Roots*)』—아프리카계 미국인 가족에 관한 아프리카 태생에서부터 현재까지의 역사를 재구성한 책—에 관해 공중파의 인터뷰에서 내러티브 과정, 즉 노예로 출발해서 근대 미국에서의 삶에 이르기까지 자신의 가족이 전설적으로 통과한 의례적인 경험 이야기가 경제적이고 사회적으로 애매한 상황에서 어떻게 그 가족에게 힘을 실어 주고 "뿌리내리게 했는지"를 이야기하였다.

내러티브와 재구성적 탐구는 각각의 필수적인 과정에서 강조된 경험의 양극성(polarity)을 중재하기 때문에 통약 가능하다. Ernest Keen(1983)은 Sarbin의 책에서 다음과 같이 논의하고 있다:

> 내러티브의 구조는 경험을 기반으로 하는데, 이는 시간 스케줄(timeline)에서 뻗어 나와 순서뿐만 아니라 우리의 경험을 한데 모으는 복잡하지만 질서가 있는 관계에서 동기, 이유, 기대 그리고 기억을 전달한다. 그렇게 질서정연한 관계, 즉 경험 그 자체의 구조는 틀림없이 내러티브이다. 경험은 이야기처럼 한데 모인다. 내러티브가 경험적 구조를 지니는 것과 마찬가지로 확실히 경험도 내러티브 구조를 지닌다. (p. 176)

내러티브는 명백하게 '경험적인' 현상이다. 그것은 문명화만큼 오래된 것이다. 아마도 심지어 문명화와 상응한다고 볼 수도 있다. 경험을 내러티브로 변형하는 데 있어서 복잡한 전환(conversion)의 과정이 있다. Kerby(1991)는 "내러티브 자체는 늘 경험 그 자체와 일치하려고 애쓰거나 경험 그 자체가 되기에 충분하다" (p. 38)고 주장한다. 이러한 전환의 과정은 더 큰 힘, 조직하고 구조화하려는 충동(organizing impulse), 감각(혹은 의미) 형성의 인간적 성향 혹은 타고난 경향에 대한 기본적인(fundamental) 인간의 충동이다. Bruner(1985)는 그것을 가리켜 세계를 만들고 해석하는 "단순화하고 축소할 수 없는 환원 불가능한(irreducible)"

수단이라 하였다(p. 97).

내러티브는 획득되고 동화된 지식을 단순히 보도하고 전달하는 일(reporting)이 아니며 의미의 부여를 통한 지식의 창조이다. 인간은 그들의 이야기를 하기 시작하면서 과거에 이미 발생한 사건과 미래에 일어나길 바라는 사건에 의미를 부여하며 현재를 근거로 미래를 형상화한다. 그들은 생각하고 느끼며 창조하고 질서를 도입한다. 그러한 수단을 통해 그들은 세계의 요구(imperatives)에 응하며 발달하고 성장한다.

내러티브라는 근원적 은유는 학교에서 성공에 대한 준거를 암암리에 변경할 것이다. 현 체제 아래의 학생들은 그들의 행동을 준수와 책임의 규범적 기준—정규 출석, 학교 활동 참여, 적절한 몸가짐의 규정 준수, 또래들과의 성공적 관계, 권위 존중, 체제를 수용하는 "선량한 시민"의 역할 수행, 교육과정을 구성하는 교과과정에서 좋은 성적 취득, 그리고 당연한 것으로 여겨지는 능력과 일반적으로 부합하는 것 같은 표준화된 특정 도구에서 점수 얻기 등—에 맞출 때 스트레스를 받는다.

다음 장에서 살펴보겠지만 이러한 규범적인 기반들은 내러티브 원리하에 운영되는 학교에서 상당히 변모할 것이다: 교육과정은 내러티브 과정을 위해 적용될 것이고, 권력과 권위의 문제는 학습 과정에서 불필요한 것으로 치부되어 효력을 상실하고 주변으로 물러날 것이며, 출석 준거는 수정될 것이고, 학생들은 그들 자신의 발달과 개발에 있어서 주체가 될 것이며, 교직원은 "도관"이 아닌 자원으로 교육에 임할 것이다.

폐쇄되었던 많은 것들이 개방될 것이고, 학교는 학생들의 자아개발에 도움이 되는 주제와 더불어 학생들의 경험에 의해 주도되는 학습 공동체가 될 것이다. 따라서 여기서 논의된 아이디어는 중요한 실행과 운영상의 결과들을 낳을 것이다.

Allen Graubard(1972)는 1960년대의 자유학교 운동에 대해 동정하고 지지하는 그러면서도 비판적으로 차별화하는 연구를 하면서 다음과 같이 언급한다: "내가 지금까지 기술했던 학교의 종류에 있어서 교육과정 및 방법의 문제와 가장 일관성이 있어 보이는 곳은 일종의 목적—말하자면 정치적, 사회적 혹은 도덕적 목적—을 잘 알고 있는 곳들이다" (p. 246).

내러티브 원칙은 이러한 종류의 유목적적인 일관성을 틀림없이 갖추고 있는데, 이는 학생들이 생활하면서 경험한 것에 도달하기 때문이다. 그것이 자극하는 강력하고도 해방된 과정은 교육을 인간의 목적에 좀 더 민주적으로 대응하는 쪽으로 돌린다. 대안적 근원적 은유로서의 내러티브는 자아의 발달, 표현, 연계 및 육성에 전념하는 과정을 위한 계획된 구조를 제공한다.

# 11장 내러티브 실천으로 가는 길

자아(ego)는 "역사"의 통일체 안에서 스스로의 힘으로 스스로를 구성한다.

– Edmund Husserl의 데카르트 명상록

재구성적 탐구에서 표현된 경험적-내러티브 원리에 기초하여 우리는 교육적 사업을 어떻게 조직할 것인가? 그것은 어떻게 작용하며 그것의 결과는 어떠할 것인가? 그것은 도관 모형의 결함을 어떻게 바로잡을 것인가? 또한 그것은 때때로 금세기 대안교육의 특징이었던 허점과 우둔함을 모면하기 위해 체계화될 수 있는가? 이 책의 나머지 부분에서는 이러한 쟁점을 탐구하는 데 주목하고자 한다.

경험 교육학을 정의하고 그것이 실제로 어떻게 작용하는지를 구체화하려던 나의 약속과 노력은 과연 조기에 실증이 가능한지에 대한 회의로 다소간 경감되었다. 그러나 좀 더 실천적인 고려 사항을 검토하고 떠맡아야 할 시점에 도달하였다. 만일 중요한 개혁이 발생한다면 교육에 관한 사고의 전환(transformation)은 틀림없이 필요하다. 그러나 이것이 성취된다 하더라도 그 다음은 어떤 일이 벌어질 것인가? 교사와 학생들은 새로운 근원적 은유의 영향을 받는 교육 시스템에서 시시각각이 아니라면 최소한 때때로 혹은 나날이 "내러티브 원리"에 맞춰 무엇을 할 것인가?

## 내러티브를 실천에 옮기기

교사와 모든 수준의 학생들은 널리 퍼져 있는 기계론적 은유의 뿌리에 걸려들어 표준화된 시험 점수의 강박관념 및 이와 관련된 통제와 조작의 이데올로기 덫에 빠져 있다. 학교생활을 구성하는 규칙성이 여기서 명시된 방향으로 수정된다면 이것은 뿌리 수준에서 변화되어야 한다. 스승과 제자가 경험한 삶은 내러티브 학교에서라면 분명 다를 것이다. 내러티브 학교교육은 학교에 존재하는 서로 다른 방식을 내포한다.

따라서 이것은 체계적이고 총체적인(systemic) 변화임에 틀림없다. 요지는 이것이다. 내러티브 근원적 은유에서 생성된 원리는 초등학교에서 시작하여 중등학교에 이르기까지 모든 수준의 학교교육으로 스며들어야 한다.

어린 학생들은 읽고 쓰고 셈하는 법을 배울 때처럼 내러티브 방식으로 사고하도록 훈련받아야 한다. 그러면 중등학교 교육과정을 추진할 좀 더 정교한 내러티브 구성에 합류할 수 있다. 사실 "과정 쓰기(process writing)" 와 같은 기본 기능이나 수학과 같은 중요 과목을 지도하는 좀 더 재미있고 생산적인 방식은 내러티브 원리에 기초한 방식 그 자체이다(Frankenstein, 1989; Shor, 1992 참조).

그러나 중등학교 수준에서는 좀 더 급진적인 변화가 일어날 것 같다. 그 이유로 이 장의 나머지 부분은 중등학교에서의 내러티브에 집중할 것이다. 지나간 경험에 관해서라면 고학년 수준의 특징이 되지만 반면에 사물의 이치상으로 보면 생활과 학교 사이의 경계는 저학년에 훨씬 잘 스며든다. 초등학교는 이미 내러티브 이전의 원리를 운용하는 것 같다. 어린이들은 희망과 열정을 가지고 학교교육을 시작하는 경향이 있다. 그들의 상호 의존성과 천진난만함 속에서 그들은 감출 것이 없다.

내러티브 원리는 한편으로 유아들 내에서 스토리텔링, 즉 이야기-들려주기(story-telling)와 이야기-쓰기(story- writing)처럼 널리 퍼져 있는 전통에서 견고하게 확립된다. 어린이들은 이야기를 듣고 그 이야기를 어른들과 서로서로에게 들려주는 것을 학습함으로써 언어 기술을 배운다. James Mancuso(1986)와 Brian

Sutton-Smith(1986)와 같은 연구자들은 유아들이 허락을 받기만 하면 이야기를 들려주고 싶어 한다는 직관적 지식(intuitive knowledge)을 재확인한다. 어린이들은 유아기에 내러티브 이전의 놀라운 행동 신호를 보이며 그 후 발달 스펙트럼을 따라 좀 더 복잡해지는 수준에서 내러티브 언어활동에 참여하게 되는데 그들이 들려주는 이야기와 말하는 방식에는 주제의 일관성이 있다. 3~4세가 되면 서로서로 혹은 어른들에게 일상에서 벌어지는 사건에 대해 이야기를 들려줄 수 있다. 이러한 발달 에너지는 초등학교 수준에서의 기능 발달로 이어진다.

Mancuso는 성숙을 향한 발달이 사람들로 하여금 스토리텔링 능력에 공헌하는 방식으로 지식을 흡수하도록 하는 "내러티브 문법 구조"의 증대된 습득을 (이상적으로) 수반한다는 명확한 증거를 언급한다. 이 모든 것은 저학년에서 지속되며 다양한 교육 및 사회정치적 이유로 그곳에서 생존하도록 허용되는 듯하다. 확고한 방향과 선견지명으로 이렇게 자연스런 경향은 프로그램 형태를 취할 수 있다.

그러나 고등학교에 이를 때까지 자율성(autonomy)을 향한 학생들의 에너지와 의욕은 우선순위를 지닌 교과와 허가증 및 기타 지나친 제한 때문에 심각하게 억제되고, 개인 경험의 의미와 그것의 지도력은 대개 무시된다. 학교가 학생들로 하여금 그들의 진화하는 이야기로부터 분리시키는 데에는 시간이 소요된다. 점차적으로 교과는 통제 장치로 작용하고 세계를 멀리하면서 밀폐된 개념 용기를 인계받는다. 이런 환경에서 학생들은 규정된 학습을 회피하는 데 좀 더 진보적인 기술을 갖추게 된다.

나이가 든 학생들은 육체적으로 좀 더 문제가 된다: 그들은 몸집이 커지고; 좀 더 역동적이며; 경험이 풍부해지고; 잠재적으로 좀 더 위협적이고 "위험"하며; 주체적 행위, 친밀감 그리고 성(sexuality)과 관련된 일에 몰입한다. 그들은 많은 일에 대해 박식해지는데 그러한 일 모두가 주로 학교의 범주 안에 있는 것은 아니며 학교가 학습한 쟁점(issue)은 그들에게 심각한 정치적인 문제를 부과한다.

이때가 의존성, 자율성, 세계로의 이동 및 불안정성이 가장 문제시되는 시기이고 대인관계의 문제가 가장 첨예한 시기이며 학교는 학생들의 생활과 환경에서 격렬하게 원심분리가 되는 힘을 억누르는 것에 사로잡히는 시기이다. 이때는 교육주기에 있어서 학교가 세계와 가장 공개적으로 경쟁하는 시기이며 그 세계를 내러티브를 통해 학교로 가져오는 것으로부터 얻는 것이 많은 때이다.

학생들은 더욱 유동적(mobile)이기 때문에 만일 그들의 관심 대상이 직업과 관련되고 자아의 진화라는 말로 정의내릴 수 있다면, 그때가 바로 그들이 세계를 좀 더 결실 있게 활용하기 위해 일정한 상태에 머물게 되는 발달주기의 휴지 기간(interval)인 것이다.

중등학교 기간에는 어느 정도의 재구성적 개혁이 몹시 필요하다. 학교의 소문난 "실패"는 여기서 가장 두드러지며 이 시기에서의 교육과정은 가장 혼란스럽다. 경험에 저항하는 결과가 가장 참혹하다. 대부분의 대도시 중심가에 있는 고등학교의 특징으로 보이는 매우 높은 중퇴율(dropout rates)과 폭력 및 범죄 행위의 이면은 "위기"를 가장 극적으로 보여 준다. 그러나 도시 외곽 학교에서조차도 타인의 실패를 대가로 얻은 지루함, 권태 그리고 성공이 널리 퍼져 있다. 만일 학교가 제대로 돌아가지 않는다면 실패와 그 실패의 결과가 가장 생생하게 드러나는 곳이 바로 여기다.

그래서 중등학교와 초등학교는 일종의 상호 보조적인 리듬(reciprocal rhythm)으로 재구성되어야 한다. 각각 변화함에 따라서 나머지 한쪽은 요구받는 대로 그 실천(practices)을 수정할 것이다. 그러나 이는 중등학교에서는 힘든 과업이 될 것이다. 이러한 설명은 초등학교 이후의 소용돌이 기간에 집중하는 이유이기 때문이다.

* * *

만일 새로운 이상적인 중등학교가 이름을 갖게 된다면 좀 더 쉬운 내러티브를 형성할 수 있다. 원시사회와 문명화, 지속성과 변화, 낭만적인 것과 "현실 상황", 억압과 자유 그리고 선과 악 사이의 긴장감에 대한 Mark Twain의 가상적 내러티브의 중심인물 이름을 딴 'Huckleberry Finn' 학교보다 더욱 적절한 것은 무엇인가? 중심 은유인 거대한 Mississippi와 더불어 'Huckleberry Finn'은 경험의 흐름에 관한 것이고; 변화, 과도기(transition), 성숙 그리고 미래의 도래에 관한 책이다. 그것은 성장에 관한 것이고 세계의 애매모호함(ambiguities)과 행동으로부터 도덕적 원리가 발생하는 것을 수용하는 것에 관한 것이다. 그것은 경험에서 나온 학습을 통한 변형에 관한 것이다. Huck 자신은 학습의 대부분을 학교 밖 세계에서 획득했기 때문에 그 자신은 학교교육에 대한 신랄한 비평가이다.

여기서 출발한 Huck Finn 학교는 내러티브 원리를 일상생활과 정책에 구현해야 한다. 아래의 운영 원리는 내러티브 프로그램을 실행하는 유일한 방식이 아니라 근본적인 변화 없이 새로운 근원적 은유를 반영하고 지원하기 위해 고안된 것이다.

## 강압에서 벗어나 책임감 있는 자유 운동을 향하여

Huck Finn 고등학교는 "자유주의" 학교—"건강한 무질서"와 발달 변형(developmental mutation)을 위한 공간—이다. 어떤 요소에 있어서든 임의적으로 강제적이지 않다. 민주적 방법으로 수집되지 않았거나 학교 프로그램의 목표를 달성하는 데 도움이 되지 않는 강제 출석, 허가증, 돌아다니는 것(예를 들어, 화장실 가는 것)에 대한 임의적 제한, 그리고 다른 모든 속박과 제지는 제한된다. 단지 안전 및 적정한 질서 기준에 꼭 필요한 것만 존재한다.

강제 출석 및 다른 억압적 조치를 폐기하는 목적은 자유에 대한 약속 그 자체 때문만은 아니며 실천적인 이유 때문이기도 하다. 만일 학교과정이 책임감 있는 자유를 가르치는 것이라면, 환경의 통제—그리고 누군가의 육체 및 환경에서의 표현의 통제—를 학생들에게 맡겨야 한다. 그들은 자유롭게 창의적인 무질서, 즉 억압보다는 더 풍부한 잠재적 학습 자원을 선택해야 한다. 자유주의 학교는 목표를 위한 에너지 표출을 안전하게 하면서 모든 구성원들이 체화(embodiment)* 감각을 확립하도록 한다. (Mark Twain의 Huckleberry Finn과 같은 사람이 실제로 존재한다면 그는 온전히 구현된 사람이다! 문명화의 부패와 모순이 장막을 드

---

* 신체적 참여, 육체화, 신체적 참여를 통해 구체적으로 실현하는 것을 의미

리우자 그는 "영토를 위해 불을 밝혔다.") 체화(한 개인이 목표 달성을 위해 자신의 육체와 마음을 자유롭게 사용하는 심리적이고 사회적인 상태)와 "가능화(possibilization)"는 상황과 관련된 특질이다. 우리는 그곳에서 우리의 육체를 사용하는 방식을 통해 우리의 위치와 공간(place)을 정의한다: 각기 다른 육체적 태도는 공공 장소보다는 각자가 "소유한(own)" 공간에서 가능하다. 따라서 누군가의 환경을 소유하는 것은 구현의 중요한 양상이다.

Huck Finn 고교는 구조 내에서의 자유(freedom-within-structure)를 지향한다. 아마도 이것에 대한 좋은 은유는 농구경기일 것 같다. 농구를 할 때 선수들은 하나의 구조 내에서 목표에 집중하고 수행하지만 그 목표를 달성하기 위해서 가능성의 한계를 반복적으로 밀어붙이며 경이로울 정도로 그들의 육체를 자유롭게 움직인다(Michael Jordan을 보라). 움직임이 엄격히 규정되고 체화(embodiment)에 극심한 제한이 주어지는 가부키(일본의 전통 가무극)처럼 제한된 상황에서 경기를 한다면 그 경기가 어떨지 상상해 보라.

체화하는 유기체로서의 자아(self)에 관한 책에서 Richard Zaner(1981)는 만일 우리가 구현을 표현할 능력이 없다면 우리는 어떤 상황에서든지 진정으로 존재하는 것이 아니라고 암시한다. 이것은 학생으로 붐비는 학교조차도 질적인 면에서는 텅 비는 이유—왜냐하면 수업과 수업 사이의 순간을 제외하고는 구성원들의 자기표출인 생활이 없기 때문에—를 말해 준다. 내러티브는 각자의 판단 형식에 따라 처신하기 위해서 표현의 자유와 분명히 말할 자유(freedom to articulate)를 요구한다.

체화의 결핍은 인간이 충분히 기능하는 데에 있어서 장애이기 때문에 체화는 필수적인 것이다. 현상학자인 E. L. Murray(1971)는 다음과 같이 쓰고 있다.

> 육체 덕분에 인간은 세상에 존재한다. … 의식의 육체화(bodiliness) 및 육체의 의식화로 인해 인간은 그가 사는 세상을 구성한다. … 공간성(spatiality)은 경험세계에서 너무도 두드러져 단지 인간의 의식적인 육체화(conscious bodiliness)라는 용어만으로 이해될 수 있는데 이를 통해 인간은 앞과 뒤, 좌측과 우측, 여기와 저기, 가까운 곳과 먼 곳을 경험한다. (p. 320)

체화(embodiment)를 수직-수평 차원과 함께 생각해 보는 것은 유용하다. Bernd Jager는 수평 및 수직적 삶의 방식을 명확히 구분한다. 수직성은 무미건조한 지성, 유아론(solipsism), 홀로 서기 그리고 추상(abstraction)—지적 및 정신적 분리와 이탈(disengagement)—같은 도관 모형의 자질이다. Jager(1971)는 다음과 같이 언급하고 있다:

> 수직적 차원의 모든 양상과 연관된 하나의 주제는 서로 직면하는 상대가 부재한다는 점이다. 수직적인 것은 수평적인 것—접촉, 직면, 육체적 존재의 우연, 그리고 사랑의 경험에서 나온 의존성과 취약성—으로부터의 탈출(flight)을 구성하는 것과 같다. 따라서 수직적인 것은 이때까지 다른 사람들 내에서 일상생활의 요구로부터 도피 수단으로 등장하였다. (p. 226)

수평성(horizontality)은 불확실성에 완전히 개입해 있는 것이며 그 자체로 불완전하고 탁한 세계에서 살아가고 있는 것의 실체이다. 수직성의 가장 극단적인 형태는 강경증(catatonia)으로 보일 수 있고; 수평성의 가장 순수한 형태는 완벽한 조합이며 소통이고 간주관적인 경험에 대해 완벽하게 이해하고 환대하는 것(hospitality)이다.

단지 수평적인 지각의 위치에서 우리는 우리 관점의 수평선을 향해, 그리고 학습이 발생하는 가장자리를 향해 이동할 수 있고; 수평선을 향한 이동에서만, 우리는 가능성을 향한 그러한 술책으로부터 발달할 새로운 자아에 접근할 수 있다. 성장과 발달은 목적, 즉 예견된 목적을 향한 움직임에서 나온다.

도관 모형은 매우 적은 수평성을 허용하고 교과를 수직화한다. 재구성적 탐구는 조작 및 동화작용의 양상에서 수직과 수평을 통합한다. Huck Finn 고교에서는 수직성이 근본적인 수평적 자극에 의존하지만 세계의 학습자는 어떤 유형이 주어진 시간에 적절한지 선택해야 하고, 표현적 판단(expressive judgement)을 향한 동향에서 그 둘 사이를 자유롭게 왔다 갔다 할 수 있어야 한다.

중등학교 수준에서 의무 출석의 문제(issue)는 솔직하게 다루어지고 해결되어야 할 때가 되었다. 의무출석을 시행하는 것은 값비싼 관료주의적 악몽이며 이는 최소한 부적절한 경찰국가(police-state) 전략으로 가득 차 있다. 의무적인 학교 출석은 효과가 없고 오늘날에는 본래 목적에도 도움이 되지 않는다. 그것은 이제 관습에 얽매이지 않는, 자유로운 정책이 아니다. 그것은 어느 누구의 관심도 충족시키지 않으며 사실 아마도 가장 중요한 것은, 그것이 학교로 하여금 학습이 모든 사람들에게 매력적인 것이 되도록 하는 방식으로 스스로를 재구성하는 것을 피하도록 한다는 것이다.

Judson Jerome(1973)은 다음과 같이 언급하고 있다.

> 의무교육은 의무적 사랑처럼 용어 자체가 모순이다. 그리고 누군가 배울 수 있는 강요(compulsion)가 있는 곳에서는 읽기, 쓰기, 그리고 셈하기 대신 강요를 배운다. 그는 유순하거나 반항적인 태도를 배우고 생각 없이 장시간 가만히 앉아 있는 것을 배우며 권위적인 인물을 두려워하거나 증오하거나 혹은 병적으로 의존하는 것을 배운다. 확실히 교육의 요소는 사라지고 없다. (pp. 107-108)

학교 중퇴는 때로 초기 단계의 비행(delinquency)으로 보인다. 그러나 그것은 잘 알고 내린 선택으로도 보일 수 있다. 졸업 전에 학교를 중퇴하는 학생들은 스스로를 학교에 계속 다니는 것을 타당한 내러티브 도식(scheme) 안에 담아 두지 못했다. 그래서 그들은 이 결론이 얼마나 비뚤어진 것으로 판명되든지 간에 시간을 때울 더 나은 곳이 있으리라 느꼈을 수 있다. 그러나 타당해 보이지도 않고 누군가의 자아감을(그것이 얼마나 깨지기 쉽고 불완전하든지 간에) 침해하는 경험을 그만두는 것이 부당한 선택이라고 주장할 수는 없다. 이것을 믿는 것은 누군가 자신의 관심 밖의 방식으로 의도적으로 행동한다는 것을 믿는 것이다.

중퇴 문제에 대해 숙고해 본 사람들 중 Edgar Friedenberg보다 더 나은 효과로 (혹은 기민함으로) 그리 한 사람은 없다. Friedenberg(1965)는 중퇴 문제가 계층의 문제라 믿는다.

> 나는 중퇴하는 학생들이 … 부분적으로는 학교의 중산층 삶에서 나온 도덕적 반감 때문에 발생한다고 생각한다. 그들은 도덕성을 적군의 편에 있는 케케묵은 것으로 보기 때문에 스스로 자신의 감정을 도덕적 혐오로 결코 식별할 수 없었다. (p. 147)

그리고 그는 계속해서 그러한 학생들을 붙들어 매기 위해 학교는 그들의 삶, 경험, 현실을 보는 관점을 진지하게 받아들여야 한다고 말한다. "그들의 언어, 의상(dress), 그리고 가치관을 탐구를 위한 출발점으로 … 자신의 삶의 의미를 탐구하도록 돕는 방식으로 받아들여야만 한다"(p. 149).

중퇴는 반항자 행동(oppositionist behavior)의 최종 형태에 불과하다. 대부분의 학교 중퇴자들은 법이 그들 스스로 나갈 수 있도록 하기 훨씬 전부터 정신적으로 낙오되었다. 그들 대다수가 학교를 통해 장래의 가망을 빼앗기고 단지 무의미한 작업만을 기대해야 한다는 것을 이해하게 되었을 때, 그들은 왜 스스로에게 무의미한 경험을 버려서는 안 되는가? 철회하는 선택을 나약한 행동으로 보는 것이 언제나 정확하지는 않다. 그것은 잘못된 선택이고 잘 모르고 결정한 실패한 일일 수 있으나 그것이 불합리하고 터무니없는 것은 아니다. 이런 선택은 적어도 중퇴를 결심한 학생들에 관해서 만큼 그 학교에 관해서도 드러낸다.

분명 학교는 고객들에게 의미 있는 곳이어야 하고, 유용하고 의미 있는 삶이 구축될 내러티브 도식 혹은 틀(latticework)을 제공할 책임이 있다. 이것을 부정하는 것은 구성적이고 타당한 인간 발달의 본질을 부정하는 것이며, 현대 미국인 삶의 맥락에서 교육적 경험의 의미 검토를 회피하는 것이다.

이렇게 복잡한 문제를 해결하는 첫 단계는 의무교육 규정을 철회하고 최소한 중등학교 수준에서의 학교로 하여금 본질적으로 설득력 있는 학교교육의 형태를 통해 학생들의 시간을 허용토록 하는 것이다. 만일 이것에 대한 답이 해방된 젊은이들이 범죄, 비행 그리고 다양한 종류의 나태하고 비생산적인 활동—어린 나이에 딱히 할 일이 없어 선택하는 일—을 선택하는 일일지라도 그것은 중요하다. 만약 정치적 및 경제적 시스템이 이런 종류의 어려움을 낳는다면 우리가 학교라 부르는 제도의 결합체는—어린 네덜란드 소년이 물이 새는 제방의 구멍을 필사적으로 틀어막은 것처럼—진정으로 근본적인 해결책을 규정하기 위한 사회 및 정서적 지원 없이 이러한 난관을 홀로 헤쳐 나가야만 하는가? 학교는 단지 그 정도만큼만 할 수 있다. 만약 자유로이 그렇게 한다면 그런 상황의 전개를 배제하려고 기능을 발휘할 때, 학교는 불만을 품을 것이라고 추정하는 자들을 위한 감옥으로 기능할 필요는 없다.

학교에 가는 경험이 확실하지 않고 억압적일 때의 해결책은 더 많은 불확실성과 억압이 아니라 인간 욕구 및 인간 발달의 필수사항을 다소 수용하는 것이다. 심도 있는 학교 개혁은 만일 그것이 성장 및 기회의 잠재력을 제공했다면 아마도 중퇴자들을 학교로 복귀시킬 진정한 쟁점을 중심으로 조직화하고 상호작용할 것이다.

달리 가정하는 것은, 사춘기 아이들은 그들이 원하는 것을 알 수 없고 자기 자신의 학습에 대한 적절한 상황을 판단할 수 없다는, 만일 있다손 치더라도 자기충족의 가정이다. 이러한 쟁점에서 우리는 다시 한 번 목적-수단 질문이 교육에서 어떻게 작용하는지를 보게 된다. 의무교육을 지지하는 19세기 논쟁 중 하나는 만일 세금이 부과된 자산을 지닌 사람들에게 과세가 의무적인 것이라면 학교 출석은 당연시되는 수혜자에게도 마찬가지로 의무적이다. 이는 결함이 있는 삼단논법이나 그럼에도 불구하고 우리 역사를 통틀어 일관적이었던 태도였다.

Michael Katz(1987)는 미국 교육에 대한 역사적 연구에서 미국의 학교가 한 세기에 걸쳐 잠재적인 문제아들을 거리로 내몰고 특수 교육 및 다른 보상 수단을 통해 하위계층을 통제하고 구성하는 수단으로 간주되었음을 보여 주었다. 그리고 이러한 불필요한 찬조의 수혜자는 기대되었던 감사를 늘 보여 주지는 않았다.

교육에 있어서 의무의 논리는 교육의 도관 모형 논리와 밀접하게 얽혀 있다. 이는 실패의 논리이며 잘못된 질문에 대한 "답"이다. 그것은 내러티브 원리가 그것을 질식시키듯 내러티브 원리를 질식시킨 논리이다.

## 장소와 공간성

내러티브 프로그램은 현존하는 학교 시설에 기초한다(그러나 이에 제한되어서는 안 된다). 현존하는 학교가 내러티브 프로그램을 시행하기 위한 가장 최고로 이상적인 장소는 분명 아니지만 학교는 그곳에 있고, 거대한 투자를 대표하며, 사라지지 않을 것이고, 누군가 "교육을 받기" 위해 가는 곳으로 알려져 있다. 다르게 사용되어도 그 정도면 충분할 것이다. 그리고 어떤 경우에서든지 내러티브 학교교육에서의 학교 건물은 더 넓은 지역사회의 탐험과 개척 기능의 토대로만 작용한다.

이것은 공간성과 교육 프로그램의 질 혹은 기타 인간 제도(human institution)의 중요성을 부인하는 것이 아니다. 구현된 자아는 그 자아의 움직임 그리고 환경의 공간 구성 가능성에 불가피한 영향을 미친다. 건물은 특정 가능성을 다른 가능성의 범위 안팎에 둔다. 대부분의 학교 건물은 메커니즘 구조의 유물이며 그것은 자유로운 움직임의 조작과 통제를 위한 작은 단위를 포함한다. 그것들은 간주관적이고 소통적인 가능성과 자발성을 극심하게 제한한다. 학교 건물은 수평성이 아닌 수직성을 위한 장소이다.

아마도 건물을 가장 강력하게 사용하는 것은 인간 삶에 있어서의 공간성의 힘을 이해하게 되는 대상일 것이다. 중요한 내러티브의 결말은 "어떻게 이런 장소의 물리적 성질, 즉 건물이 우리가 여기서 하고자 하는 것에 영향을 미치는가? 우리는 이러한 한계를 어떻게 극복할 수 있는가?" 이다. 이는 "나의 출신 공간이 내가 되거나 될 수 있는 모습에 어떻게 영향을 미치는가?" 와 같이 내러티브 학습을 위한 일부 강력한 정치-사회적 자원을 생성할 수 있는 질문을 초래할 것이다.

분명 현존하는 시설은 내러티브 프로그램을 위해 수정되어야 할 것이다. 그러나 그 수정은 연장되거나 비용이 많이 소요될 필요는 없다. 쿠션 매트, 빈 백 의자, 이동 가능한 비품으로 방을 꾸미고, 고정식 칠판을 떼어 내고 대신 누구든 자유롭게 사용할 수 있는 이젤과 떼어 쓸 수 있는 방습지를 사용하라. 그러면 이전과는 매우 다른 학습 환경을 만들게 되고 이곳에서 자유로운 소통이 가능할 것이다.

따라서 Huck Finn 학교에서는 기존의 공간에 대한 물리적 수정이 재구성적 탐구의 가능성을 실현하기 위해 계획되어야 한다. 자유주의(free-movement) 내러티브 학교는 어떤 면에서는 (학생들을 통해) 모든 것으로 이동하기 때문에 어디든지 배치될 수 있다. 그것은 사람들을 체화시키고 힘을 불어넣어 주는 학생들이 "소유한" 개방된 환경이어야 한다.

## 그룹을 통한 내러티브 학습

내러티브 학교교육은 어떤 면에서는 Freire의 "학습 주기"와 유사한 그룹 주변에서 구성된 학습 공동체에서 일어날 것이다. 그 그룹은(9~10명의 구성원으로 형성되며 "학급당" 교사 1인이고 학생수가 30명이면 3개의 그룹이 구성됨) 혼성집단(학력별 학급 편성 배제), 무학년, 자율성을 특징으로 하며 스스로 책무 준거를 수립할 것이다. 그것은 학교의 전체 연령대를 아우를 것이다—즉, 매년 학생들이 졸업하고 새로운 학생들이 입학하므로 그룹은 변화한다. 따라서 그룹은 마치 우리 삶 속에서 그런 것처럼 지속성과 변화 모두의 문제점을 다룬다.

교사는 그룹 작업을 촉진하거나 이끌거나 지시한다. 각각의 교사는 2~3개의 그룹을 담당하는데, 어떤 경우에는 특정 문제를 수행하기 위해 소그룹을 모아 전체 그룹을 만들기도 한다. 교사는 모든 그룹에서 활용 가능하기 때문에 각 그룹은 시간이 경과함에 따라 자립심과 자기-유도 그리고 자기주도성을 개발한다. 교사가 최우선적으로 강조하는 것은 각 그룹의 과정과 개발이며, 개별 내러티브의 최종 생성과 공유를 향해 그리고 각 포트폴리오의 구성, 유지 및 지속적인 성장과 확대로 방향 설정을 하는 것이다.

내러티브 프로그램의 중심 도구는 그룹이다: 구두 내러티브는 그룹에 의해 말해지고; 서면 내러티브는 그룹에 의해 읽히며; 대리 내러티브(비디오, 드라마, 시, 그래픽 혹은 플라스틱 공예품, 사진, 오디오 레코딩 등)는 그룹에 의해 제시된다. 그 그룹은 (필요 시 교사의 도움을 받으며) 내러티브적 정의(narratory definition)에서 듣고, 감사(audit)하고, 지원하고, 비평하며 보조한다.

사실 그룹의 가장 강력한 기능 중 하나는 내러티브의 개념을 공동체 활동으로 풍요롭게 하고 연장하는 것이다. 각 그룹의 구성원은 서로서로의 과거의 삶, 현재의 삶, 그리고 예견되는 미래의 삶을 이야기한다. 이는 반성적이고 구성적인 과정, 즉 자아 형성에 있어서 간주관적인 운동이다. 그러나 구성원들이 조화(correspondence)와 공통성(commonalities)을 추구하므로 내러티브는 또한 그룹의 것이기도 하다.

학교의 교육과정 자원은 이러한 목적을 위해 과거를 이해하고 현재의 문제를 다루며 미래의 잠재력을 구축하는 방식으로 이용되고 형성된다. 달리 말하자면 그룹의 내러티브 연습은 개인 및 공동체 삶의 가능성을 위한 리허설이다. Huck Finn 고교와 그 학교의 교과과정, 도서관, 교직원(정규, 겸임) 그리고 기술(technology)은 이러한 목적을 지원하는 자원 공동체(resource community)로서 존재한다.

학교에서 인종, 민족, 성, 사회계층, 사전 준비 그리고 나이의 견지에서 인구학적 구성이 허용하듯 그룹은 구성에 있어서 이질적이다. 이것은 "다양성"에 대한 낭만적인 약속에서 도래한 것이 아니라 이러한 배치에서 모두를 위해 잠재적으로 더 배울 것이 있기 때문이다. 이것은 민주주의와 공동체를 위한 공감과 사회 평화를 위한 교육이다.

도관 모형은 Paula Wehmiller(1992)가 다음과 같이 부른 것을 구축한다: "사람들 사이의 무지의 벽 … 우리가 서로서로의 이야기를 모를 때 우리는 잘못된 신념으로 그 사람을 대체한다. 우리가 그러한 신념만을 가동시키면 우리는 그의 진실을 전혀 알지 못한 채 대개 의도하지 않았음에도 그 사람에게 상처를 입힌다"(p. 380). 사실 우리의 학교와 사회는 그러한 상처로 가득 차 있다. 그 상처는 우리를 갈라놓고 정치에 손상을 주고 이타적이고 공감적인 자극을 질식시켜 버린다.

다양성은 실제적이며, 그것은 정치 및 사회적 환경에 존재한다. 내러티브 학교교육은 공동체를 구축하기 위해 다양성을 활용하고자 시도한다. 학생들은 서로에 관해 배우고 "직면하게 된" 서로에 맞서면서 서로서로의 관점을 향해 발전한다. 그룹은 메커니즘 구조의 무미건조한 수직성을 대체할 수평적 입지를 표명한다.

아마도 변형에 일관성을 부여하고 이에 영향을 주는 그룹의 힘은 도관 모형 학교가 왜 학습 촉진에 있어서 그것들을 단지 사소하고 일시적인 방식으로 사용하는 경향이 있는지를 설명한다. 즉, 그것들은 성인 통제를 위협하는 잠재력을 갖고 있다. (그룹 화합의 힘의 증거는 Bormann, 1975; Bormann, Putnam, & Pratt, 1978 참조.)

이 모든 것에는 불가피한 갈등(혹은 갈등의 두려움)으로부터 발산된 마비가 있다. 그룹이 되는 것과 개별인으로서 서로 직면하는 방법을 학습하는 데 있어서 그 그룹은 필수적으로 다음과 같은 몇 개의 수준에서의 차이점과 갈등을 인식하고 해결하는 법을 배워야 한다: 상호 관계와 책임, 영향력, 지위, 그리고 통제에 대한 갈등; 인종 갈등; 계층 갈등; 그리고 성(gender) 갈등. 이러한 현 체제에서의 갈등은 "거기"에 있으며 대부분의 경우에 있어서 중등학교의 사회적 세계(social world)를 특징짓는 일종의 비열함 및 험담과 같이 그들 스스로를 분명히 나타낸다. 그러나 그룹 밖에서만(그룹의 도움이 있다 할지라도) 해결될 수 있는 내러티브 과정에서는 잠재적인 갈등의 수준이 더 많이 있다.

갈등의 존재는 나약함이나 혼란이 아닌 프로그램의 강점 혹은 성공의 표시이다. 그룹을 형성하는 이유는 다양한 관점에 내재되어 있는 갈등(혹은 표출된 차이점)을 드러내고 다루기 위해서다. 갈등은 재구성적 탐구에 있어서 학습 상황에 기여하는 것과 똑같은 스트레스와 긴장 속에서 나온다. 사회적 환경에는 그리고 사람 사이의 관계에는 진정한 갈등이 있다. 그것은 무시되거나 표출되거나 직접 다루어질 수 있다. 내러티브 충동은 이러한 대안책의 후자를 명확하게 가리킨다. 그룹 과정의 간주관적인 힘은 인간의 차이와 다양성에 대한 창의적인 혼합물에 존재한다.

각 그룹은 스스로를 창조하고 그 자신의 유기체적 자질을 개발하며 한계를 정하고 목표를 수집하고 다소 외적인 영향력에 스스로를 개방한다. 그것이 그룹이다. 그것은 단순한 집산주의가 아니며 그룹을 그룹답게 만든다. 그것들은 복잡한 독립체(entity)이며 구성원들이 그들에게 가지고 들어오는 외부 경험의 영향을 받는 대로 늘 변한다. 더 큰 사회적 이해에 이르는 길은 이러한 미시복잡성

(microcomplexity)—우리 학교 혹은 우리 기관에서는 거의 시도되지 않은 무엇—에 직면하고 이것을 다루는 법을 배움으로써 가능하다.

소그룹에서는 사회적 삶의 복잡한 정치가 그것의(때로는 고통스러운) 현실에서 유발되는데 이는 왜 우리의 개인적인 사회에서 진정한 대면을 피하기 위해 그렇게 극단적인 거리를 가는지 설명할 수 있다. (우리의 사회 체제는 우리로 하여금 자원을 구하기 위해 서로 경쟁토록 하고 그 결과로 생긴 갈등—혹 있다면 신경 마비를 위한 조리법—을 무시하라고 가르친다.) 상호 의존적인 소그룹 형성에의 참여는 이렇게 의무적인 각 학생 이야기의 중요한 일부에서 벗어날 수 있도록 하거나 최소한 다르게 사용토록 하는 발달 경험이 될 수 있다.

구성(composition)에 있어서 차이점 때문에 몇몇 소그룹은 의심할 여지 없이 타 그룹보다 그 구성원들의 삶 속으로 좀 더 깊게 더 많이 찾고 더 많이 발견하면서 파고들 것이다. 그러나 다른 간주관적인 배경의 삶에 있는 것으로서, 이것은 개인요소들이 그룹 발달 과정에서 나올 때 그 요소들의 상호작용에서 기인할 것이다.

어떤 그룹은 구성원들의 사회 발달 수준 때문에 다른 그룹보다 좀 더 안전하게 발달한다. 어떤 그룹은 더 큰 지지와 안락을 제공하나 학습 잠재력은 다른 문제 그룹만큼 클 수 있다. 왜냐하면 그러한 그룹은 해결할 문제와 좀 더 인간적인 프로젝트가 많기 때문이다. 미숙함은 성장 잠재력과 같다는 John Dewey의 주장을 기억하라. 교사는 집단 삶의 조건 때문에 흥분된 과정을 중재하기 위해, 그리고 발달된 능력의 현실적인 한계에서 각 그룹이 작용하도록 밀어붙이기 위해 일한다.

### 내러티브 포트폴리오

프로그램을 위한 중심적인 조직 수단은 모든 학생과 모든 이용 가능한 매체에 의해 개발되고 유지된 지속적인 내러티브 포트폴리오가 된다. 학습 그룹은 아래에 명시된 바와 같이 도움을 주는 교사와 함께 포트폴리오 개발을 충고하고, 조력하며, 즉각적인 청중이 되고, 평가하며, 또한 일반적으로 관찰한다.

포트폴리오(portfolio)라는 말은 재미있는 어원적 및 기호학적 측면을 지니다. 그것은 권한 부여(empowerment)—사무실과 인간의 지위를 상징—를 나타낸다. 또 다른 의미는 책—독서대나 2절판의 재래식 대형 책—과 관련된다. 그것은 문서, 서류, 서면 자료를 운반하기 위한 가방(작은 여행가방)이다. 그리고 마침내 그것은 누군가의 투자된 가치 혹은 예술가나 장인의 경우에 있어서는 누군가의 창조적 산출의 총합을 표시한다. 후자의 의미는 가장 핵심적이나 어떤 면에서는 이런 모든 의미가 내러티브의 가치에 담겨 있다.

내러티브 포트폴리오는 Huck Finn 고교에서 보여 준 내러티브 학습 과정의 (어떤 매체에서든지 간에) 작품이며 뚜렷한 기록이고 구체적인 각인이다. 그것은 능동적이고 생산적인 세계의 학습자로서 학생 경력의 산출 수단이다. 그것은 서면의 서류, 비디오테이프, 오디오테이프, 수리 능력의 전시, 소설이나 시집, 예술적 결과물, 혹은 이런 것들의 결합체이다. (모든 포트폴리오는 기본적인 구두 및 수리 능력 기술을 보여 주어야 하는데, 이는 형편없는 생각은 아닌 듯하다.) 그것은 처리되고 저장되며 운반되고 전시될 수 있다. 그것은 또한 평가될 수 있는데, 이는 의심의 여지 없이 우리 세계에서 여러 용도 중 하나임에 틀림없다. 그것은 형식적이고 사무적인 전사물(transcript)을 대체할 수 있는데, 최소한 전사물로 포트폴리오 안에 포함될 수 있다.

그러나 그것은 또한 대표되는 과정에서의 은유 용도로 의도된 것이다. 사람—체화된 사람의 생생한 삶에서 전달되는 자아—의 인간적 자질을 드러내는 그것은 진리만이 아닌 의미이기도 하다. 이 의미는 외부 세계에 해당될 뿐만 아니라 그것에 해당되는 학습 경험을 지닌 학생들에게도 해당된다. 내러티브 자아의 구성은 현재는 몇몇 사람들—운동선수, 화가, 작가, 공연가, 음악가, 모든 종류의 생산적인 사람들—에게만 가능한 결과가 예견된 목적(end-in-view)을 모든 학생들에게 제공한다.

포트폴리오는 경험을 기반으로 하는 학습 주기를 구성한다. 그것은 재구성적 탐구의 산출 과정, 즉 Justus Bucher의 세 가지 판단 형식의 증거가 되는 산출이다. 그리고 그것은 끝이 아닌 삶과 학습의 지속적인 고리에서의 일종의 정지화면,

즉 Dewey가 동시에 일어나는 불연속성(discreteness)과 연속성(continuity)으로 기술한 경험된 삶에 대한 확산적 수렴적 특질의 증거이다. 이 경험된 삶은 학습자의 습관이 경험 세계를 만나고 통합하는 방식을 공개적으로 노출한 것이다. Dewey(1934/1958)가 『경험으로서의 예술(*Art as Experience*)』에서 말한 습관(habits)은 "자료를 주문(ordering)하고 운반하는 방식"이다(p. 258). 우리의 습관을 아는 것은 우리가 스스로의 과정을 선택한 세계에서 우리 자신을 학습자이자 배우로 알고 있다는 것이다. 포트폴리오는 자아에 영향을 미치고 내러티브 학교의 과정을 구동한다.

## 교육과정: 교과의 활용

교육과정이란 용어는 라틴어인 currere("달리다")에서 유래된 것이다. 그 말은 본시 교과과정과 사건의 정적인 일정, 그리고 대부분의 동시대 중등학교의 수업 프로그램을 구성하는 포장된 자료와 경시된 교과서가 아니라 행동과 움직임을 나타내는 말이다. 그리고 그것은 도관 모형에서 동시대적 용법에 함축된 제한적 매트릭스라기보다는 "경주, 경주로, 경력"에서 보이듯 개별적 주체(agency)를 암시한다. 라틴어 의미로 교육과정은 한 사람이 행하거나 통제하는 무언가이며 그것이 진화함에 따라 그것은 그 사람에게 부과된 무언가가 된다. Huckleberry Finn 학교의 교육과정은 그 용어를 본래의 용법과 흡사한 것으로 돌린다.

이 책의 마지막 장은 내러티브 학교교육을 전통적인 교과(subject matter)에 대한 공격으로 보는 사람들의 우려를 다룬다. 그것은 만일 교과와 학생들이 경험한 삶 사이의 관계가 그 자체를 드러내도록 허용된다면 모순(상반된 것)이 진실이라고 주장한다.

이 단계에서는 내러티브 학교가 탐구과정을 통해 자료의 재구성적 동화를 자극하는 내러티브 충동(narrative impulse)으로부터 학생들의 예견된 목적까지 에너지를 이끌어 내면서 메타교육과정을 중심으로 조직된다는 것을 기억하는 것이면 충분하다. 내러티브 교육과정의 자료는 학생들이 탐구하고 이해하도록 설득되는 기관의 환경—가족, 사업체, 조직체, 정부—에서 그리고 지원적 학교 프로그램을 구성하는 과정의 교과에서, 특히 이 두 가지의 관계에서 발견된다.

Huck Finn 고교에서의 모든 교수 활동은 내러티브 포트폴리오 개발의 과정을 지원한다. 그 중심에는 소그룹—일주일 중 하루는 종일, 매일 2시간씩, 혹은 적당할 때마다 만나는 소그룹—이 있고, 그 소그룹의 각 구성원은 독특한 포트폴리오 개발 활동에 참여한다. 강의(courses) 및 다른 교육 서비스와 자원은 학교 외부의 지역사회에 존재하는 것을 포함하여 이러한 중심 활동을 중심으로 순회한다.

교과 강의(subject-matter courses)는 개개인의 자기-발달(self-development) 요구로 구동되는 내러티브 교육과정에 도움을 주긴 하지만 이를 추진하지는 않는다. 강의(courses)는 포트폴리오 개발을 지원하고, 그 과정(process)의 본질이 요구하는 대로 적응하면서(길이와 강도 등에 있어서) 늘 개방된 상태에서 지속된다. 그러나 어떠한 강의도 필수적인 것은 아니다.

이것은 아마도 처음에는 학생들이 항상 들락날락하며 교과에 대해 또한 개별 교사에게 요구하는 것이 많아 교사들에게 거대하면서도 복잡한 관리 문제를 부과할 수 있다. 그러나 만일 모든 교과를 가르치는 것이 내러티브 차원이나 지향을 지니고 있다면 굳이 그럴 필요는 없다. 내러티브 은유의 목표는 교과 내용을 도관을 통해 효율적으로 보내는 것이 아니라 학생들의 내러티브에 도움이 되는 것임을 기억하라. 동기부여 에너지의 최우선적 자원은 교사에게서 나와 학생에게로 이동한다.

새로운 학생이 어느 날 도착하고 대화에 참여한다. "나는 왜 이 과목을 공부하고 이 기능을 개발시켜야 하는가? 이 교과는 나의 인생에 어떤 의미가 있는가? 이것은 드러나는 내러티브에 어떻게 부합될 것인가? 이것은 내가 나의 삶을 이해하거나 방향을 제공하는 데 어떤 도움을 줄 것인가?" 이러한 대화 과정은 이미 존재하는 학생들을 위해 공개적으로 발생하며 그 학생들은 새로운 학생을 위해 참여할 학문이나 교과의 구조를 명백히 하는 수단—전통적 교수에서는 거의 성취될 수 없는 것—으로써 그 교과를 맥락화하는 능력을 부여받는다. [학교 규칙은 그 구조가 드러날 수 있는 기회를 부여하고자 새로운 학생이 최소 횟수의 학급 모임

을 위한 강의(course)를 고수할 것을 요구한다.]

여기서의 가정은 교과 내용이 고전, 역사, 수학, 외국어, 화학, 생물학 혹은 물리학이든지 간에 그것이 자신들의 삶을 살고(계획하고) 있는 실제 사람들의 실제적인 내러티브 구조와 관련될 때, 즉 다시 말하자면 전개되고 있는 미래와 관련될 때 활기를 띤다는 것이다.

교과 강의의 지속적인 메뉴 외에도 학생들은 스스로의 학습 경험을 생성하고 전공자, 전문가, 퇴직한 실천가 등의 지역사회 인력풀을 포함하여 활용 가능한 다른 자원으로부터 가르침을 구한다. 적절한 자료는 자기-속도로 프로그램화된 수업, 컴퓨터화된 교수 기계, 매체 등을 통해 제시된다. 자료의 검색은 내러티브 과정의 중요한 차원(dimension)이다.

포트폴리오 작업은 학생들이 삶의 의미를 표출하기 위한 판단 형태를 찾을 때 지속적으로 진화하는 목적을 제공한다. 자신의 과거에 대한 관점을 제공하기 위해 역사를 공부하고; 의미의 구성에 대한 상상 접근법을 경험하기 위해 문학작품을 읽으며; 경제 주체로서의 자아의 관점으로부터 경제학을 검토하고; 스스로를 물질, 에너지, 그리고 삶의 과정의 환경에서 기능하고, 성장하고, 발달하는 유기체로서 이해하기 위한 수단으로서 과학 교과를 조사하며; 자신의 민족성, 인종 혹은 사회-정치적 존재로서의 삶의 조건에 대한 이해를 추구하기 위해 사회과학을 살피고; 이러한 목적 모두를 위해 도서관을 이용하며; 포트폴리오 구성을 보조하기 위해 읽기, 쓰기, 또는 수학실 혹은 미술 및 매체 작업실을 활용한다.

이것이 모든 교육받은 사람들이 이 세계에서 살고 적응하고 학습할 때 늘 하는 일이다. 문제시되는 상황이 생기면 우리는 그것을 조사하고 우리에게 익숙한 자료세계에서 해결책을 찾는다. 지식이 있는 친구로부터 공공 도서관, 서점에 이르기까지 지식의 실용적 탐색을 위한 제2의 학습은 효과적인 사람들과 위축되고, 속수무책이며, 희생당한 사람들을 구별하는 것이다. Huck Finn 학교는 이러한 체험적 습관의 개발에 전념한다.

* * *

이 장은 모든 사람들에게 숙달의 기회를 제공하는 학교교육의 구조—각각의 개인을 진지하게 받아들이고 불필요한 경쟁을 줄이며 각 개인 내에서 Adrian van Kamm(1971)이 "의미의 확장되고 심화된 분야 내에서 전체성(wholeness)과 충분한 실현(fulfillment)을 향한 확산(차별적)-수렴(통합적) 운동"(p. 239)이라고 정의한 발달 과정을 자극하는 구조—를 제시하였다. 그것은 이러한 설계 실행을 좀 더 상세하게 최대한 늘릴 것을 부추긴다. 그러나 그것은 여기서 실제로 필수적인 것은 아니다. 이것이 우리가 중등학교 수준에서 익숙하게 보는 것과는 매우 다른 종류의 학교가 되리라는 것은 명백해야 한다. 중요한 것은 새로운 근원적 은유가 서로 다른 종류의 과정(process)을 추진한다는 것이다.

이제 민주주의 사회에서 생산적으로 자신의 삶을 살 수 있는 건강한 사람들을 만들어 내는 학교교육의 형태를 촉진시키는 데 있어서 교사는 어떻게 해야 하는가 하는 문제를 검토하는 일이 남았다. 교사들은 비록 어떤 방식에서는 다음 장에서 논의될 한계점을 가지고 있다손 치더라도 이를 "책임 져야 할" 것이다.

# 12장 내러티브 가르치기

당신은 어떤 세계에서 살고 싶은가? 당신은 무엇을 알아야 할 필요가 있는가? 당신은 무엇을 잘하고 그 세계를 만들기 위해 어떤 일을 하고 싶은가? 선생님께 가르쳐 달라고 요구하라.

– Prince Kropotkin의 "젊은이들에게 보내는 편지(A Letter to the Young)"

가르치는 것은 배우는 것을 허용하도록 요구하기 때문에 배우는 것보다 훨씬 어렵다. 실제 교사는 배우는 것을 제외하고는 사실 어떤 것도 가르치지 않는다. … 교사는 학생들보다 배울 것이 훨씬 더 많다는 사실에 있어서만 학생들보다 앞서 있다. 교사는 학생들보다 훨씬 잘 배울 수 있는 능력이 있어야 한다.

– Martin Heidegger의 사고라 불리는 것(What Is Called Thinking)

Huckleberry Finn 학교에서 가르치는 것(교수)은 전통적인 고등학교에서 관습적이었던 권위와 영향력을 완전히 다른 방식으로 사용할 것을 요구한다. 이것은 말하기가 아닌 듣기의 교육학이며, 강제가 아닌 조금씩 특정 수준에 이르게 하고, 제안하고, 인내하고, 영향을 미치고, 기다리는 교육학이다.

도관 모형에서 교사들의 근무 환경은 소통이 어떻게 작용하는지에 대한 잘못된 이해와 일종의 간주관적 실패에서 나온다. "영혼-접촉(Soul-Contact)" 이란 제목의 교사에 관한 에세이에서 영국 철학자 Bernard Curtis는 다음과 같이 쓰고

있다:

> 어린이들은 사고의 잠재력을 부여받은 듯 보이나 이러한 잠재력의 개발은 대개 이미 그것을 개발한 사람들과의 접촉에 달려 있는 것 같다. 우리는 이것을 교육 실제에서 가정한다. 어떤 경우에서든지 일반적으로 타인에 대해 관심을 갖도록 하는 것은 쉽게 이해할 수 있다는 걸 알고 공유하고 싶어 하는 그들의 사고다. 더 나아가 교육은 본질적으로는 사고의 공유에 관한 일이다. 우리는 학생들의 행동이 이해할 만하다는 것을 발견할 때에만 가르치는 데 성공했다고 스스로를 만족시킬 수 있기 때문에 가르칠 만하다고 확신하는 것은 공유된다. (p. 83)

그것은 다른 방식으로도 마찬가지로 작용한다. 만일 교수-학습 교류가 성공적이라면 특히 만일 내러티브 충동이 과정을 추진한다면 교류하는 양측은 상대측의 행동이 이해할 만하다는 것을 발견해야 한다. 각별한 관심을 기울이지 않는다면, 무엇이 거기 있는지 보는 방법을 알지 못한다면, 말하는 것뿐만 아니라 듣지 않는다면, 학생들의 삶과 경험에 관한 방식으로 스스로를 끌어들이지 못한다면 그들은 이해 가능성을 발견할 수 없다. 이것은 내러티브 원리가 요구하는 특질이다. 즉, 교수과정에 있어서 교사들에게 누적되는 학습의 대부분은 학생들의 삶에 대해 학습하는 것이다.

학생들이 교사의 조직적 활동과 아젠다 아래 놓여 있는 의미를 명확히 이해하지 않으면, 그리고 교사와 학생의 관계에 있어서 공유된 실재를 기반으로 하는 일종의 "메타코드(metacode)"가 없다면 학생들도 학습자가 될 수 없다. 배우고자 하는 관심과 동기는 상호 간의 관심으로부터 나온다.

즉, 내러티브 학교교육은 교사와 교수되는 것을 통한 진정한 이해를 상호 간에 추구할 것을 요구한다. 현상학적 감축 그 자체처럼 그것은 교과뿐만 아니라 집중할 수 있는 능력을 요구하는 '의미-구성의 반성적 과정', 즉 일종의 상호 간의 내러티브이다.

"참여자들에게 가능한 개념적 도구와 틀은 소통을 만들어 낸다"라고 C. A.

Bowers와 David Flinders(1990)가 지적한다. 현상학적 인식(noesis)과 인식의 대상(noema)에서처럼 인식(perception)은 지각하는 사람과 지각되는 것 사이의 상관관계에서 나오며, "이는 전체성, 가치관, 기분, 그리고 문화로 가득 차 있는 해석적 프레임워크가 지속적인 의미의 공동 구성의 일부로 작동하기 시작한다" (p. 11).

너무도 자주 교육자들은 쉽게 이해할 수 있는 것을 단지 교실에서만 찾는데, 이것은 여기와 지금의 과정을 무시하는 얄팍한 방식으로 이 때문에 학생들 스스로가 이해할 수 없다고 느끼는 전략에 관여하게 되는 것이다. 이러한 과정이 완전히 수정되지 않는다면 학교의 권위는 계속해서 약화될 것이다. 왜냐하면 학교는 학생들이 알고 있는 유일한 배움의 세계가 아니기 때문이다.

Huck Finn 고교의 운영 원리는 돌에 새겨진 듯 고정된 것이 아니라 진로와 방향을 갖추고 있다. Richard Bernstein의 용어인 "신중한 의도적 교육(deliberate education)"은 John Dewey의 교육철학사조를 대표하는데 이는 다른 어떤 것보다 적절하다. Bernstein(1966)은 신중한 의도적 교육을, 조악하고 미숙하며 원칙이 없는 경험을 지성과 가치의 지원을 받은 경험으로 향하는 "경험의 재구성을 위한 수단"이라 정의한다(p. 182).

내러티브 양식을 작동시키는 재구성적 탐구는 교사의 모델을, 학습을 전달하고 심어 주며 심지어 촉진하는 것—여기서의 의미는 "더 쉽게 한다"는 것—을 과업으로 하는 사람들이 아닌 권위적인 상담가 및 협력적인 동료 학습자로 넌지시 함축한다. 너무도 빈번히 교육에서의 촉진자들은 학습이 나타나는 긴장된 상황을 만들어 내는 어려움과 장애물을 완전히 제거하려고 한다.

내러티브 구성을 통한 습관의 재구성(reconstitution of habits)에 있는 불편함을 피하는 것은 불가능하다. 마라톤에서처럼 고군분투의 고통은 목적과 직결되어 있고 자신의 역량에 대해 더욱 완전하고 풍부한 경험과 연관되어 있을 때 기쁨을 주는 경험이 될 수 있다. 자신의 무아지경의 방향과 연관된 불편함은 외부적으로 가해지는 처벌이나 조작과는 완전히 다르다.

## 상담가로서의 교사

교사의 역할은 학생이 능동적인 내러티브 구성을 동반하는 적극적인 경험으로부터 자연스럽게 전개되는 난관을 처리할 때 도움을 주는 것이다. 그러나 가장 중요한 변형은 권위의 사용에 있다.

이것은 자유방임주의(laissez-faire) 시스템은 아니지만 지도자 및 책무성과 더불어 책임 있는 민주주의이다. 도관 모형에서 강조되는 교수요목 주도의 전달 지대는 좀 더 개방적이고 반응적이며 대화적인 것으로 대체된다. 교사들은 권위적인 안내자이며 조력가이다. 그들은 "공직의 힘"을 가지나 그들의 권위는 시간이 흐르면 신뢰성과 진실성의 표출, 그리고 경청하고 갈등을 해결하고 심지어 불분명한 메시지에서 이해 가능성을 알아내려는 능력의 입증을 통해 획득되는 것이다. 교사의 전통적인 권위는 내러티브 권위와 통합된다.

따라서 권위의 사용은 권위주의(authoritarianism)와 걸맞지 않는다. 그것은 권력과도 같지 않다. 그것은 성인의 책무(adult responsibility)이다. Allen Graubard (1972)가 자유학교 운동에 있는 자유 및 권위를 향한 애증이 엇갈리는(때로는 몹시 감상적인) 태도의 비평에서 표현한 것과 같이 "자유의 가치는 교육사업(기획)에서 젊은이들과 함께 스스로를 관여시킴으로써 그리고 가치판단과 실수의 필요성을 받아들이기 위해 수용한 책무성을 마주하는 것과 연관된 성인의 욕구를 숨기기 위해 사용되어서는 안 된다" (p. 237).

비슷한 방식으로 Dewey는 교사들에 의한 지성적인 안내의 필요성에 대해 강한 입장을 취했다. "Dewey의 교육이론에서 간과될 수 없는 것 그리고 주로 간과되는 것은 모든 예술(arts)에서 가장 어려운 비판적 사고의 기술을 촉진하는 데 있어서 명확한 목표와 능숙한 안내를 고집하는 것이다" (pp. 142-143)라고 Bernstein (1966)은 Dewey에 대한 그의 저서에서 언급하고 있다. (또한 Dewey의 교육사조가 교사들에게 요구하는 것에 대한 논의는 Westbrook, 1991, pp. 107-110을 참조하라.)

Huck Finn 학교의 직원들은 성인의 권위를 받아들이고 행사할 책임을 수행한다. 그들은 권위를 교과보다는 과정의 수준에서, 지시보다는 도움을 주거나 상담하는 데 있어서, 또한 판단보다는 예시를 보여 줄 때 더 많이 사용한다.

내러티브 시스템에서 멘토의 일은 학생들이 학습할 수 있도록 하는 것보다 덜 가르치는 것이다. 멘토는 발견하고 생각해 내는 과정(process-of-finding-out)을 가르친다. 이는 중요한 영향을 미치는 차이(difference)다. 왜냐하면 Huck Finn에서 하고자 시도한 프로그램이 학습 방법을 가르치는 것이기 때문이다.

## 재구성적 탐구를 강력하게 하기

교사는 재구성적 탐구의 대화식 과정을 자극하기 위해서 학생들에게 있는 내러티브 충동을 안내한다. 재구성적 주기는 안전과 불안정, 동화와 조작, 그리고 Thomas Schieidel(1986)이 "확산적 및 수렴적 사고"—탐험의 시기, 자료 수집 그리고 찾기(Lewein의 말을 빌리면 "실행 연구")—라 한 것, 반성 시기의 변경, 분석, 통합, 그리고 표현적 판단의 간격을 번갈아 나오도록 하는 것을 수반한다. 이런 과정을 거쳐 세계의 학습자들은 그들의 이야기를 구성하는 데 있어서 재구성적 경험에 도전하고 수행하기 위해 습관(혹은 수칙)을 개방한다.

현재의 행동(혹은 행동의 패턴)을 해동시키고 행동이나 상황의 수정을 향해 움직이고 난 후 새로운 패턴으로 재동결(refreezing)하는 Kurt Lewin의 주기적 변화 모형은 매우 환원주의적인 특질에도 불구하고 재구성적 탐구와 구조적 유사성을 지닌다. (예를 들어 후반부의 최종적인 종결에서는 재봉쇄가 있을 수 없다.) Lewin식의 변화 과정은 협력적 실행연구를 통해 자극을 받기 때문에 종종 내러티브 과정을 수반한다. 교사를 Lewin의 "변화 촉진자(change agents)"와 유사한 것으로 간주하는 것이 유용할 것이다.

이런 방식으로 수행하기 위해서는 교사들이 제3장에서 논의된 것을 강조해 줄 필요가 있다. 학생들이 체계적이고 방법론적으로 활동할 수 있도록 돕기; 최종 목적을 식별할 수 있도록 그리고 성취 가능한 프로젝트를 정의할 수 있도록 보조하기; 무목적성과 방법(메커니즘) 사이의 긴장감 유지하기; 탐구와 판단을 향해 학습자를 유도하기; 단순화와 시기상조의 결말로부터 복잡성을 마주하도록 방향을 전환하기; 적절한 위험 감수와 표현력을 격려하기 등이다. 이러한 과정에서 학생들은 학습 그룹의 또래 친구들로부터 지원을 받는다. 그러나 학생들은 다른 학생들이 도움을 제공하는 방법을 알고 있는 것처럼 보이는 것 이상의 도움을 필요로 한다. 교사는 변경, 공감, 정교함, 아량과 인내 같은 독특한 자질을 필요로 하는 이러한 도움을 제공한다.

재구성적 주기는 일종의 상위 수준의 습관을 활성화하는 지속적이고 진화하는 흐름이다. 멘토의 역할은 이러한 습관의 형성에 도움을 주고 학생들이 내러티브 과정의 체계적 양상을 볼 수 있도록 돕는 것이다. 다시 말해 그것은 가장 최고의 의미에서의 작업(work)이다.

### 시작하기

시작하는 것은 가장 처음의 그리고 아마도 가장 어려운 과업이다. 어떤 것도 시작 없이는 일어날 수 없으며, 시작이 없지 않는 한 나머지 단계는 각자의 순서에서 나올 것이다. 만일 시작하는 일이 명확한 것에 대해서 쓸데없이 진술하는 일이라면 도관 모형은 학생 입장에서 단지 관계 맺기만을 인식한다는 것을 떠올려라. 교사는 시작하는 것에 책임이 있다. 학생들은 따르거나 따르지 않을 수 있다.

각 그룹은 그것이 내러티브 포트폴리오 과정에서 진행될 방식과 그 방식은 어떤 것일지(물론 각 개인이 결정하겠지만 각 그룹별로 자체적인 규준을 세울 것이다)를 스스로 결정한다. 이것이 결정되기 전에 분명 특정한 포괄적인 질문이 나올 것이다. "어쨌거나 그룹이 왜 있지?" "어떻게 시간을 보내야 하지?" "'우리 이야기를 말하라'는 무슨 의미지?" "아무거나 이야기할 수 있나?" "어떤 것은 비밀로 정할 수도 있나?" "나는 이 아이들을 모르는데 어떻게 그들을 믿고 내 삶에 대한 이야기를 하지?" "이것은 학교와는 어떤 관계가 있는 거지?" "우리에게 그냥 뭘 해야 하고, 뭘 해야 할지를 이야기해 주면 안 되나?"

Huck Finn 고등학교에 있는 교사들은 학생들이 그 질문에 스스로 답변할 수 있게 하려고 그러한 질문에 답을 하기보다는 그것들을 생산적으로 다루는 법을 배운다. 그들이 이 일을 마칠 때면, 그들은 함께 작업하고 기계적 구조에서는 불가능한 개념적 실천(conceptual practice)에 관여하면서 과정을 소유하는 분야(field)를 규정할 것이다.

경험적 분야로 들어가는 주요 문제는 수동적이고 동화적인 견지뿐만 아니라 조작하고 능동적인 견지로 학생들에게 영향을 미치는 것이다. 이것은 학습자가 살아가면서 지식을 독립적이고 능동적으로 구하는 것 대신 지식을 받도록 혹은 질문을 하는 것 대신에 질문에 대답하도록 형성되었을 때, 그렇게 하기가 쉽지 않을 것이다.

Sidney Jourard(1967)는 이것을 이렇게 논의하고 있다.

> 교육에 의해 생성되는 문제(a pedagogenic problem)는 … 내과의사가 때로 의사에게 원인이 있는 질병을 만들 때 발생된다. 독립적이고 자율적인 학습이 문제시된다는 것은 가장 이상하다. 왜냐하면 인간은 늘 그리고 오직 혼자서 배우기 때문이다. 여기서의 실제 문제는 그가 배우는 것은 무엇이며 누구를 위해 배우는가이다. 학습은 과제나 문제가 아니라 세상에 존재하는 방식이다. 인간은 그에게 의미 있는 목표나 프로젝트를 추진할 때 배운다. … 가장 필수적인 과제인 그룹의 형태로 젊은이들을 훈련시키는 사람들은 도가 지나쳤다. 그들은 젊은이들이 바로 옆에 있는 교사 없이는 어떤 것도 배울 수 없고 감히 엄두도 내지 못한다고 믿기 위해서 그들을 훈련시켰다. (p. 80, 원본에 강조 추가)

이 문제에 대한 교육학적 해결책은 수동성의 안전함에서 나와 능동적인 학습자 입장에서 학생을 도와주는 것이다. 학생의 입장에서 가늠하기 힘든 요소로 가는 위험을 완화하는 데 있어서 견딜 수 있는 범위 내에서 위험을 증대시키거나 의미 없고 사소한 증대로 위험을 압박하지 않고 학생을 보조하는 것이다.

교사들은 과정으로서의 학습에 대한 자신들의 가정에 따라 체화하고 행동하는 것을 피할 수 없다. 그러나 Huck Finn 고교에서는 이것 이상으로 나아가 그것들을 명쾌히 하도록 해야 한다. 가정을 보류하는 것은 교육에서 그리고 일반적으로 제도적 생활에 있어서 위계적 상황에서 능동적으로 사용되는 동력 레버이다. 누군가의 가정에 관해 개방적인 태도를 취한다는 것은 통제 장치로서의 권위를 소멸시키고 그것을 조력 장치로서 강화하는 것이다. 가정의 개방적 표현은 멘토의 목적을 이해하기 쉽게 해 주며 그것은 권위 문제를 명백히 하고 학습자를 과정상의 이슈 문제에 대해 숙고하게 하며 모든 교육 시스템에 박혀 있으나 거의 드러나지 않는 목표-수단 관계를 명백히 하며 비판적 사고 교수를 돕는다.

간단히 말해, 이 세상의 학습자는 일관성 있는 내러티브 구성을 통해 이 세상에서 학습하는 방식에 대한 안내를 제공받는다. 그러나 스스로 실현 가능한 예견된 목적을 지닌 학생들의 관심과 노력을 지원하는 멘토와 함께한다. 학생들은 학교 교육과정을 통제하는 사람들을 위해서라기보다는 스스로 학습하도록 격려받는다. 멘토는 권위를 없애고, 분열을 초래하는 권위를 제거하기 위해 그것을 사용하면서 학습자 이야기에 초점을 맞춘다.

그것은 마치 교사가 견인비행기를 조종하고 학생들의 글라이더를 비행 상태—항공기를 구성하고 있는 질량과 눈에 보이지 않는 공기의 흐름 및 압력 사이에 있는 긴장에 의해 지속되는 비행—에 두는 것과 같다. 비행기 조종사는 자신의 삶을 그것에 맡기고 자유비행이 조작적-동화적 과정이라는 그리고 비행법, 물리학, 및 열역학의 제한을 받는 다소 (온전히가 아니라면) 예측될 수 있는 환경과의 긴장 상태에 있는 의미를 이해하기 위해서 주변 공기(경험)의 지속적인 역량을 믿어야 한다. (만일 앞에 먹구름이 있다면 혹은 산이 있다면 그곳으로 비행하는 데서 나오는 결과가 있을 것이다.) 따라서 원리(principle)는 삶을 위한 준비가 된다.

교사들은 또한 세상으로부터의 학습과, 학술적 교과목에 내재되어 있는 선험적인 것(a prioris)으로부터의 학습 사이의 관계에 대한 형식적인 가르침을 제공한다. 교과에 있는 형식을 가정컨대 그 원칙은 관점이고 조직 원리이며 학습자가 발달 단계로 향함에 따라 사물을 설명하는 방식이고 진화이며 궁극적으로 산물이다. 그러나 그것은 수단(vehicles)이지 고정된 장소가 아니다.

시작할 태세를 갖추고 있는 학생들은 만약 전망이 과도하게 위험하다면 혹은 미지의 것으로 가득 차 있다면, 혹은 "공급의 토대"가 최소한 어렴풋이라도 보이지 않는다면 시작하지 않을 것이다. 관심, 노력, 그리고 결과가 예견된 목적은 필수적이지만 안전감(a sense of safety) 없이는 실행될 수 없다. 지원, 정보 그리고 관점을 통한 안전의 공급, 또한 자유와 독립의 위험도가 낮은 실행을 위한 기회 제공을 통한 안전의 공급은 학생들로 하여금 그들 자신의 관심을 추구하고 목적으로 가는 데 노력을 쏟으며 세계의 학습자들로서의 삶을 향해 나아갈 수 있도록 한다.

### 현장 속으로

안전하게 경험 "속으로(into)" 혹은 경험적 맥락으로, 학습자는 경험이 이야기되는 세계에서 공공연하게 "입장을 취하는 것"을 통해 최고의 유인성(valence)* 단계로 들어간다. 가능성의 새로운 현장, 즉 현상학적 세계로 들어가며 내러티브 의미를 찾는 학습자는 자유에 직면하여 이를 관리한다. 이 자유는 경험을 재구성토록 하나 그것에 의해 관리되지는 않는다. 이 현상학적 세계는 교과와 교수요목에 기초한 포장된 수업(packaged lessons)과 더불어 관습적으로 관리를 받는 교실 수업의 결핍된 세계와는 근본적으로 다르다. 발달과 운동(development-and-movement)의 단계에는 Ricgard Zaner(1970)가 "비판적 학습에 대해서 스스로 혹은 타인에 의해서 자신의 '입장'을 개방하는 것"이라 부른 것이 있다(p. 175).

이 점에서 교사의 과제는 경험이 그 자체의 힘으로 무엇을 생산해 내고 무엇과 연계가 되도록 추진력 있는 진화의 단계로 보장하려고 학생들을 보조하는 것이다. 이것은 교사가 현상학적 세계에 노출되어 있고 취약한 상태에 있는 학습자를 위한 적절한 비판적 입장을 모형화함으로써 경험에 대한 방법적 접근을 신속히 처리할 것을 요구한다.

그러한 취약성은 방법(method)을 필요로 한다. 경험의 숙달은 방법적 수단을

* K. Lewin이 처음으로 사용한 개념으로 유의성, 유발성이라고도 한다. 심리적 환경에서는 요구에 응해 그 요구 목표가 되는 사물에 끌려가거나 반발하는 성질이 주어지는데, 이것이 유인성이다. 혹은 어떤 사물이나 현상이 지니고 있는 심리적 매력 또는 힘의 정도를 의미하는 유인가를 뜻하기도 함

통하는 것을 제외하고는 심지어 내러티브 맥락에서조차도 없다. 문자 그대로 경험이 방법 없이 산출을 이끌 수 있다고 제안하는 것은 부조리하다. 방법(method)은 방식(way)이나 길(path)을 의미한다.

그러나 이것은 그 길(path)이 목적을 향한 이동 전에 지도상에 꼭 존재해야 한다는 것을 의미하지는 않는다. John Dewey(1922)는 경험에 대해 지적을 하기 위해 지도의 개념을 이용했다.

> 지도는 개인의 경험을 대체할 수 있는 것이 아니다. 지도는 실제 여정을 대신하지 않는다. 논리적으로 형성된 과학 자료나 혹은 학습 분야와 학문의 분야는 개인의 경험을 대체할 수 있는 것이 아니다. (p. 350)

지도를 사용하는 것은 방법론(methodology)을 사용하는 것이며 따라서 수단에 내재하는 한계성에 의해 미리 결정된 것의 결과를 제한하는 것이다. 필요한 것은 지도가 아니라 Justus Buchler(1961)가 말한, 이것 없이 방법은 제한도 통제도 없는 "진보의 원칙(principle of progression)"이다. 방법은 학습자 개별성의 강화된 표현이며 이기심의 표시이지만 경험을 자발적으로 억제하는 것이 아니다.

교사는 더 넓은 전략적 활동을 폄하하지 않으면서 방법적 경험의 전술적인 양상을 격려한다. 이 경험은 있는 그대로 사물을 받아들인다는 점에 있어서 전략적이고, 그것이 있는 곳에 영향을 미치는 발달을 허용하며 사전에 형성된 형태가 아닌 있는 그대로의 현상에 인식의 문을 연다. 전략은 위험 요소를 최소화하고자 하며 전략적 양상은 그 위험 요소를 적극적으로 경험된 삶의 일부로 받아들인다. 그리고 그것은 Buchler(1951)가 언급한 바와 같이 "발견의 명분으로 인해 기꺼이 실수를 저지르는 것"을 나타낸다(p. 34).

현상학자로서의 멘토는 학생들을 자극하여 눈에 보이지 않는 세계의 양상, 당연시되는 것들, 즉 "탐구 조사의 대상"을 만들도록 한다. 급진적인 삶의 방식은 대부분의 사람들이 무시하거나 혹은 보는 방식을 알지 못해 무시하게 되는 상식(commonsense)의 문제에 관심을 기울이도록 한다. Maurice Natanson(1975)은 다음과 같이 언급한다.

> 상식이 있는 삶의 표시는 그 자체가 스스로의 검사 대상이 되는 데 실패한 것이다. … 그러한 상식이 있는 삶은 스타일을 취하며 상식 있는 사람들의 이해를 초월한다. … 그러나 만일 실재 데이터가 취해진다면 그것은 조사를 위한 확실한 대상이 될 상식이 있는 삶에서의 우리의 존재 유형을 확실하게 아는 것이다. 그리고 그것은 우리에게 요구되는 것이 정확히 그 문제이기 때문에 가장 어려운 과제이다. 이러한 앎이 발생하지 않도록 일상의 삶에 내재된 방어 메커니즘이 있다. (p. 120)

이러한 급진적인 전이(transition)에 영향을 미치는 멘토는 학습자만큼이나 노출되고 도전적인 상태에 있다. 왜냐하면 학습자와 멘토가 각자의 전통적인 역할에 있어서 상호 의존성의 침식을 다룰 때 서로서로 상호적인 관계에 있기 때문이다. 자유는 방법을 통한 경험의 목적이 분명한 억제 안에서 그 자체를 실현시키기 때문에 그들은 역설(paradox) 및 가정법(subjunctivity)과 더불어 산다.

### 추진력의 유지

내러티브 삶 그 자체를 취할 때 멘토의 역할은 가장 역설적인 국면으로 접어든다. 이는 고에너지(high energy)의 시기다. 학습자는 내러티브 현재에 앉아서 현재를 통해 흐르는 과거에 자유로이 접근하며 미래를 연다. 학습자와 세계 사이에는 고무된 긴장, 즉 일종의 환상적 위기가 있다.

역설은 개연성(probability)에 놓여 있는데 이러한 진화적 단계에는 빨리 움직이고 가속화하려는 충동이 있어서 그렇게 활달하게 이동하는 동안 반성적으로 행동하는 것은 힘들다. 경제철학자인 Kenneth Boulding(1970)에 따르면 심리작용에서 "통합의 자극"은 어마어마하게 매력적이다. 그것은 장애물과 모호함을 제거하고 기름을 친다. 그는 "우리는 폭이 좁은 전문적인 길을 따라 가장 빨리 움직인다"고 언급한다(p. 57). 이 단계의 에너지는 학습자로 하여금 가속화된 퇴행으로 한쪽 눈은 시간표에 두고 김을 뿜어내며 목적지를 향해 짤깍짤깍하며 트랙으로

서둘러 들어가도록 하는 원인이 된다.

교사의 과제는 세계의 학습자에게 영향을 미쳐 그것을 열도록 하는 것이며 길이 평평하지 않고 빈번한 장애물이 있으며 견인(traction)이 좀 더 일정할 필요가 있는 험준한 바위투성이의 시골길로 이동하는 것이지만 그곳은 자유롭게 실현될 수 있는 의미에 대한 잠재력이 내재하는 곳이다.

"길이 정해진(tracked)" 학습은 확정적이고 제한적이다. 그것은 당신이 미리 목적지의 방향과 위치를 알 때, 명백한 시설과 편의성으로 당신이 원하는 곳으로 데려간다. 그러나 내러티브 삶은 전술적이고 급박한 의미를 제외하고는 이러한 종류의 확실성을 포기한다. 그것은 시스템이 아닌 방법을 필요로 한다.

교사는 학생들이 복잡성을 수용하고 그것을 받아들이고 그것과 살며, 그리고 조숙한 종합을 피하도록 돕는다. Boulding(1970)은 조숙한 종합(premature synthesis)을 다음과 같이 부른다.

> 나쁜 경제학, 나쁜 사회학과 인류학, 나쁜 정치과학의 통합 … 인간의 마음에 놀라운 힘을 가하여 지적 진보의 최종적인 손상을 이끈다. 그것은 지식의 머나먼 길가에 있는 편안한 정신적 여인숙인데 인간이 따뜻함과 은신처를 찾아 그 안에 정착하고 여행을 계속하기를 거부한다는 것은 다소 놀랍다. (p. 57)

세계의 학습자는 "편안한 정신적 여인숙"의 위로를 조작과 동화의 상호작용에서 철수하는 것이 아닌 길가에 있는 쉴 장소로 혹은 끝없는 풍경 속으로 난 지향의 길을 선택하는 관점으로 사용한다.

강조점은 방법론적으로 통제된 확산의 증식에 있다. 그 용어를 개인 및 사회의 변화로 이끄는 유동(flux) 상태를 의미하는 것으로 택하여 생물학적 의미로 진화를 고려해 보는 것은 유용하다. 과학자들은 스스로 진화하여 물리적 그리고 생물학적 본질에 있는 불확정성을 수용하였다(Hayles, 1991, pp. 1-36 참조). 이 관점은 의미를 움켜잡기 위해 더 많은 행동과 만일의 사태에 더 많은 개방을, 더 많은 창의력과 더 많은 결과물, 그리고 나서 거기서 나오는 더 많은 변화가 있을 것이라고 시사한다.

### 시작으로서의 끝

판단과 표출(혹은 산출)의 단계에 있는 멘토는 적절한 표출 방식의 선택에 참여한다. 그 멘토는 가정이나 추정(assumption)을 숙고하는 데 있어서, 학생들이 이제 시작 단계인 이해를 확대하는 것을 돕는 데 있어서, 그리고 상호 간의 가능성이 풍부한 과정인 학습자가 표출한 판단의 형식에서 끌어낸 추론을 반영하는 데 있어서 유용할 수 있다. 다른 국면과는 별개로 이것은 다소 관습적인 역할이며 질에 있어서는 거의 소크라테스식이다.

경험은 움직이며 그것이 멈춰질 때 감소된다. 이 단계에 있는 교사에 의해 널리 반포되어야 하는 개념은 앎을 더 큰 앎이 실현될 법한 탐험되지 않은 영토인 수평선을 확장하는 광대한 확장 과정으로 본다.

이것은 지식의 증대가 인정받지 못하고 자금이 지원되지 않을 수 있음을 시사하는 것이 아니다. 물론 그것은 우리가 삶의 기반으로 여기는 퇴적(sedimentation)이 될 것이고 되고 있다. 그러나 그렇게 부분적으로 통합된 경험은 그 과정을 멈추도록 허용되지 않는다. 이것은 관습적인 학교교육이 임의적인 학기를 갖고 "객관적" 시험을 치르고 교과서 내용을 삭감(reduction)하는 것이다. 의미는 회복될 수 있고 거듭 확장될 수 있으며, 진실은 단순히 이런 회복에 도움이 되는 도구일 뿐 의미에 영향을 주는 것 이상으로 허용되지 않는다. 의미는 시작이고 진실은 결과이다.

### 내러티브 이론화

궁극적으로 멘토는 사회학자인 Alan Blum이 삶의 "이론화(theorizing)" 방식이라 부른 것을 이끄는 데 있어서 학습자를 보조하면서 능동적 이론가의 역할을 취할 것이다. [이 Alan Blum은 *The Closing of the American Mind*(1987)의 저자인 고(故) Allan Bloom과 혼동되어서는 안 된다. 두 사람 이름에서의 철자가 다르다.] Blum(1977)은 이론을 독립체로 여기는 것이 아니라 형성되는 새로운(emergent)

자서전과 같은 의미에서 삶의 과정으로서의 이론화에 관심이 더 많았다. 그는 "이론화를 통해 이론가들은 자신의 자아를 찾고 이론화에서의 성취는 그 자신의 회복"이라 쓴다(p. 304). Blum은 이론과 이론화를 향한 누군가의 자세를 Buchler의 방법적 그룹화와 비슷한 "삶의 형식(form of life)"으로 본다(p. 305). 그것은 구체적 사실에서 나와 삶의 설명으로서 과정의 이해 및 전유를 향한 연속적인 추상적 운동의 복잡한 과정이다. Blum에 의하면 이론가의 방법은 "세계가 그를 위해 의미를 갖는 형식을 보여 주려는 절차이다. 그 방법은 이론가를 위해 세계의 의미를 분석적으로 위치시킨다. 어떤 점에서 그것은 배우가 이론가로서 사는 방식을 통해 이루어진다"(p. 305). 이론화의 형식은 자기-정의(self-definition)의 형식으로서 실제로 내러티브의 형식이다.

이론화하는 사람은 "가능한 사회 … 산출을 위한 방식을 구성하는 이론화의 성취"의 변증법적 해석을 향해 작업한다(p. 305). 따라서 이론화는 공격적이고 변증법적인 삶의 방식이고 실증주의자가 하듯이 "청중"을 위해서가 아니라 사회에 있는 자신과 자신 안에 있는 사회를 위해 이론화하는 것이다. 우리는 우리의 이야기가 된다.

이것은 Blum이 말하는 것처럼 젊은이들이 그들의 삶의 의미 추구를 통해 자아감(sense of self)을 발견하는 것은 가능한 누군가의 과정에 대한 습관적 반성을 통해 성취됨을 뜻한다. 그러나 그는 Edmund Husserl의 반사 운동(reflexiveness motion)과 Ludwig Wittgenstein의 확실성(certainty)에 대한 입장을 관련지음으로써 그 이상을 넘어선다. Wittgenstein은 우리가 무엇인가를 사실로 볼 때 우리는 스스로를 어떤 상황에서 의심하는 것이 타당한지에 관한 테스트에 종속시켜야 한다. 즉, 우리가 보는 한 가지 방식은 우리에게 가능한 유일한 방식인가? 이론화하는 삶은 세계의 학습자가 의심스러운 정지 상태에서 삶이 되돌려 주는 것보다 덜한 것이라기보다는 더 많이 보유하는 것이다. 경험을 통해 우리가 배우는 것은 새로운 의심의 세계를 만들고 새로운 학습을 향한 자극제이다. 우리는 독단과 혼돈 사이의 더 이상 줄일 수 없는 긴장을 유지하기 위해서 또 그렇게 해야 하기 때문에 계속 배운다.

따라서 세계의 학습자가 청소년이라 하더라도 자율적인 학습 습관으로 가는 산출의 단계를 통해 사실과 명제(proposition)를 "그것이 아닌 것"으로 상상하도록 격려받고 지원을 받는 것과 같은 도움을 얻을 것이다. 의심은 다른 말로 우리 자신과 자신의 한계를 정의하는 방식이다. 그리고 상상력의 차원에서 그것은 Dewey가 생생하게 쓴 것에 대해 극적이고 미적인 성질을 띤다.

이론가로서의 학습자는 반복적으로 "이론적 언어의 깊은 구조를 새로 만듦으로써 … 언어에서 구체적이고 관습적인 것을 폐기함으로써" 자아를 찾는다. "사실 이론가로서 사람들은 이론화 자체를 통하여 이 기반으로 지속적으로 되돌아간다" (Blum, 1977, p. 319). 재구성적 탐구의 단계를 통한 내러티브 학습자의 운동과 관계 맺기는 영구적인 회의주의의 고취이며 확실성과 독단에 대한 저항이다.

따라서 멘토는 세계의 학습자들의 산출물을 수용하는 것이 아니라 그들을 질문으로 부름으로써, 또한 발생하는 퇴적이 조건적이고 과도기적이어야 한다고 주장함으로써 세계에 존재하는 학습자들을 돕는 모범적인 의심을 품는 사람이다. 우리는 최종 역설에 반기를 든다. 학습자를 돕는 멘토는 학습의 산출을 사람과 의심으로 보며 세계의 학습자가 의미에 있어서 문제가 되는 앎의 형태의 모호함을 이해할 수 있도록 한다. "집합체(collective)"는 그곳에 있으며 한 가지 문제는 늘 해결된다. 학생은 "방법론적으로 재형성하는 사회에서 관심의 비호를 받으며 행동하고, 그렇게 함으로써 이론가(자기-정화)로서의 자신의 의미를 수정하는 이론적 배우(theoretic actor)이다" (Blum, 1977, p. 305).

따라서 누군가의 이야기를 아는 것은 그가 가장 진보된 내러티브 이론화의 단계를 통해 창조된 자아를 안다는 것이다. "이게 나고, 나는 이런 식으로 내가 되었지만 여전히 내가 되고 있다." 멘토의 가장 강력한 역할은 학생들이 이렇게 변형적 관계의 완성(transformative consummation)을 향해 가도록 돕는 것이다.

## 문제시되는 쟁점

### 집단의 자율성

그룹 훈련자-지도자로서 교사는 각 그룹이 내러티브 프로젝트의 조건이 요구하는 상호 의존과 상호 관계의 상태를 성취하도록 돕는다. 이는 지루하고도 불규칙적인 과정일 수 있다. 그것은 미국인의 삶에서 너무도 평범한 그룹 협력에 대한 개인주의적 저항에 도전한다. 개인주의와 상호 의존 사이의 갈등 속에 내재되어 있는 긴장은 만일 그것이 성인 권위자가 민감하게 중재한 것이라면 내러티브 교사의 역할은 기술뿐만 아니라 정신적 민첩성과 정서적 강인함—내러티브 원리에 강한 보탬이 되는 것—을 필요로 할 것이며 이것은 Huck Finn 학교에서 창조적인 힘의 원천이 될 수 있다.

학교의 프로그램은 그들의 구성원이 포트폴리오 과정을 정의할 때 그룹에 의해 추진된다. 교사들의 권위는 역설적으로 우리 문화 속의 청소년의 의존 특성에 관한 양면가치(ambivalence)에 도전하기 위해 이용된다. 그룹이 의존성과 반의존성 사이에서 편안한 독립의 정도를 찾으며 계속 왔다 갔다 할 때 다양한 문제가 있는 쟁점이 나오리라 예견될 수 있다.

그룹들은 각자 내부적 갈등을 처리하는 방식에 직면하고 이를 배울 때까지 혹은 그렇지 못하다면 독립적으로 가동될 수 없을 것 같다. 이 프로그램은 개방에 대한 가치와 관점에 차이를 가져온다. 그 그룹에는 서로 다른 언어적 전통에서 작용하는 학생뿐만 아니라 개인 및 사회적 특징을 지닌 사람들이 의도적으로 포함되어 있음을 기억하라. 가치와 관점의 갈등—그리고 사실 깊이 박혀 있는 학급-기반의 이익과 고충—은 더 큰 사회에서 있는 그대로 드러날 것이다.

이것은 거의 직면되지 않은 차이와 갈등이고 그것들은 분리된 이웃에서, 말하자면 그들을 구현하는 사람들처럼 시야에서 멀어져서 잊혀 간다. 내러티브 프로그램의 가정은 차이점을 극복하기 위해 공유된 내러티브의 힘이 강력한 그룹 감정을 만들어 내기에 충분하다는 것이다. 이 과정에서 장애물을 없애고, 신속히 처리하며 잘 다듬기 위해 적당한 위험 수준의 모형을 개발하고 실행하는 데 있어서 교사의 기술은 프로그램 성공에 중요한 요인이 될 것이다.

### 언어적 다양성

내러티브 환경이 때로는 포트폴리오 그룹에서 존재할 수 있는 인지 및 언어 유형에 있어서 다양성에 공개되어야 하는 것은 온전한 내러티브 학습에 필수적이다. Frederick Erickson(1984)은 학생들의 문해력(literacy)과 논리적 사고 기술의 습득을 연구하는 사회언어학자들이 수업시간에 특히 하위계층 소수민족 어린이가 내러티브 활동에 참여할 때 일관적인 언어 억제의 패턴을 발견하였다:

> 노동계층의 미국 흑인 어린이가 저학년 토론 수업 시간에 내러티브 이야기를 했을 때 그 내러티브 형식은 문화적으로 표준이 되는 중산층 백인 어린이와 교사들이 사용하는 내러티브 형식과 달랐다. … 그들은 문화적으로 비표준적인 내러티브 구조와 그 이야기의 핵심을 강조하는 방식의 억양을 사용하였다. 그들이 이러한 방식으로 이야기했을 때 교사들은 계속해서 그들을 중단시켰다. … 그 점에서 말하기 형식은 서면 내레이션(written narration)과 유사한 방식으로 구두 내레이션(oral narration)을 하는 문화적인 주류의 형식과 달랐다. (p. 535)

이것의 효과는 소수민족의 어린이들을 스스로에게 되돌리는 것이다. 그들 자신의 장치에 남겨진 상당한 증거가 있다. 언어적으로 정상분포에서 벗어난 학생들은 소수민족의 언어 유형이 정중하게 다루어지면 그들 자신의 규준을 향해 이동할 것이다. 그리고 그들이 강압을 받을 때는 서로 다른 말하기 방식을 강화하려는 경향이 있다.

미국의 학교는 갈수록 다문화 학교가 되어 가고 있다. 모든 학생이 표준영어로 말하거나 내러티브를 관습적인 선형적 방식에 관련짓지는 않을 것이다. 모든 학생이 직업세계에서 성공하는 데 필수적인 방식으로 표준영어를 사용하고 생각하는 방식을 아는 것은 중요하다. 그러나 학교에는 내러티브 그룹 말고도 다른 장소가 있는데 그곳에서 표준영어의 용법에 대한 쟁점이 다뤄진다. 다시 말해, 만일 소수민족 학생들이 그들의 내러티브를 표준영어 숙달하기 위한 선택으로 고려한다면 그들은 그렇게 할 것이다.

Stanley Aronowitzer와 Henry Giroux(1988)는 Allan Bloom과 E. D. Hirsch Jr.의 교육적 진술의 재구성에서 다음과 같이 언급하였다:

> 문해력의 서로 다른 형식을 인정하는 것은 각각에게 동일한 중요성을 부여해야 한다는 것을 의미하지는 않는다. 역으로 그 형식의 차이점은 그것이 지닌 역량—사람들로 하여금 그들 스스로를 자신의 역사에 위치시키고 동시에 더욱 넓은 민주주의 문화의 일부로 기능할 수 있는 상황을 수집하는 것—에 비추어 순위가 정해져야 한다고 주장한다. … 문해력은 사람들이 권한을 부여받거나 빼길 수 있는 상황을 제공하는 실행을 나타낸다. 그리고 문해력은 늘 학습이 발생하고, 권력이 특정 세계관, 특권, 특정한 지식의 연기(rendering)를 합법화하는 사회적 관계를 포함한다. (p. 193)

내러티브 프로그램은 언어 및 문화 다양성의 해체된 잠재력이 극복될 수 있는 배경을 제공한다. 사람들을 한데 모으고, 사회적 및 인종적으로 차별을 받는 사람들에게 권한을 부여하는 내러티브 학습의 잠재력은 만일 포트폴리오 그룹이 언어 및 문화적 통일체를 집행하는 무대가 된다면 파괴될 것이다.

### 새로운 학습의 필요성

갈등에 대처하고, 학생들이 "실수"를 통해 배우도록 허용하며, 불필요한 개입을 자제하고 스스로 실수를 무릅쓰도록 하는 일을 기질적으로 하지 못하는 교사들은 Huck Finn 고교에서 편안하게 그리고 성공적으로 기능하지 못할 것이다. 교사의 기능은 그 그룹이 차이점과 행동의 학습으로 전환하도록 지원하는 것이며 조치가 취해질 때에는 의심할 여지 없이 실수가 있을 것이다.

이 책을 읽은 예비교사들은 교사와 학생 모두 이 체계 안에서 편안하게 작용하기 위해서는 배워야 하리라는 것을 그리고 이 학습은 그 자체가 문제투성이고 관련된 모든 것이 어렵다는 것을 꽤 정확하게 주목하였다.

대부분의 학생들은 스스로를 메커니즘 구조에 위치시키기 위해서 그리고 외부 세계의 경험이 배경으로 진출하는 시스템에서 그럭저럭 해내기 위해 요구되는 조작적 의존성을 쉽게 학습한다. Huck Finn 프로그램에서 그들은 이러한 도관 모형 습관을 버리고 새로운 것을 택해야 한다.

물론 이것은 매우 어려운 일이 될 수 있다. 그러나 내러티브 시스템을 작동시키는 것이 충분한 교사들에 의해 성취될 수 없다는 것을 믿을 만한 근거가 없다. 새로운 학습을 거부하는 교사들은 아무 데서나 가르치거나 그들의 기질에 부합하는 역할을 찾아야 할 것이다.

그룹이 배워야 할 것 중 하나는 어떻게 그리고 언제 어른들로부터의 안내를 찾고 수용할 필요가 있는가이고 교사들은 Douglas McGregor(1960)의 강력한 격언—도움은 언제나 수혜자가 정의 내린다는 것—을 배워야 할 것이다. 의존과 독립 사이의 갈등이 사춘기에는 주요 발달 이슈가 되고 일부 교사는 학생 의존을 필요로 하기 때문에 학생과 교사 모두를 위한 이러한 훈련 과제의 복잡성은 간과되어서는 안 된다.

아마도 Huck Finn의 교사 대부분은 포트폴리오 프로그램 자원이 가능한 카페테리아에서 수업을 진행할 것이다. 그러나 다음의 사항을 꼭 따를 필요는 없다. 즉, 모든 교과 전공자가 포트폴리오 개발 과정에 직접적인 도움을 제공해 주는 교육을 받거나 자질 훈련을 받을 필요는 없다. 그리고 몇몇 교사들은 비록 프로그램의 전반적인 효율성을 위한 책임에서 완전히 해방될 수는 없지만 포트폴리오 촉진에 대한 직접적인 의무를 가지고 있지 않다는 점도 일반적으로 인정될 필요가 있다.

교사들은 또한 교사들이 교육학이나 학습 상황의 이슈에 거의 협력하지 않는 대부분의 공립학교에서 관습화된 계획 및 문제 해결에 있어서 서로서로 많은 시간을 보내야만 한다. Huck Finn 고교에서는 모두가 학습자이다. 고정된 교육과정은 거의 없고 어떤 것도 요구되지 않으므로 직원들은 다소 지속적인 검토 아래 학교의 프로그램을 운영한다. 따라서 교사들이 "긴장 풀기"를 하거나 관찰하는 데 시간을 보내더라도 그들은 또한 시스템을 유지하기 위해 때로는 상호 의존성의 불편함을 해결하기 위해 작업하는 것이다.

### 학습 자원으로서의 지역사회

Huck Finn 학교 교사들은 대부분의 중등교사들보다 우리가 살고 있는 세계에 더 깊게 관여된다. 내러티브 학교교육은 학교와 공동체 사이의 관계에 대한 기본적인 재구성을 함축한다. 그리고 전체의 지역사회는 지역사회의 젊은이들의 학습과 같은 것에 공헌할 책임을 지도록 요구받는다.

학교 건물은 지역사회의 경제 및 사회적 삶을 탐구하기 위한 일종의 기지이다. 학교의 교직원은 학생들이 질문과 답을 찾기 위해 지역사회 기관을 준비시키는 데 책임이 있다. 그들의 주요 의무는 삶의 드라마가 펼쳐지는 학교 밖의 환경과 학생들의 관계를 중재하는 것이다. 이것은 전통적으로 요구되었던 것보다 세상이 어떻게 돌아가는지에 관한 더 많은 지식을 필요로 할 것이다.

Huck Finn 학교는 “저 밖에서” 벌어지고 있는 일과 연계된 실제 사회에서의 연습이다. 교사들은 널리 퍼진 문화 및 지역사회의 상황에 익숙할 때 강력해진다. 그리고 예민한 교사들이 사건의 과정에서 어쨌든 찾아내는 일도 내러티브 학교의 환경에서는 내러티브 설명(narrative exposition)의 재료가 된다.

이것은 명백하게도 신중함과 주의를 가지고 다뤄져야만 하는 재료이다. 교사들은 이런 종류의 교수를 위한 윤리 코드(code of ethics)에 스스로를 맞춰야 한다(그리고 비밀 자료 유지에서 보호받아야 한다). 왜냐하면 이러한 스토리텔링 과정에서의 참가자들은 범죄 활동, 폭력과 추행, 사회 및 가정의 무질서에 대한 것을 배울 것이다. 그들은 확실히 성생활 및 성행위에 대해서도 배울 것이다. 이것은 이미 “알려진” 것이며 학교의 이면 경로에 있는 것이다. 그들은 미국인의 삶 속에 있는 모든 추함과 혼동에도 직면할 것이며, 만일 이러한 지식을 편안하게 그리고 책임감 있게 관리하는 법을 배운다면 강력해질 것이다.

반면에 학생들의 종교적인 삶, 영혼성, 신화 그리고 미지의 것에 대한 재료도 비록 이러한 문제 양측에 이러한 가능성을 다르게 보는 열성(zealots)이 있다손 치더라도 그룹에 허용될 수 있어서 교회와 나라의 규정을 위반하는 두려움 없이 학교로 가져올 수 있다.

따라서 이런 시스템의 개방성과 비판적 입장에는 문화적 저항(cultural resistance)의 강점뿐만 아니라 분명한 잠재적 위험(potential perils)도 도사리고 있다. 이런 문제에 대한 응답은 실행 가능성(feasibility)에 대한 마지막 장에서 논의될 것이다.

### 교사 가능성

내러티브 교수의 주제에서 벗어나기 전에 마지막으로 언급할 필요가 있는 것이 있다. 이 책의 마지막 장은 내러티브 교육의 실천에 관한 몇 가지 주요한 구조적 장애물을 다룬다. 그 장애물이 발생하게 되는 문제점으로서 교사의 부족은 이러한 문제점 중 하나로 거론되지 않는다. 이것은 일반적으로 교사들은 잘 가르치는 잠재력이 있다는 나의 신념에 기초하여 연구된 결정이었다. 하나의 계층으로서 교사들은 좀 더 복잡한 역할에는 불충분하다고 주장하는 것은 근거 없는 유언비어이다. 교사들이 그들의 환경의 산물인 것처럼 학교 환경도 교사들의 인간적 한계의 산물이다.

교사비평가들에 의해 종종 제기되는 상대적으로 덜 인상적인 시험 성적 같은 불충분함의 "증거"는 그 자체가 내러티브 접근이 대체할 그리고 그룹으로서의 교사들 사이에 있는 능력의 다양성과 잠재력을 무시하는 기계적 은유의 유물이다. 또한 내러티브 모형에서 교육적 가치에 있어서의 변화는 사람들을 매혹시켜 전에는 관심 없었던 교수(teaching)로 끌어들일 것이다.

그러나 이것은 교사 행동에 있어서 심오한 변화를 일으키는 데의 어려움을 간과하는 것이 아니다. Lee Schulman과 Neil Carey(1984)는 교수과업의 거대한 복잡성에 관한 논의에서 "교사의 한계는 낮은 적성 검사 성적의 능력이 아니라 그들 인간성의 산물이다"(p. 514)라고 언급한다. 내러티브 학교교육은 현재의 기계적 시스템보다는 교사 내에서의 각기 다른 인간적 자질을 행사할 것이다.

# 13장 에필로그: 내러티브가 가져온 변화

모든 것은 이야기에 달려 있다.

– Bertolt Brecht의 극장을 위한 짧은 음악(A Short Organum for the Theater)

내러티브 교육은 크게는 사회, 학교, 그리고 개별 학생의 견지에서 도관 모형이 할 수 없는 거의 모든 것을 의미하는 말이다. 그것은 제도적 교육과 그 고객 사이의 관계를 급진적으로 재구성해야 한다는 점을 분명히 한다. 그것은 강력한 가정—학교는 학생들과 그들이 학교교육에서 기대하는 것 그리고 그들의 삶에서 원하는 것을 알아야 할 책임이 있다는 것—에 기반을 둔다. 만일 학생들이 그러한 것을 어떻게 이야기할지 모른다면 학교는 그들에게 학습의 기회를 주어야 한다.

내러티브 원리(narratory principle)에 기반을 둔 교육은 구조화된 자율성을 배경으로 경험이 수행되도록 하며 학생들 삶의 맥락에서 교과교육이 실행되도록 한다. 그것은 강요된 통제의 정지된 구조에 대한 책임 있는 자유의 동적 구조를 부수적인 위험과 새로이 시작된 혼란으로 또한 그러한 상황에서 예측될 수 있는 해방된 에너지로 대체함으로써 젊은이들 내에서의 의존성 및 자율성과 관련 있는 중요한 쟁점을 밝힌다.

교직원을 일괄공급체계와 교육 관리자 대신 멘토와 조력자의 입장에 두게 되면, 학교가 지닌 통제된 환경을 유지하는 지루함과 압력을 덜게 된다. 그것은 재구성적 활동의 가능성에 전체 시스템을 개방한다. 그것은 민주적 위험 부담을 허용하는 민주적 삶을 위한 교육이다.

그것은 메커니즘 구조에서 벗어난 교육보다도 교육의 목적에 관해 매우 다르게 언급한다. 그것은 각 개인이 설명될 수 있고 설명되어야 하는 세계에서 산다는 것을 암시한다. 그것은 특히 순수한(혹은 꾸밈없는) 방식으로 세계를 학습과정에 통합하는데, 여기서 논의되고 그 의미가 이해될 수 있는 삶의 현실(the realities of lives)을 밝힌다. 누군가가 경험한 이야기를 지속적으로 말하는 것은 그의 줄거리가 전개되는 방식에 대한 책임을 떠맡는 것이다. 누군가의 이야기는 그가 살고 있는 사회 및 문화적인 배경을 정의하며; "이곳이 내가 있는 곳이고, 어떻게 도달했는지, 무엇을 신경 쓰는지, 무엇을 잘하는지, 어디로 가고 있는지, 그리고 무엇이 될 것인지를 말한다. 이것은 나 자신의 신화(myth)이다. 이것이 바로 나다."

또한 내러티브 학교교육은 사람들 내에서 좀 더 생산적인 관계를 위한 잠재 가능성에 관해 진술한다. 이야기가 급진적 개인주의의 우울함(melancholy)과 걱정스런 고립 내에서가 아닌 공동 사회주의적(communitarian)이고 평등주의적(egalitarian)인 사회과정으로써 말해지고 구성된다는 것은 명백하다.

능동적 주체가 없이는 내러티브도 없다. 내러티브 교육은 능동적인 것, 즉 학습자들에게 행해지는 것이 아니라 그들이 직접 하는 것이다. 그것은 가능화(possibilization)를 위한 조건을 만들며 학생들이 알고 경험하는 세계, 그리고 그들이 계획하고 있는 세계를 반성적 행동(reflective action)의 가능성에 개방하면서 학생들에게 영향을 미친다.

내러티브는 질서가 조직적(methodic)이고, 규칙을 가지고 있으며; 줄거리 구성(emplotment)과 계열화(sequencing)를 필요로 하며 그리고 시작, 중간, 끝과 새로운 시작이 있는 어떤 순서와 질서를 요구한다. 하지만 그것은 연속성(continuity)을 인정한다.

내러티브 과정(narrative process)은 관여하고 참여하는(involving) 것이며; 학생들은 동시대의 중등학교에 있는 학생들이 종종 외면하는 요구 사항을 피하는 것 같지 않은데, 이는 내러티브가 그들 개개인을 성인의 권력(adult power)이 아닌 또래집단에 책임을 지도록 하기 때문이다. 그 과정에서 주체 내에서의 통합된 자아("자기-신화"), 즉 공산주의적이고 개인주의적인 자질 모두를 지니고 공감 및 다른 연민 어리고 이타적인 자질을 권장하는 환경에서 개발된 자아를 발달시키는 데 내러티브가 공헌한다.

그것은 학생들이 아이디어와 행위(action)의 연관 짓기를 통해 "학습된 무력감(learned helplessness)"을 극복하도록 돕는다. 아이디어는 판단과, 결과적으로 심층적인 "개방"과 재구성으로 이어지는 연계적 표출(articulative expression)을 통해 사용된다.

그것은 비판적 사고를 요구하며, 변별적 사고 없이는 줄거리 구성도 없다. 그것은 데이터 선택에 있어서 기술 개발의 자극을 통해 삶을 살아가는 데 선택과 매개의 중요성을 분명히 한다. 그것은 인과관계 분석에 있어 실세계의 연습을 제공한다(왜냐하면 원인과 결과의 확인 없이는 줄거리 구성이 있을 수 없다).

또한 그것은 학생들이 건강한 나르시시즘—조작적인 지름길과 "재촉"을 통해 이룩하는 것 대신 연기된 만족감과 훈련된 학습을 통해 성공하려는 동기를 지닌 것—을 개발하도록 권장하고 시도한다. 그것은 학생들이 알 것을 요구하지 않는 유아론적인 사춘기 세계에 몰입하는 것을 막는다. 이는 학습을 실제 세계에서 수행되는 그리고 목표 및 목적과 연관된 중대한 프로젝트와 결부시킴으로써, 또한 안이한 단순화 및 텅 빈 지식 덩어리의 학습 대신 보람 있는 복잡성의 통합을 통해 가능하다.

내러티브 교육이 여기서 요구되는 모든 것이고 혹은 그렇게 될 것이라고 추정컨대, 미국 생활의 현실에 순응할 수 없는 정치적 및 사회적 반대자를 제외하고는 누가 이런 종류의 교육을 원하겠는가?

이것은 필히 고심해 볼 문제다. 그러나 개혁의 실행 가능성에 대한 근본적인 문제에 착수하기 전에 경제적인 가능성과 같은 이차적인 문제를 처리하는 것이 유용할 것이다.

## 비용 요인

이 시스템이 복잡하다 해도 그것이 대체하는 모형보다 왜 훨씬 비싸야 하는지 아무 이유가 없다. 사실 Huck Finn 고교에서 실제 수업에 대한 학생별 비용은 "경험"과 공동체(community)가 교사들이 예전에 수행했던 "교수(teaching)"를 많이 맡는다는 것만으로도 전통학교에서보다 더 낮을 수 있다.

수업 보조비용도 상당히 낮춰질 수 있다. 분리된 상담 부서 또한 (상담 문제는 내러티브 과정에서 "일상적으로" 다뤄질 것이기 때문에) 필요 없을 것이며, 특수교육도 아마 가장 심각한 장애학생들의 경우를 제외하고는 필요 없을 것이다. 오히려 이러한 학생들은 소그룹의 보호 환경 안에 효과적으로 섞여 내러티브 표출에 대한 자신만의 독특한 방법을 찾게 될 것이다. 안전, 출석 관리, 그리고 통제 및 관리감독과 연관된 것에 대한 비용은 확실히 감축될 수 있다. 학교의 중앙 통제 시스템에서 작동하는 고가의 관리 장치 또한 대개는 도관 모형의 유물이므로 적어도 축소될 수 있다.

어떤 비용은 증가할 수 있다. 적어도 포트폴리오 그룹을 관리하는 수석교사들의 급여는 내러티브 프로그램을 운영하는 데 필요한 우수한 사람들을 끌어들이기 위해 상당 수준 인상되어야 한다.

더 나아가 교통수단의 경우 비록 밴이 정해진 노선으로 운행하는 대형 버스를 대체하더라도, 현재의 경직된 시스템보다 훨씬 탄력적(flexible)이고 민감하게 대응할 필요가 있다. 그리고 시청각 장비와 용품, 컴퓨터, 워드프로세서와 프린터, 복사기(아이고, 그렇지!), 기타 이런 종류의 프로그램이 먹어치울 종이, 마커, 투명지와 미술 재료 등에 인색함이 없어야 한다.

내러티브 학교의 구상과 관련된 가늠할 수 없는 것들이 많이 있을 수 있으나, 대체로 내러티브 교육이 과잉 관리와 과잉 감독과 과잉 통제로 많은 비용이 드는 도관 모형보다 더 많은 운용비용이 소요되는 강력한 사례는 거의 없을 것이다. 이의 제기(objections)는 좀 더 추상적이고 가치에 기반을 둔 토대에서 뒷받침되어야 할 것이다. 다음은 어느 정도 예측할 수 있는 몇 가지 이의를 예상하고 대응하려는 노력을 제시한다.

## 부정적 명제

내러티브 학교교육에 대해 반대하기 위해 논리적으로 주창될 수 있는 명제가 수십 가지가 있음은 의심할 여지가 없다. 그러나 가장 근본적인 것으로 여겨지는 최소 네 가지는 다음과 같다.

1. 그것은 우리 사회와 문화를 지속시키는 표준 교육과정—수학, 영어(언어 기술), 역사, 정부, 경제(사회)—의 사망을 의미한다.
2. 그것은 "안이"하고 "말뿐인" 텅 빈 활동이다. 그것은 엄정성(rigor)이 부족하다. 그것은 학생들에게 그들이 학교 밖에서 궁극적으로 적응해야만 하는 세계, 즉 조직화되고 많은 노력을 요하며 결과 지향적인 세계를 준비시키지 않는다. 그것은 학생들이 자신들 앞에 펼쳐진 혼동과 무질서를 어떻게 다뤄야 하는지를 아는 것보다 더 많은 자유와 자율성을 그들에게 제공한다. 그것은 과학, 전문적 훈련 그리고 진지한 학문과 관련된 마음과 습관의 초자아적 자질을 가르치는 데 실패한다.
3. 그것은 친밀하고 사적인 가족 문제에 학교를 연루시키는 교육이라기보다는 치료이다. 그것은 학교에서 다루기에 적절하지 않은 계급, 소득 격차 그리고 인종과 같은 다른 쟁점—만일 공개 논의에 노출된다면 혼동 및 해결하기 힘든 갈등을 유발할 수 있는 것—을 드러낸다.
4. 내러티브 프로그램은 너무도 급진적이어서 실행될 수 없다. 그것은 학교 구조에서, 가르치는 일에서, 젊은이들 사이에서 그리고 광의의 사회 및 정치적 환경에서 반대 세력과 무관심 및 타성이 압도적이기 때문에 발생할 수 없다. 그 시스템은 그러한 이유로 그리되었다. 이렇게 깊이 있는 변화가 가능하다고 제안하는 것은 이상적인 추정이다.

이러한 명제를 차례로 살펴보면 …

### 교육과정과 교과의 문제

내러티브 모형에서는 전통적인 중등학교의 교과가 포트폴리오 과정에서 행해진 것과 같이 내러티브 충동을 사용하고 이에 주도된 교육과정에서 달라진 자리로 이동한다는 것이 사실이다. 이것은 주변부의 위축된 자리로 보일 수 있다. 그러나 그것은 사실이 아니며, 내러티브 학교교육은 전통적인 교과목의 위치를 회복시킬 수 있다. 그것은 교과에 활기를 불어넣을 수 있다. 교과는 교육과정의 기정 사실 중 하나이다. 그것은 무엇을 의미하며 어떻게 사용될 수 있는지, 또한 왜 학생들은 현재 그것을 학습하고 있지 않은지가 쟁점 사안이다.

John Dewey의 초기 교육적 견해가 피력된 「아동과 교육과정(The Child and the Curriculum)」(1902/1990)에서, 그는 교육과정을 어린이들의 삶과 연결시키는 학교교육에 대해 주장했다. 그는 교육자들이 다음과 같이 행할 것을 촉구하였다:

> 어린이의 경험과 학문의 과정을 구성하는 교과의 다양한 형태 사이에는 일종의 (정도의 구별이 있는) 격차가 있다는 편견을 버려라. … 교과를 어린이의 경험 밖에 있는 고정된 기성품으로 보는 개념을 단념하고; 어린이의 경험을 어렵고 빠른 것으로 생각하는 것을 멈추며; 그것을 유창하면서도 초기 단계에 해당하는 필수적인 것으로 보라. 그러면 우리는 그 어린이와 그 교육과정이 하나의 과정을 규정하는 두 개의 한계점(limits)임을 깨닫게 된다. (p. 189)

Seymour Sarason(1983)은 십년 전에 자신이 명명한 확고한 Dewey의 맥락에서 교과를 경험된 세계에서의 기원과 연결시키는 방식으로 미국 학교의 재개념화를 위해 글을 썼다. Sarason은 학생들이 "그들의 관심과 질문으로 시작하고 그들이 교과의 다면적인 중요성을 경험할 수 있는 곳에 그것을 위치시키는 방식으로, 또한 교과는 이 세상에서 나온 것이고 이 세상에 영향을 미치며 계속해서 영향을 미친다는 명백한 사실을 중대하게 받아들이는 방식으로" 교과에 노출되어야 한다고 주장한다(p. 139).

Sarason은 미국 교육을 연구하면서 학교가 교과를 가르치는 최고의 혹은 유일한 장소라는 당연시되는 세계관을 몹시 의심하게 되었다.

> 그러한 관점이 유지되는 한, 그리고 학교교육에 대한 개념이 지나치게 획일화되어 있는 한, 우리는 학생들이 교과에 노출될 수 있는 좀 더 생산적인 방식—학생들의 관심과 질문으로 시작하고 그것을 그들이 교과의 다면적인 중요성을 경험할 수 있는 곳에 위치시키는 방식, 또한 교과는 이 세상에서 나온 것이고 이 세상에 영향을 미치며 과거에 알려졌고 현재에도 알려져 있듯이 계속해서 영향을 미친다는 명백한 사실을 중대하게 받아들이는 방식—이 있다는 것을 인식할 수 없다. (pp. 138-139)

이런 실세계와의 격리와 단절 때문에 학교는 특히 주변부에 있는 사람들—엘리트 계급과 문화적 및 인종적 불이익을 당하는 사람들, 그리고 사춘기 이후 질풍노도의 시기에 있는 사람들—에게 재미없는 장애물 코스가 되었다. Sarason은 학교에서의 작업으로 다음과 같은 결론을 내렸다:

> 제한되고 고립된 개체로서의 학교 존재는 교과와 경험을 지속하고, 촉진하며, 증대하는 방식으로 결합시키는 데 가장 효과적인 장벽이다. 학교가 그렇게 존재한다는 사실은 교과와 능동적 경험의 통합보다는 격리시키는, 추상적인 것과 구체적인 것을 분리하는, 또한 일반적으로 수용되는 지식과 경험에 의한 지식 사이의 거대한 격차를 답습하는 효과를 가지고 있다. (p. 129)

Sarason은 우리로 하여금 학교교육을 고도로 합리화된 통제의 건축물에 갇힌 약화된 과정이라기보다는 삶을 학습에 연결시키는 과정으로 검토하도록 촉구한다.

내러티브 교육은 이 목적을 달성하기 위한 직접적인 시도이다. 그것은 흥미와 노력의 문제, 또한 무엇이든 배우려는 동기의 문제를 직접적으로 다룬다. 도관 모형의 가장 심각한 문제의 측면 중 하나는 교육과정의 주안점과 학생의 흥미가 좀

처럼 서로 맞지 않는다는 것이다. 이것은 도관을 통해 자료를 보내는 것이 자료의 수령자들을 위한 필연적인 학습 결과를 낳는다는 추정, 그리고 학습자가 정해진 목표를 위해서 흥미를 가지고 노력을 기울이는 환경을 조성하는 것은 교사여야 한다는 추정의 결과이다. 때때로 이러한 문제가 발생하지만 항상 그런 것은 아니며 심지어 자주 일어나지도 않는다. 이러한 방식에서 유래된 학습이 종종 일시적이고 부분적이라는 충분한 증거가 있다. 그것은 학교를 위한 학습이지 삶을 위한 학습은 아니다. 도관 모형은 노력하는 주체로서의 자아(self)를 억누른다. 교과를 "필수(required)"로 정한다고 해서 그것이 중대하면서도 살아 있는 방식으로 학습되리라는 보장은 없다.

Huck Finn 고교에서 포트폴리오 그룹은 이러한 학습 자원 세계를 탐험하도록 안내하는 다양한 스키마에 노출될 수 있다. 이러한 스키마 중에는 전통적인 학문, 즉 Daniel Bell(1968)이 "개념적 탐구를 위한 방식(modes for conceptual inquiry)"이라 부른 사회적, 정치적, 자연적 그리고 기술적인 환경의 구현(embodiments)과 실례(exemplifications)가 있다(p. 161). 그것은 자연 및 사회 현상에 대한 연구에 적용되기 때문에 실천, 절차 그리고 과학적 탐구 규칙에 도입될 수 있다. 또한 철학적 탐구에도 도입될 수 있는데 학생들은 무엇인가를 안다는 것이 어떤 것인지, 도대체 앎은 무엇을 뜻하는지, 그리고 20세기 후반의 삶을 살기 위해서 그들이 알 필요가 있는 것은 무엇인지를 검토할 수 있다.

연구 분야는 내러티브 가치를 지니게 되는 사람들에게 훨씬 더 흥미로울 것이다. 모든 학생이 그곳에 있는 이유가 있거나 최소한 이유가 있다고 믿는 강좌를 가르치는 것—즉, 그들 자신의 삶과 그들 존재의 환경을 좀 더 충분히 설명하는 것—을 누가 원하지 않겠는가?

만약 교과나 연구 분야가 누군가의 이야기를 들려주는 것에 대해 인지된 가치(perceived value)를 가지고 있지 않다면 그것은 지속적인 의미가 없다. 따라서 역사, 문학, 경제, 정부(또는 사회 과목처럼 중등학교에 있는 잡동사니 상자), 그리고 심지어 과학과 수학, 기하학과 같은 과목들은 많은 청소년 학생들의 내재적 관심을 거의 끌어낼 수 없다. 그것들은 발달하는 자아의 삶과 전혀 상관없어 보인다.

너무도 빈번히, 그 과목들은 그것들의 내재된 가치 또는 고상함(세련된 구경꾼들의 시각에서만 존재할 수 있는 것)을 위해서 "거기에 있기 때문에" 작은 유아론(little solipsisms)으로서 교수되었다. 그것들은 메커니즘의 구조 속에서 관습적으로 교수되었기 때문에 자아에 의한 자아의 구조화에 기여한 것이 거의 없다. 이러한 구조화(structuring)는 청소년기의 가장 심도 있는 과제이다. 각각의 고유한 개인 관점을 위한 준비(readiness)의 순간이 있는데 일부 학생들은 중등학교에 다니는 동안 이 순간에 도달하지 못할 수도 있다.

일종의 전형적인 사례로 역사 연구를 생각해 보라. 역사는 집단(the collective)의 내러티브이며; 그것은 각 학급에 있는 각각의 학생이 어떻게 하여 자신의 현재 모습이 되었는지, 또한 오늘 이 학교 이 자리에 어떻게 앉아 있게 되었는지에 관한 이야기로 (내러티브로 조직화되어 있지 않은 학교에서조차도) 교수될 수 있다. 우리 모두는 경제적 세력 및 요구의 영향을 받는다 해도 역사의 산물이다.

Anthony Paul Kerry(1991)는 그의 저서 『내러티브와 자아(*Narrative and the Self*)』에서, 개인의 역사의식 없이는 국가의 역사의식도 있을 수 없다고 주장한다. 개인의 역사는 내러티브를 통해 더 넓은 역사적 연속체에 연결된다. 내러티브는 조심스럽게 관심을 끌어낸다. 그는 Hume을 인용하여 인성(personhood)은 원인과 결과의 지속적인 연쇄를 통해 확립된다고 결론 내린다. 이렇게 축적된 기억은 자아를 구성하고, "우리의 정체성은 … 의식과 기억에 대체로 의존한다"(p. 25). 역사 속으로의 역사의 입증은 이렇게 살아 있는 연속체로부터 고립되는 것이다.

역사적 연구에 대한 내러티브 접근은 전통적 제시의 순차적 본질을 변경할 것이고; 학생들은 사학과에서 지정한 용어가 아닌 본인의 용어로 역사에 접근할 것이다. 역사가 개인 내러티브에 결합될 때, 그것은 과학적 의미(sense)에서 객관적인 진리는 아니다. 그것은 신화적이고 독창적인 특질과 주관적 의미(meaning)로 가득 채워진다(White, 1980).

의도성(intentionality)은 우리가 어떤 교과를 연구하는 방식을 구체화한다. Calvin Schrag(1969)는 "특정 경험에 관심이 집중될 때, 의식은 의도된 표상을 향해 이끌린다. … 이렇게 경험으로부터 수치로 가는 길을 닦는 경험의 백터들

(vectors)은 의도성의 전달자이다" 라고 쓴다(pp. 83-84). 교과는 일률적으로 인지된 의미 분야로서 우리 모두에게 주어지는 것이 아니다. 미국 원주민 학생들은 영토 확장설이나 서부로의 정착에 관해 백인 학생과는 분명 다른 이해를 갖는다. 또한 미국 흑인들도 남북전쟁 이전의 역사를 대다수의 인구처럼 지각하지 않는다. 이것들은 중대한 사례들이다. 오늘날 우리가 일컫는 다문화주의는 실제 삶의 실제 요소를 함유하고 있다.

교육의 도관 모형에 관한 주요 문제점 중의 하나는 도관 모형이 학생들을 마치 그들이 처한 상황이 없는 것처럼 다룬다는 것이다. 교과가 학생들의 상황 밖에서 그들에게 제시될 때, 그것은 거대한 장애, 즉 우리가 직면한 상황이 우리로 하여금 그 상황에 의문을 제기하도록 할 때 나타나기 쉬운 "멈춰 서서 생각하는 것" 만으로 바로잡을 수 있는 교통체증과 같은 상황("여기서 어떻게 빠져나가지?")이 된다. 그게 아니라면, 우리는 아무런 조치를 취하지 않고 장애물이 해결될 때까지 기다리는 경향이 있다. 이런 식으로 꼼짝 못하게 된 교과는 문제를 해결하거나 우리의 상황에 의미를 부여하는 데 사용될 수 있는 것이 아니라 삶의 걸림돌이 된다.

내러티브 학교교육은 정규 교육과 학교 밖의 세계 사이에 있는 단절을 시정하도록 도움을 주며, 교과와 학생들의 삶을 생산적인 관계로 이끌 수 있는 가능성을 가지고 있다. 이것이 도관 모형의 기계적 구조를 가지고서는 달성할 수 없는 것들 중의 하나이다.

### 엄정성과 규율의 문제

규율, 엄정성 그리고 질서는 훈련담당 교관이 하듯 혹은 엄격한 과정을 통해 수용되거나 정치적 실체에 의해 명시되는 바와 같이 외부세계로부터 제공되어야 할 성질이라는 생각은 (민주주의의가 아닌 다른 인간 조직의 이전 모형뿐만 아니라) 교육에 있어서 도관 모형의 사라지지 않는 유물 중 하나이다.

수업 규율의 자료 및 효과에 대한 좀 더 흥미로운 연구 중 일부는(Wegmann, 1976 참조) 이야기할 권리 혹은 내러티브에 참여할 권리가 수업 중 "규율(discipline)" 의 존재 유무를 위한 좀 더 보편적인 준거 중 하나임을 보여 준다. 다시 말해 내러티브의 뜻밖의 존재가 수업에서의 "규율" 부재를 드러내는 것으로 여겨진다. (다른 것들로는 교사의 명령과 그 결과; 통제를 유지하는 전술로서의 설명; 무엇이 중대하게 받아들여져야 하는가에 관한 결정; 그리고 학생들의 물리적 위치가 있다.)

내러티브 과정은 이러한 접근에 영향을 미치는 가치에 대한 명백한 배제이나 그것이 자기-훈련이 중요하다는 것과 그것이 교육의 결과물이어야 한다는 견해를 거부하는 것은 아니다.

어원적 기원에서부터 규율은 학습 과정과 직접적으로 연관되어 있다. 규율의 의미 중 하나는, 이전 부분에서 논의되었던 교과의 구조(라틴어 명사로는 disciplina)를 명시한다. 그것은 또한 제자(disciple)라는 단어와 관련이 있다. 그리고 그 둘은 "학생" 혹은 "학습자"를 뜻하는 라틴어 명사 discipula와 "학습하다"라는 의미의 동사 discipere에서 유래된 것이다. 비록 그것이 대부분의 의미에 있어서 질서 정연, 자제력, 체계와 효율성을 함유하고 있더라도, 외부의 권위에 의해 부과된 처벌 및 통제와 discipline을 결부시키는 것은 좀 더 근대적인 어원이 가미된 매우 이차적인 의미이다.

엄정(rigor)이라는 단어는 "딱딱함(stiffness)"과 "냉정(cold)"을 의미하는 동일한 라틴어에서 유래된 것인데, 내러티브 관점에서 볼 때는 엄격하고 냉정한 과정이 아닌 따뜻하고 유연한 과정으로, 문제가 많은 어원이다.

본질적인 의문, 혹은 그렇게 보이는 것은 이와 같은 내러티브 충동이 포트폴리오 개발에서 벌어지는지의 유무가 질서 및 규율의 믿을 만한 근원(source)이 될 수 있느냐이다. 즉, 앞선 장에서 기술된 내러티브 프로그램이 학문, 그리고 질서가 있는 규칙 기반의 예측할 수 있는 단정 및 실행의 통달과 일관된 마음의 습관(habits of mind)을 심어 줄 수 있는가?

그 해답은 분명 규율화된 실행이 적어도 도관 모형에서처럼 내러티브 학교교육에서도 실현될 것 같다는 것이다. 게다가, 때때로 꾀죄죄한 실제에 보상하는 쾌락주의 세계에서, 내러티브 학교교육은 가능성을 훼손받지 않을 사람들에서 엄중한 습관을 자극할 수 있다.

내러티브 학교교육은 집단적 숙의(collective deliberation)라는 상황에서 발생하는 학습자 자신의 프로젝트에 의해 추진된다. 그 에너지는 살아 있는 경험 세계에서 나온다. 그것은 세상에 존재하기 위한 필수적이고 중요한 방법이다. 그것은 체계적인 반성—"재현할 수 있는 표현의 순서 속에 있는 자연스런 복잡함을 조작할 수 있는 힘; 그리고 … 그러한 힘을 재생산에 의해 고무되는 목표 달성을 위해 변형시키는 것—에 기초를 둔다(Buchler, 1961, p. 135). 방법은 탐구가 되고 탐구에서 판단이 나온다. Justus Buchler(1961)는 "상상과 경탄에서 비롯하여, 탐구는 개인의 경험 발달 과정과 관련하여 각자의 질문 형식으로 표출된다"라고 쓰고 있다(p. 114).

이러한 종류의 학습 조건은 학교에서 유지되기 힘들 수 있으나, 내러티브 원리가 규율화된 습관 및 기술의 교수에 적대적이라고 주장하는 것은 이해가 되지 않는다. 규율과 엄정은 맥락의 기능이며 지향성의 유발 탓에 영향을 받는 내적인 상태이다. 일단 누군가가 자신의 삶을 프로젝트로 떠맡게 되고 나면, 규율화된 방법이 뒤따른다.

사실 내러티브 학교교육의 가장 큰 힘은 현재 시스템에서는 사실상 목소리를 낼 수 없기 때문에 패배한 학생들과 함께 할 것이다. 그들이 말할 때, 그 말은 들리지 않는다. 그러나 소수민족의 학생들을 지도해 본 경험이 있는 일부 교육자들이 이전의 진술에 쉽게 동의하지 않을 수 있다는 것에 주목하는 것은 중요하다.

미국 흑인 교육자 Lisa Delpit(1986)이 쓴 기사는 일부 소수민족 교사들이 진보적인 교육개혁에서 느끼는 반목에 내재되어 있는 딜레마를 날카롭게 표현한다. 많은 소수민족 교육자들은 교육의 대안 모형은, 특히 그 모형이 기술—여기서 말하는 것은 더 나은 대학에 들어가고 전문 훈련을 받기 위해 요구되는 적성 및 능력—개발보다는 표현력(혹은 유창함)을 촉진시키는 것에 주력하고 있기 때문에, 미국의 흑인 어린이들에게는 잘 작용하지 않을 것이라 믿는다.

Delpit은 "쓰기 과정" 프로그램의 전문가이다. 이 프로그램은 엄격하고 교훈적인 기술 개발을 하위에 두고 좀 더 개방된 과정으로 향하는 창의적인 표현에 초점을 맞춤으로써 어린이들이 자유롭게 쓰기를 배울 수 있도록 한다. 그러한 프로그램은 비록 소수민족 어린이들이 백인 어린이들보다 뒤처지는 경향이 있었더라도 대체로 성공적이었다. Delpit은 불쾌하게도 일부 흑인 교사들이 그러한 접근을 마치 흑인 어린이들을 충분한 소양이 없는 속박에 가두는 은밀한 목적을 지닌 가족주의 플롯으로 치부하여 버리는 것을 발견하였다. 논하자면, 흑인 어린이들은 이미 "유창하다"; 그들에게 부족한 것은 표준화된 영어 형식에 대한 실제적인 지식이다. 따라서 그들은 전통적이고 귀납적인 방식으로 그러한 기술을 배워야 한다.

Delpit 기사의 아래 인용문은 아프리카계 미국인 교사들의 우려를 명확히 하고, 내러티브 과정이 이러한 우려에 대한 응답이 될 수 있다는 방안을 제시한다.

> 나는 얼마나 많은 … [비소수민족]교사들이 흑인 학생들이 랩 가사를 많이 그리고 "유창하게" 쓴다는 것을 아는지 궁금하다. 나는 얼마나 많은 교사들이 흑인 어린이들이 운동장에서 놀면서 새로운 욕설을 만들고 새로운 줄넘기 챈트와 환호를 만들 때 표현하는 언어 창의력과 유창성을 인식하고 있는지 궁금하다. 만일 그것들을 들었다 해도 그것을 언어 유창성과 관련지을까?
>
> 아마도, 정말, 쓰기 과정 교사들은 … 아이들이 이미 가지고 있는 유창성을 깨달을 기회가 없었을 것이다. 그들은 단지 침묵을 듣고 움직이지 않는 연필을 본다. 그리고 아마도 흑인 교사들은 그들이 학생들의 목소리를 듣고 그들의 유창함을 명확하게 보기 때문에 자신들이 쓰기 과정 접근이라고 이해한 것에 너무도 단호하다. 그들은 미국에서 성공하는 데 필수적인 다음 단계—미국의 주류가 요구하는 음성 및 서면 형식으로의 연계—로 너무도 이동하고 싶어 한다. (p. 383)

내러티브 교육은 모든 학생들의 개별 목소리를 요청한다. 그것은 모든 학습 가능성을 자기 것으로 만드는 전유(appropriation)*에 개방한다. 그것은 직접적인

---

* 이해한다는 것은 전유하는 것이다. 즉, 낯선 것을 자기 것으로 만듦으로써 다른 것을 더 잘 이해하는 행위이다. 결국 자기이해의 우회로로 타인을 이해하며 세상과 관계를 맺는 인간에게, 이해 행위는 단순히 진리의 인식 방법이 아니라 존재의 드러냄이다(리쾨르).

기술 교수를 가로막지 않고, 일부 교과는 전통적이고 교훈적인 방식으로 교수되지 않는다는 것을 제시하지도 않는다.

그것의 임무는 모든 교수를 위한 "기술" 숙달이 각 학습자의 내재적 선택이 되는 경험적 맥락을 제공하는 것이다. Delpit(1986)은 "기술은 의미 있는 소통을 통해, 그리고 의미 있는 맥락에서 가장 잘 학습된다"고 쓰고 있다(p. 384).

내러티브 과정은 만일 주요 기술 습득이 소수민족 학생이든 혹은 어떤 학생이든지 간에 그들에게 타당한 것이라면 요구되는 다양한 비판 및 창의적 사고를 위한 맥락을 제공한다. 내러티브 교육의 힘은 그것이 학습자와 그의 또래 친구들에게 해당되는 맥락을 제공한다는 것이다.

### 사생활과 치유에 관한 의문

개방(openness)과 폭로(disclosure)의 원리가 내러티브 학교교육의 핵심임은 사실이다. 학생들은 그들의 멘토와 서로서로에게 종종 사생활로 여겨지는 공개된 자료와 더불어 그들 자신 및 자신이 경험한 것에 관한 정보를 맡기도록 권유받는다. 여기서의 가정은 도관 모형 수업처럼 힘을 빼앗기고 통제된 분위기에서보다는 정보가 풍부한 환경에서 학습할 것이 더 많기 때문에, 이것을 온전히 하면 할수록 교육의 효과는 더욱 막강해진다는 것이다.

명백하게도 이것은 내러티브 제안의 가장 급진적인 측면 중 하나이다. 경험의 공개적인 폭로에 대한 강조는 사적인 문제를 공개적으로 논의하는 것에 반대하는 "메타금기(mettataboo)"를 포함해서 우리 사회에서 강하게 금기시되는 몇 가지 영역에 도전한다. 언어 금기(speech taboos)는 소통을 방해하는데, 그것이 그들의 (진술되지 않은) 목적이다. Fritz Steele(1975)이 그의 작품 「개방적인 조직(The Open Organization)」에서 사회질서와 예상 가능성의 언어 유지 조건의 범주에 대한 금기를 보여 주었는데, 그 금기 사항은 민감한 사안에 대한 놀라움의 가능성을 차단한다. 금기 사항은 종종 성, 정치와 권력 관계, 사회 및 경제 계급, 인종, 가족 관계와 같은 주제에 대한 논의를 배제한다. 그것들은 각 개인이 익명으로 숨겨져 관련되지 않도록 허용(혹은 강요?)한다. 그것들은 놀라움의 금지(proscription)와 경험에 반하는 장애물(bars)과 더불어 우리가 미국인이라는 한 민족으로서 우리들의 가장 두드러진 특성이며, 교육의 도관 모형을 지지하는 데 중요한 급진적 개인주의를 존속시키는 추리-통달 과정(Bakan, 1967)의 유지에 당연시되는 버팀목이다.

개인적인 폭로(revelation)에 대한 이런 금기 사항들로 인해 누구의 이익이 채워지는지를 묻는 것은 타당하다. 금기 사항들은 통제된 대인관계와 사회 및 정치적 환경의 유지에서 중요한 역할을 한다. 금기 사항이 우리의 사회, 경제 그리고 정치적인 삶 속에서 문제시되는 영역에 대한 토론을 금지함으로써, 그것은 현재의 상황을 그대로 유지하고자 하는 사람들의 이익을 충족시킨다. 우리의 가장 가시적인 금기 사항의 수호자들은 문제의 폭로가 문제 그 자체 때문에 발생하는 불편함의 원천임이 나타나도록 하는 뛰어난 수완을 발휘해 왔다.

이런 체계적인 억제에 대한 손실은 크다. 언어 금기(speech taboos)는 다른 사람들의 지각 및 관점에 반하는 개개인의 지각과 관점을 시험하는 것을 어렵게 만들기 때문에, 기능장애에 대한 개인적이고 사회적인 신화의 영구화에 이바지하며, 따라서 그것은 집단행동의 가능성을 제한한다. 또한 그들은 문제 해결에 극심한 제한을 둔다. "특정 요인이 경계 밖으로 나온 것이 선언될 때, 이러한 요인의 영향을 받은 문제점은 단지 부분적으로 해결되는 경향이 있을 것이다" (Steele, 1975, p. 92). 즉, 그들이 정보 분야를 궁핍하게 하기 때문에, 금기 사항들은 독단(dogmatism)과 경직성(rigidity)에, 그리고 너무도 많은 미국인들로 하여금 국가의 정치적 삶에 대한 참여를 철회하도록 이끈 만연해 있는 냉소(cynicism)에 기여한다. 그들은 복잡성을 혐오하는 거의 순수한 표현(pure expression)이어서 우리의 정치적 및 사회적 담화의 질을 제한한다.

간단히 말해서 금기 사항은 권력 및 통제와 관련이 있다. 그들은 권력을 가진 사람들의 이익을 충족시키며 나머지 우리 모두가 우리 자신의 삶을 통제하기 위해 알아 둘 필요가 있는 것을 학습할 가능성을 제한한다. 그것은 그들이 존대를 받으면 안 된다거나 제거되어야 한다는 것을 의미하는 것이 아니다(이것은 물론 어떤 경우에서든지 가능하지 않고, 모든 금기 사항이 언어 금기가 아니라는 것을 기억하는 것이 좋다).

내러티브 학교에서 공개적이고 폭로적인 언어 환경에 대한 강한 논쟁은 경험을 통한 학습이 불가피하게 정보세대와 관련되어 있다는 것, 그리고 최종적으로 학습 그 자체에 대한 가능성과 관련되어 있다는 것이다. Steele(1975)이 그의 저서에서 주장하는 바와 같이, "금기의 가장 큰 대가는 그들이 학습을 억제하는 정도다. … 금기의 순 효과(net effect)는 경험이 향상에 이르지 않고 연습이 완벽을 낳지 않는 영역을 고수하는 것이다"(p. 92). 정보의 범주를 차단하는 것은 학습자들이 학습 자료를 만들기 위해 경험을 사용토록 하는 문제 지향식 접근(problem-oriented approach)을 불가능하게 한다. 재구성적 탐구는 인간 삶의 가장 근본적인 쟁점(issue)에 대한 논의를 막는 금기 때문에 가로막고 있는 난관을 극복할 수 없다.

따라서 내러티브 학교교육이 현재 체계적으로 억압받는 논의 주제를 공개하리라는 것은 부인될 수 없다. 그러나 비록 개방적인 내러티브 환경이 정보 억압으로 특징지어진 것보다 "더 건강한" 것이라는 주장이 있을 수는 있지만 내러티브 과정이 변장한 치유법(therapy)이라는 논쟁에는 타당성이 거의 없다.

치료상의(therapeutic) 내러티브는 다양한 내러티브 형식 중 하나이며, 치유(therapy)는 정신분석가 Roy Schafer(1980)의 말로, 명백하게 "내러티브 선택(narrative choice)"이다. 하지만 내러티브 학교교육에서 결정될 필요가 있는 선택은 아니다. Schafer는 "정신분석은 정신분석의 방식을 따라 이야기를 바꾸어 말하는 과정"(p. 37), 즉 특수한(particular) 말하기 방식이라고 쓴다. 이렇게 구조화된 바꾸어 말하기(retelling)에서, "사건과 현상은 성, 침해, 이와 비슷한 문제를 내포하고 있는 유아 및 가족-중심 상황의 반복되는 재구성 시각으로 고찰된다"(p. 46).

이런 유형의 내러티브 형식이 지배적인 형식으로 내러티브 학교에서 발생해야만 하는 특별한 이유는 없다. 사실 왜 그러면 안 되는지에 대한 이유가 있는데, 그것이 교육의 학술적 목적(academic purpose)에서 나온 관심을 분산시키기 때문이다. 하지만 어떤 경우에서든지 정신분석의 내러티브 형식은 뛰어난(singular)

전문지식—높은 수준의 훈련받은 세련된 자세이며, Huck Finn 고교의 직원들 사이에 있을 것 같지 않은 실천가들의 한정되고 구조화된 관점—을 요구한다.

그러나 내러티브 형식에 대한 의문은 흥미로운 것이다. 철학자 Nelson Goodman(1981)이 지적한 바와 같이, 삶(심지어 경험된 삶)의 데이터 처리 모두가 내러티브는 아니다. 예를 들면, 데이터의 분석은 내러티브가 아니고, 주제를 분석적인 구조화의 재료로 재구성하는 어떤 것도 내러티브가 아니다. 바꿔 말하면, 내러티브는 존재하는 것이고, 그 내러티브에 단순한 연대기 형식이 아닌 의미와 순서를 주기 위해 적용되는 구조가 있다.

이야기가 "들리고" 나면 "배열된다." 학교교육의 자료와 교과 주제는 내러티브를 배열하고, 그 의미를 이해하고 구조화하기 위해 역사적 배열, 과학적 배열, 다양한 사회과학에 내재된 배열의 원칙, 그리고 철학적이거나 심지어 영적인 반성과 같은 다양한 형식을 제공한다.

각 학교(혹은 각각의 그룹이나 각 개인)는 그 자체의 내러티브 형식, 즉 사회적이고 이념적인 상황과 교직원의 자질에 적합한 것을 개발해야만 한다. 어떤 학교는 다른 학교보다 개방적이고 폭로적(disclosive)일 것이다. 하지만 내러티브 형식은 규정되거나 외부적 한계에 의존하는 것이 아니라 학교의 과정과 가치의 결과이고, 또 그래야만 한다. 어떠한 치유적인 배열(ordering)이든지 그것을 통해 내러티브 결과물이 형식을 부여받게 되는 단지 하나의 수단이 된다. 치유적 배열은 문제가 있는 젊은이들을 특수기능 학교에서만 존재하고, 일반 학교의 교육과정에 적용되는 방식을 찾지 못했다. 이것이 발생할 것 같지도 않다.

그러나 의문은 논리적으로 제시될 수 있다. 왜? 왜 고등학생들은 그들의 문제를 서로서로 솔직하게 공유하지 않고, 내러티브 구조에 그들을 끼워 넣어 이 문제를 이해하고 극복하려고 애써야만 하는가? Boston 집단주택지에서의 아이들의 삶을 연구한 심리학자 Thomas Cottle(1993)은 마음이 불안정한 빈민가 아이들로 하여금 종종 혼란스런 그들의 삶에 대해 일기를 쓰고 그것을 선생님과 공유하도록 격려하는 교사에 대해 쓰고 있다. Cottle은 그 아이들이 "자신들이 이해할 수 없는 쟁점을 해결하고 그들이 발견한 것을 믿을 만한 친구에게 전하기 위해" 일기를 사용한다고 보고한다(p. 138). Cottle은 이것을 정신분석 형태인 "일기 작업(diary work)" 이라고 부른다. 그 결과 때로는 일부 아이들의 학교 수행 능력에 놀랄 만한 발전이 있었다. 이 경우, 일기는 비밀로 유지되었다. 만약 개방적인 내러티브 규준이 수립된다면 그 결과는 훨씬 풍부하고 더욱 복잡해질까?

우리 학교에는 학업의 실패, 병적인 퇴학 혹은 돌출 행동으로 투사되는 많은 침묵의 고통이 있다. 내러티브 공유는 교사가 훈련받은 치료전문가든지 아니든지 간에, 최소한 일부 학생들에게 공유를 통한 치유의 가능성을 제공한다.

### 실행 가능성의 문제

실제 문제는 내러티브 학교교육이 학교 혹은 더 큰 사회에 영향을 미치기 위해서 충분한 규모로 수행될 수 있느냐 하는 것이다. 급진적인 개혁은 진실로 가능한 것인가? 그것은 실행 가능성이 있는가? 관리될 수 있는가? 그것은 성공적으로 조성될 수 있는가?

분명 여기에는 강한 의심의 이유가 있다. 내러티브 프로그램을 위해 제기된 어떠한 주장도 그것을 실행 가능토록 하지 못한다. 저항의 힘이 너무 강하기 때문인데, 우세한 근원적 은유를 다른 것과 대체하자는 제안은 말할 것도 없이, 교육 개혁을 위한 스키마의 실행 가능성에 대해 회의적일 수밖에 없는 충분한 이유가 있다.

지난 20여 년 동안, 수십 명의 미국 교육비평가들이 우리 학교의 급진적인 변화를 제안하였다. 이들 제안 중 일부는 우리가 교육에 대해 어떻게 생각하는지에 대해 영향을 미쳤거나 교육 실행에 있어서 적절한 개정으로 옮겨졌다. 그러나 대부분의 제안들은 가장 최근의 어느 정도는 어쩔 수 없는 하소연에 달린 각주로서만 근래에 실현된다. 전반적으로 보면, 그들은 현저할 정도로 거의 영향력을 미치지 못했다.

John Dewey가 20세기의 마지막 10년 동안 미국 학교의 더욱 두드러진 특질에 관해 반성한 문제로 되돌아간다면, 그는 20세기 초 그가 위대한 저서를 썼을 때 주목했던 것과 동일한 "오만한 강요(insolent coercion)," "교묘한 뇌물수수

(insinuating briberies)," 그리고 "젊음의 신선함을 시들게 하고 젊음의 활발한 호기심을 둔화시키는 교육학적 엄숙함(pedagogic solemnities)"을 발견할 것이다. 70년 전에 그는 『인간의 본성과 행위(*Human Nature and Conduct*)』(1922)에서 "교육은 젊은이들의 무력함을 이용하는 기술[이다]"라고 썼다. 오늘날까지도 마찬가지다.

이것은 왜일까? 왜 우리 미국인들은 우리 학교 때문에 그렇게 곤란해하는가? 그러면서도 학교를 개혁하기 위해 뭔가 중요한 일을 하기에는 너무도 무능해 보인다.

아마도 한 가지 이유는 그들로 하여금 중대한 변화를 저항토록 하는 모든 관료주의 체제에는 타성의 논리가 있다는 것이다. 수천 개 이상의 행정적 실체(administrative entities)로 흩어진 크고 부드러운 기계와 같은 미국 교육은 마치 급진적 제안을 사소한 기술(techniques)로 전환하는 거대한 소화기계처럼 그것들을 감싸안고, 흡수하고, 소화시키고, 그래서 보급하고 분해하는 것을 통해 변화를 위한 아이디어를 흡수한다.

또 다른 중요한 이유는 교육 개혁에서의 특정한 약점, 특히 한쪽의 자유(freedom)와 다른 한쪽의 질서(order) 및 구조(structure) 사이에서 적당한 균형을 타진하는 데 실패하는 것과 관계가 있을지도 모른다. Allen Graubard(1972)는 1960년대 자유 학교 운동에 관한 애정이 넘치면서도 비판적인 연구에서 다음과 같이 언급하였다:

> 권위주의 그리고 지루하고, 무익하며, 단세포적이고 종종 전도적인 교과에 반발하여, 일부 새로운 학교의 사람들은 어린이들을 방해하지 않고, 젊은이들에게 영향을 줄 수 있는 지식을 갖춘 가치와 우선순위를 단정 짓지 않으며, 교과의 권위 및 중요성에 대한 신념을 비난하는 것을 암시하는 자유를 단언했다. (p. 222)

몇몇 자유 학교에서의 결과는 일종의 온화한 무정부상태, 제대로 기능하지 않는 갈등, 그리고 매우 모호한 결과였다. William Firestone(1976)은 학부모 주도의 자유 학교를 연구하였고, 그 결과 진보적인 개혁 이데올로기는 애매모호한 자유의 개념이 있을 때 충돌을 촉진하고 분립(schism)을 초래할 수 있음을 밝혔다. 그 결과는 혼란스러운 목적의식과 차이점을 해결하는 신뢰할 만한 방식을 발전시킬 수 없는 무능(inability)이다. (그렇게 감탄할 정도로 일반인에게 알려진 냉철한 "엄한 사랑"의 고등학교와 같이 다른 방향으로 개혁된 학교에서의 결과는 기타 여러 방법과 동일하게 애매모호하고, 불만족스러우며, 문제투성이였다.)

하지만, 가장 중요한 이유는 우리가 묻는 질문의 유형과 관련 있을지 모른다. 요구된 질문은 제공될 답변을 결정한다. 사소하거나 그릇된 방향의 질문은 사소하거나 그릇된 방향의 답변을 만들어 낸다.

내러티브 학교교육은 미국의 공교육에 관한 몇 가지 근본적인 질문, 그 과정에 관한 질문, 일상의 기능에 영향을 미치는 관계의 구조에 관한 질문에 대한 답이다. 예를 들어, 이 책은 학교를 바로잡는 법을 묻는 대신, 학습과정이 어디서 발생하든지 간에 다양한 질문과 이에 대해 우리가 살고 있는 시대에 좀 더 부합한 답변과 더불어 학습과정을 안내하는 더욱 효과적인 방법을 찾고자 애쓴다.

따라서 이 책을 구성하고 있는 제안은 (비록 우리들의 학교가 엄중한 목적의식의 필요성이 있다 하더라도 그것은 좀 더 자유롭고 좀 더 개방된 장소가 되어야 하는데) 각기 우리들의 학교 문제에 대한 답이 될 수 있는 개혁이 쉬울 것 같은 가정(assumptions)에 의해 혹은 자유나 규율로 인한 환상(illusion)에 의해 홀가분한 (방해받지 않는) 교육개혁의 미끄러운 비탈을 꽉 잡으려고 애를 쓴다.

Sarason(1982)은 교육의 변화에 대한 그의 거장다운 작업에서 학교를 변화시키는 것은 학교 과정을 구성하는 "규칙성(regularities)"을 찾아 수정할 것이 필요하다고 언급하였다. 규칙적인 패턴은 그것들이 예측할 수 있는 결과를 가진 것으로 가정되기 때문에 존재하는 관행이다. 때때로 규칙성은 가정되는 목적을 성취하는데 실패함에도 불구하고 사라지지 않고 지속된다. Sarason(1982)은 다음과 같이 말한다.

> 특히 체계적 유형의 규칙성(regularity)이 지니는 중요성은 현존하는 규칙성이 유

> 일한 항목인 "대안적 규칙성(regularity alternatives)"의 세계(universe)를 제외하고는 충분히 이해될 수 없다. 대안적인 세계의 고려 혹은 인식에 대한 실패는 [학교의] 문화에서 발생하는 변화에 대한 방해가 된다. … 학교 문화에 중요한 변화를 도입하고자 하는 시도에는 새롭게 의도된 결과를 생산하기 위해 현존하는 규칙성을 변화시키는 것이 필요하다. 실제로 규칙성은 변하지 않는 경향이 있고 의도된 결과는 고로 발생할 수 없다. 즉, 더 많은 것이 변할수록, 그것은 동일하게 남아 있다. (p. 116)

내러티브 학교교육의 가장 중요한 약속은 그것이 "대안적 규칙(regularity alternatives)"의 포괄적인 세트를 구성하는 것이다. 그것은 교사와 학생뿐만 아니라 학습자와 세상 사이의 핵심 교섭(core transactions) 수준에서 교육을 변형시키기 위해 고안된 근본적인 은유이다. 그것은 그들의 삶의 과정에서 사람들에게 발생하는 것으로서 (교육이 아닌) 학습에 접근하기 때문에, 그것은 변화를 위한 조짐이 좋은 제안보다는 실행의 약속을 더 많이 제공할 수 있다.

하지만, 우리 사회가 여기서 제안된 일종의 인도적인 변화에 제공하는 깊은 저항을 무시하는 것은 어리석은 일이 될 것이다. 자원 감축과 전문직 종사에 대한 좌절 및 학교 안에서 늘어 가는 사회 무질서로 냉소적인 태도를 갖게 된 교사들은 재구조화 및 개혁에 대한 또 다른 제안에 신음하거나 애석한 한숨을 내쉬며 반응을 보이는 것 같다. 변화의 제안에 직면한 요즘 교사들이 그것을 작동하게 하는 방법을 찾기보다는, 작동하지 않을 무언가에 대한 이유를 찾는 경향이 있는 것은 이해할 법하다. 내가 현직 교사와 관리자들로 구성된 세미나에서 이런 견해를 내놓았을 때, 많은 학생들이 이를 도발적(provocative)이라고 보았으나, 실현 가능성을 찾은 이는 거의 없었다. "만약에 우리 학교에서 이런 걸 한다면"에서 "또 시작이군"까지 반응은 다양했다.

게다가, 도관 모형이 격리와 경쟁을 가르치고 나눔과 협동을 막기 때문에, 그리고 그것은 우리 사회에서 누가 성공할 것이고 누가 그렇지 않을 것인지에 관한 이른 결정을 내리도록 하여 각 개인이 다소 적절하게 "도관을 통과하도록"하기 때문에, 그것은 우리 사회와 정치 체계에 많은 강력한 이익을 제공한다. 이러한 작용은 권력자(the powerful)의 힘이 부패되는 것을 막기 위해 결합된다.

미국 사회의 최근 상황에서 보존할 무언가가 있는 자들이 교육에 대해 보수적인 태도를 취하거나, 혹은 대단히 권위적이고, 억압적이며 폐쇄된 교육 체계를 선호해야 하는 것은 전혀 놀랍지 않다.

1980년대와 1990년대의 더욱더 눈에 띄는(그렇지 않다면 우세한) 개혁 노력이 도관 모형의 증대를 대신하는 것은 놀랍지 않다. 지금 미국의 신보수주의적인 우익은 "시장의 힘(market forces)"에 예속된 교육을 원한다. 그것은 공립학교에 대한 애착이 거의 없고, 공립학교가 개혁될 수 있는지 의심하며(그리고 자유 민주 노선을 따라 개혁되길 원하지 않으며), 대신 공금(public money)이 민간 부분의 수익성 있는 학교를 지원하는 데 사용되길 선호한다.

이 운동은 지난 10년 동안의 정치에 강한 영향을 미쳤다. 사회적 인과관계의 복잡성을 알고 있는 사회적 기질의 사람들은 독단적인 확실성을 갖추고 상징적인 언어 및 이미지를 능수능란하게 사용하는 우익(the right wing)의 적극적인 수사(rhetoric)에 답하는 것이 고통스럽게 힘겹다는 것을 발견했다.

이 외에도, 몇몇 학교 체계를 위협하는 극단주의 종교와 정치적 소수자들은 모든 독단주의의 적이며, 삶의 낡은 밑면으로부터 소재를 드러내는 교육 양상에 반대하는 이념적인 무기를 끌어낼 것으로 예상된다. 1990년대 초 미국 정치에서의 "가족의 가치(family values)" 옹호자들은 그것이 발견될 수 있는 곳은 어디서든지 공개되는 것을 막으려 한다. 그들은 현재 우리의 다문화 사회를 특징짓는 불협화음으로 혼란스러워하며, 그들의 가치(values) 보호를 위해 민주주의 및 민주적 교육을 주고받는 것처럼 보인다.

그러나 우익 급진주의는 현재 영향력 있는 미국 교육 세력들 중 하나일 뿐이다. 또 다른 하나는 학교를 "개혁하려는(restructure)" 풀뿌리 운동이다. 이 운동은 지역에 따라 다양하지만 일반적으로 그것은 교사들로 하여금 최소한 그들의 실행에 대한 외부 제한의 일부로부터 자유롭게 하는 것, 또한 교사들에게 새로운 교수기법, 장치, 전략을 실험할 권한을 부여하면서, 그들에게 정책에 대한 증대된 영향력을 주도록 힘썼다. 몇몇의 경우, 학교는 학군 관료주의에서 벗어나 지역민들이 운영하도록 그들에게 되돌아갔다.

내러티브 학교교육은 이렇게 진화하는 전통—나머지 시스템에서는 어렵거나 저항이 강하다고 여긴 학생들을 위해 고안된 마그넷스쿨(magnet school-특화된 공립학교) 혹은 "자유 학교", 또는 민주주의적 자치정부가 강력하고 탄력 있게 유지된 공동체—에서 도움을 찾을 수 있다.

내러티브 학교교육의 가장 강력한 약속이 중등학교를 진정한 학습 공동체로 바꾸는 가능성에 있으리라는 것은 가능하다. Roert Bellah와 그의 동료들(1991)은 「좋은 사회(The Good Society)」라는 표제가 붙은 논문에서 다음과 같이 언급하고 있다.

> 학습이 고립되어 경쟁하는 개인만의 노력의 결과가 절대 아니라는 것과 미국 학교의 명백한 약점은 공동체 맥락의 약화와 상당한 관련이 있다는 것은 분명하다. 공동체의 약화와 성공할 수 있는 공동체가 기반을 두고 있는 문화 기부의 침식은 관련되어 있다. (p. 172)

도관 모형은 일종의 말다툼(cross-talk)과 갈등, 그리고 공동체가 기반을 두고 있는 실용적 집산주의(collectivism)뿐만 아니라 철저한 반성(radical reflection)을 방해하기 때문에 공동체의 적이다. 그것은 가장 사소한 공동체 활동에만 권한을 부여한다. 그것은 진지한 학술적 목적으로 공동체의 충동을 통제하기 위한 노력과 시도들을 원자화할 것을 주장한다.

내러티브 학교교육은 사람들이 좋든 싫든 서로에게 마음을 열게 하기 때문에 공동체를 가능하게 한다. 아마도 내러티브 제안의 미래는 우리 학교에서 공동체로 복귀를 감행하는 국민으로서, 그리고 아마도 우리의 가장 근본적인 사회관계에서 공동체 회복으로 향하는 도중에 잠시 멈추는 우리의 성향(disposition)에 달려 있다. 이는 공동체가 우리의 정치 및 경제 체제에서 종종 기업의 적으로 보이기 때문에 위험하다.

이러한 관점에서 볼 때, 여기에 제시된 프로그램의 가장 혁명적인 측면은 내러티브 표현과 의사소통을 위한 환경으로서 선진 그룹에 의존하는 것이다. Lee Shulman과 Neil Carey(1984)는 수업은 "교섭(exchange) 공동체"임을 우리에게 상기시켜 준다. 도관 모형 수업은 승자가 이기기 때문에 패자가 지는 제로섬 게임의 수행 장소이다. 그러나 그들이 "공손함(civility)의 공동 작업을 통해 합리성(rationality)을 속박에서 해방시키는 것"이 가능하다고 믿는 것은 가능하다(p. 518). 그들은 이어서 다음과 같이 말한다.

> 교사들은 특정한 인지만이 적합하고, 개인의 활동이 규준이며 공동의 수행은 흔히 위반되는, 그리고 작은 범위의 인간 능력과 의사소통의 형태만이 승인되는, 정규적인 전통 수업에서 수집된 증거에만 기반을 두고 학생들의 능력을 판단할 때, 자기들이 착용한 눈가리개를 이해하기 위해서 어떻게 도움 받을 수 있는가? (p. 520)

내러티브 제안은 사람들이 서로서로 새로운 가능성에 마음을 열게 한다. 내러티브 학교교육은 공동 작업, 관점과 삶의 공유를 허용한다. 그것은 지금까지 미미한 상태에만 부합되는 표현의 형태를 높이 평가하고 보답한다. 우리가 그것의 효과를 확실히 알 수 없는 것은 자명한데, 이는 대체로 그것을 시험해 보지 않아 증명되지 않았기 때문이다. 게다가 그것은 도관 모형과 동일한 평가 기준의 대상이 아닐 수 있다.

철학자 Paul Feyerabend(1975/1988)는 과학적 확실성에 대한 "무정부주의(anarchist)" 해체이론인 「방법에 대항하여(Against Method)」에서 새롭고, 반직관적이며, 급진적인 이론이 제도적 실천에서 어떻게 실행될 것인지, 그리고 새로운 "우주론(cosmology)"이 옛것을 어떻게 대체하거나 보충할 수 있는지를 다음과 같이 논의한다.

> 어떻게 우리는 사람들이 미완성인 불합리한 가설로[보여질지도 모르는 것에] 자신의 충성을 옮기도록 … 설득할 수 있는가? … 어떻게 우리는 현상의 성공이 명백하며 500년 후에도 그렇게 보일 것이라고 그들을 확신시킬 수 있으며, 우리 편을 들어주

> 는 단 하나의 주장도 없을 때는 [어떻게 이것을 할 수 있는가]? … 새로운 사상에 대한 충성은 선전, 감정, 임시 가설, 모든 종류의 편견에 대한 호소와 같은 "비이성적 수단(irrational means)" 에 의해 유발될 것임은 명확하다. 우리는 보조 과학(auxiliary sciences), 사실 그리고 신념을 타당한 "지식" 으로 바꾸는 논거를 찾을 때까지 단지 맹목적 믿음에 불과한 것을 옹호하기 위해서 이러한 "비이성적 수단" 이 필요하다. (p. 119, 원본 강조)

Feyerabend의 소견은 자극적으로 급진적이지만 원칙에 입각한 관점을 나타낸다. 그는 종래의 "합리성" 을 변화의 적으로 본다. Feyerabend는 "불합리한 가설" (absurd hypothesis) 말투에 대해 인용부호를 두지 않기로 결정했다. 그러나 그는 새로운 생각이 표면상 모순일 것 같다—비록 "입증되지 않았을" 지라도 나쁜 옛 사상보다 더 선호되는 것 같다—고, 또는 우리가 변화와 지속의 세계에 살기 때문에 적어도 그것과 자유롭게 경쟁해야만 한다는 것을 확실히 믿는다. 그의 책은 이른바 "일관성 조건(consistency condition)" 이라 부르는, 새로운 가설은 그것이 대체하고자 주장하는 이론으로부터 합리적으로 커가야 한다고 주장하는 정체의 논리에 대한 정면 공격이다(p. 24). 그는 미사여구가 논리보다 더 중요한 시대; 그리고 합리주의, 과학주의, 심리주의가 충분하지 않은 시대가 있다고 시사하고 있다. 그의 책은 만일 진보가 과학에서 그리고 과학이 나타내고 설명하는 세계에서 발생한다면, 근원적 은유의 근본적 복원 공개를 위한 열렬한 논쟁이다.

새로운 근원적 은유와 더불어 "성공" 을 평가하기 위한 새로운 준거가 나오면, 그러한 준거는 새로운 자료 또는 방법론보다 훨씬 더 중요할 수 있다. 그리고 그 준거가 새로운 근원적 은유의 제정보다 앞설 수 있다는 것은 의심스러워 보인다. 사실 철학자 Richard Rorty(1989)가 언급했듯이, "새로운 도구를 설계한 사람은 보통 그것이 무엇에 사용될 것인지 미리 설명할 수 있다. 반면에 새로운 문화적 삶의 형식 창조, 즉 새로운 어휘는 과거로 단지 거슬러 올라가야만 설명되는 유용성을 가질 것이다" (p. 55). 내러티브 학교교육은 단순한 도구가 아니라 엄밀하게 그러한 "새로운 문화적 삶의 형식" 이다.

Feyerabend(1975/1988)는 "진보를 억제하지 않는 유일한 원칙은 무슨 일이든 허용된다"고 주장한다(p. 14). 그의 전체적인 (인정하건대 논쟁을 초래할 듯하며 "너무나 충격적인") 책은 "의심스러우면 앞질러 가라"는 제의에 전념한다. [Buchler(1961)는 「방법의 개념(The Concept of Method)」에서 이와 비슷한 마음으로 "비록 우리가 모든 방법 면에서 분류하고 배열하고자 해도, 무엇보다도 우리는 빠르게 나아간다."라고 썼다.]

그것이 미국 교육을 개혁하는 데 있어서 우리가 해야만 하는 것이다. 우리는 Feyerabend가 쓴 것에 관한 순수한 우주과학의 세계에서 그것을 계속 진행한다는 것을 이해하면서, 교육제도에서도 마찬가지로 나쁜 옛 사상이 많은 이익을 제공하는 어려운 현실에 다소 적응할 필요가 있을 것이다. 변화에 저항하는 정치 이슈화된 타성의 힘을 무시하는 것, 그리고 그것을 지지하는 방어적인 사람들을 가동시키는 것은 바보스러울 것이다. 그것은 다음과 같이 요약될 수 있다: 우리는 현재의 시스템이 더욱 부패하고 그 자체의 무게로 넘어지는 것을 기다릴 수 있다. 혹은 일이 어떻게 되어 가는지 처음부터 설명할 포괄적인 어휘가 부족할 것이라는 것을 잘 알고 있기에 "무엇이든 좋다"는 정신으로 지배적인 근원적 은유에 의문을 제기하는 가설에 기반을 둔 점진적인 실험에 참여할 수 있다.

물론 이것은 우리가 수행해야 할 위험한 일이다. 옛 시스템이 작동하지 않는다는 것을 증명하는 것이 내러티브 학교교육이 작동하는 것(혹은 역시 작동하지 않는 것)을 증명하는 것보다 더 쉽다. 그리고 어떤 기준에 따른 "작용(work)"인가? 이 책이 서두에서 명시한 바와 같이, 서로 다른 질문을 하라. 그러면 당신은 서로 다른(그리고 아마도 비교할 수 없는) 답변을 얻을 것이다. "작은 것(little things)"는 "대단한 것(big things)"보다 당연히 더 중요하다. 왜냐하면 우리는 여기서 근원적 은유의 변화를 논의하고 있으며, 그것은 상당한 우연성(contingency)과 불확정성(indeterminacy)의 문제이기 때문이다.

제도적인 개혁의 결과를 예측하는 것은 어쨌든 애매한 기술이다. 우리가 내러티브 학교교육을 풀어놓고 한 번 시도해 볼 때까지, 우리는 그것이 어떠한 영향을 미칠지 알지 못할 것이다. "광기(madness)"에 대해 Feyerabend(1975/1988)는

"만일 새로운 세계관의 기반으로서 충분히 윤택하고 충분히 규칙적으로 기능한다면 온전한 상태로 변할 것이다. 그리고 그런 일이 일어나면 그때 우리는 다음과 같은 새로운 문제를 갖게 된다. 옛 관점이 새로운 관점과 어떻게 비교될 수 있을까?" (p. 217)라고 쓰고 있다. 이 책은 사전에 더 인도적이고 공동체적인 사회의 서막으로서 그러한 비교를 불러일으키기 위해 쓰였다. 왜냐하면 교육 이상의 것을 쓰지 않고는 교육에 대해서 쓰는 것이 불가능하기 때문이다.

# ❖❖ 참고문헌

Allport, Gordon. 1960. *Personality and Social Encounter*. Boston: Beacon.
Archambault, Reginald. 1974. *John Dewey on Education: Selected Writings*. Chicago: University of Chicago Press.
Arendt, Hannah. 1959. *The Human Condition*. Garden City, N.Y.: Doubleday.
Argyris, Chris, and Schön, Donald A. 1974. *Theory in Practice: Increasing Professional Effectiveness*. San Francisco: Jossey-Bass.
Aronowitz, Stanley, and Giroux, Henry A. 1985. *Education Under Siege: The Conservative, Liberal and Radical Debate Over Schooling*. Amherst, Mass.: Bergin & Garvey.
———. 1988. "Schooling, Culture, and Literacy in the Age of Broken Dreams: A Review of Bloom and Hirsch." *Harvard Educational Review* 58(May): 172–194.
Au, K. H., and Mason, J. 1981. "Social Organizational Factors in Learning to Read: The Balance of Rights Hypothesis." *Reading Research Quarterly* 17(1): 115–152.
Bakan, David. 1967. "The Mystery–Mastery Complex in Contemporary Psychology." In David Bakan, ed., *On Method: Toward a Reconstruction of Psychological Method* (pp. 37–49). San Francisco: Jossey-Bass.
Barnhardt, C. 1982. "Tuning-In: Athabaskan Teachers and Athabaskan Students." In R. Barnhardt, ed., *Cross-Cultural Issues in Alaskan Education* (Vol. 2). Fairbanks: Center for Cross-Cultural Studies, University of Alaska.
Bateson, Gregory. 1972. *Steps to an Ecology of Mind*. New York: Ballantine.
Baynes, Kenneth; Bolman, James; and McCarthy, Thomas, eds. 1987. *After Philosophy: End or Transformation?* Cambridge, Mass.: MIT Press.
Becker, Howard S. 1969. "Personal Change in Adult Life." In Warren Bennis, Kenneth Benne, and Robert Chin, eds., *The Planning of Change*, 2nd ed. (pp. 255–267). New York: Holt, Rinehart & Winston.
Bell, Daniel. 1968. *The Reforming of General Education: The Columbia College Experience in its National Setting*. New York: Anchor.
Bellah, Robert N.; Madsen, Richard; Sullivan, William M.; Swidler, Ann; and Tipton, Stephen M. 1985. *Habits of the Heart: Individualism and Commitment in American Life*. Berkeley: University of California Press.
———. 1991. *The Good Society*. New York: Knopf.
Bereiter, Carl. 1990. "Aspects of an Educational Learning Theory." *Review of Educational Research* 60(No. 4): 603–624.
Bernstein, Richard J. 1966. *John Dewey*. New York: Washington Square Press.

Beyer, Landon E. 1988. *Knowing and Acting: Inquiry, Ideology and Educational Studies*. London: Falmer.
Bloom, Allan. 1987. *The Closing of the American Mind: How Higher Education Has Failed Democracy and Impoverished the Souls of Today's Students*. New York: Simon & Schuster.
Blum, Alan. 1977. "Theorizing." In Jack Davis, ed., *Understanding Everyday Life: Toward the Reconstruction of Sociological Knowledge* (pp. 301–319). Chicago: Aldine.
Blumenfeld, P. C.; Hamilton, V. L.; Bossert, Steven T.; Wessels, K.; and Meece, J. 1983. "Teacher Talk and Student Thought." In John M. Levine and Margaret C. Wang, eds., *Teacher and Student Perception: Implications for Learning* (pp. 143–192). Hillsdale, N.J.: Erlbaum.
Bormann, E. G. 1975. *Discussion and Group Methods: Theory and Practice*. New York: Harper & Row.
———; Putnam, Linda L.; and Pratt, J. M. 1978. "Power, Authority, and Sex: Male Response to Female Dominance." *Communication Monographs* 45: 119–155.
Boulding, Kenneth. 1970. *Beyond Economics: Essays on Society, Religion, and Ethics*. Ann Arbor: University of Michigan Press.
Bowers, C. A., and Flinders, David J. 1990. *Responsive Teaching: An Ecological Approach to Classroom Patterns of Language, Culture, and Thought*. New York: Teachers College Press.
Boyer, Ernest L. 1983. *Secondary Education in America*. New York: The Carnegie Foundation for the Advancement of Teaching.
Brecht, Bertolt. 1964. "A Short Organum for the Theatre." In John Willett, ed. and trans., *Brecht on Theatre: The Development of an Aesthetic* (pp. 179–208). New York: Hill and Wang.
Bredo, Eric. 1989. "Bateson's Hierarchical Theory of Learning and Communication." *Educational Theory* 39(1): 27–38.
Bruner, Jerome. 1965. *On Knowing: Essays for the Left Hand*. New York: Atheneum. (Original work published 1962)
———. 1985. "Narrative and Paradigmatic Modes of Thought." In Elliot Eisner, ed., *Learning and Teaching the Ways of Knowing: 84th Yearbook of the National Society for the Study of Education* (pp. 97–115). Chicago: University of Chicago Press.
———. 1990. *Acts of Meaning*. Cambridge, Mass.: Harvard University Press.
Bruzina, Ronald, and Wilshire, Bruce, eds. 1982. *Phenomenology: Dialogues and Bridges*. Albany: State University of New York Press.
Buchler, Justus. 1951. *Toward a General Theory of Human Judgment*. New York: Columbia University Press.
———. 1961. *The Concept of Method*. New York: Columbia University Press.
———. 1974. *The Main of Light: On the Concept of Poetry*. New York: Oxford University Press.
Callahan, Raymond. 1962. *Education and the Cult of Efficiency*. Chicago: University of Chicago Press.
Cazden, Courtney, and Hymes, Dell. 1978. "Narrative Thinking and Storytelling

Rights: A Folklorist's Clue to a Critique of Education." *Keystone Folklore* 22(1–2): 21–36.
Clandinin, D. Jean, and Connelly, F. Michael. 1988. "Studying Teachers' Knowledge of Classrooms: Collaborative Research, Ethics and the Negotiation of Narrative." *The Journal of Educational Thought* 22(October): 269–282.
Connelly, F. Michael, and Clandinin, D. Jean. 1987. "On Narrative Method: Biography and Narrative Unities in the Study of Teaching." *The Journal of Educational Thought* 21(December): 130–139.
Cottle, Thomas J. 1993. "Witness of Joy." *Daedalus* 122(1): 123–150.
Crites, Stephen. 1971. "The Narrative Quality of Experience." *Journal of the American Academy of Religion* 39(September): 291–311.
Csikzentmihalyi, Mihaly. 1990. "Literacy and Intrinsic Motivation." *Daedalus* 119(Spring): 115–140.
Curtis, Bernard. 1978. "Soul-Contact." In Bernard Curtis, and Wolfe Mays, eds., *Phenomenology and Education: Self-Consciousness and Its Development* (pp. 80–99). London: Methuen.
———, and Mays, Wolfe. 1978. *Phenomenology and Education: Self-Consciousness and Its Development*. London: Methuen.
Damon, William. 1990. "Reconciling the Literacies of Generations." *Daedalus* 119(Spring): 33–54.
Delpit, Lisa D. 1986. "Skills and Other Dilemmas of a Progressive Black Educator." *Harvard Education Review* 56(November): 379–385.
Dewey, John. 1913. *Interest and Effort in Education*. Boston: Houghton Mifflin.
———. 1922. *Human Nature and Conduct: An Introduction to Social Psychology*. New York: Henry Holt.
———. 1933. *How We Think: A Restatement of the Relation of Reflective Thinking to Education*. Boston: Heath.
———. 1938. *Logic: The Theory of Inquiry*. New York: Holt, Rinehart and Winston.
———. 1957. *Reconstruction in Philosophy*. Boston: Beacon. (Original work published 1920)
———. 1958. *Art as Experience*. New York: Capricorn Books. (Original work published 1934)
———. 1960. *The Quest for Certainty: A Study of the Relation of Knowledge and Action*. New York: Capricorn Books. (Original work published 1929)
———. 1963. *Experience and Education*. New York: Collier Books. (Original work published 1938)
———. 1968. *Democracy and Education*. New York: Free Press. (Original work published 1916)
———. 1969. *Philosophy and Civilization*. Gloucester, Mass.: Peter Smith. (Original work published 1931)
———. 1971. *Experience and Nature*, 2nd ed. La Salle, Ill.: Open Court Publishing. (Original work published 1929)
———. 1990. *The Child and the Curriculum and The School and Society*. Chicago: University of Chicago Press. (Original works published 1902, 1899 respectively)

Douglas, Jack. 1977. *Understanding Everyday Life: Toward the Reconstruction of Sociological Knowledge*. Chicago: Aldine.

Ebaugh, Helen. 1988. *Becoming an Ex: The Process of Role Exit*. Chicago: University of Chicago Press.

Eckartsberg, Rolf von. 1971. "On Experiential Methodology." In Amedeo Giorgi; W. C. Fisher; and Rolf von Eckartsberg, eds., *Duquesne Studies in Phenomenological Psychology* (Vol. I: pp. 66–99). Pittsburgh: Duquesne University Press.

Edie, James M. 1975. "Merleau-Ponty's Philosophy of Language." In Don Ihde, and Richard Zaner, eds., *Dialogues in Phenomenology* (pp. 246–262). The Hague: Martinus Nijhoff.

Erickson, Frederick. 1984. "School Literacy, Reasoning, and Civility: An Anthropologist's Perspective." *Review of Educational Research* 54(Winter): 525–546.

Feyerabend, Paul. 1988. *Against Method*, revised ed. New York: Verso. (Original work published 1975)

Finn, Chester E., Jr. 1991. *We Must Take Charge: Our Schools and Our Future*. New York: Free Press.

Firestone, William A. 1976. "Ideology and Conflict in Parent-run Free Schools." *Sociology and Education* 49(April): 169–175.

Frankenstein, Marilyn. 1989. *Relearning Mathematics: A Different Third R—Radical Maths*. London: Free Association.

Freire, Paulo. 1972. *Pedagogy of the Oppressed* (Myra Bergman Ramos, trans.). New York: Herder and Herder.

———. 1985. *The Politics of Education: Culture, Power and Liberation* (Donald Macedo, trans.). Amherst, Mass.: Bergin & Garvey.

Frenkel-Brunswik, Else. 1949. "Intolerance of Ambiguity as an Emotional and Personality Variable." *Journal of Personality* 18(September): 108–143.

Friedenberg, Edgar Z. 1963. *Coming of Age in America: Growth and Acquiescence*. New York: Vintage.

———. 1965. *The Dignity of Youth and Other Atavisms*. Boston: Beacon.

Gardner, Howard. 1990. "The Difficulties of School: Probable Causes, Possible Cures." *Daedalus* 119(Spring): 85–114.

Giorgi, Amedeo. 1970. *Psychology as a Human Science: A Phenomenologically Based Approach*. New York: Harper & Row.

———. 1981. "On the Relationship Among the Psychologist's Fallacy, Psychologism, and the Phenomenological Reduction." *Journal of Phenomenological Psychology* 12(1): 75–86.

———; Fischer, W. C.; and von Eckartsberg, Rolf, eds. 1971. *Duquesne Studies in Phenomenological Psychology* (Vol. I). Pittsburgh: Duquesne University Press.

Giroux, Henry A. 1983. *Theory and Resistance in Education: A Pedagogy for the Opposition*. Amherst, Mass.: Bergin & Garvey.

——— and Simon, Roger, eds. 1989. *Popular Culture, Schooling, and Everyday Life*. New York: Bergin & Garvey.

Goodlad, John. 1984. *A Place Called School*. New York: McGraw-Hill.

Goodman, Nelson. 1981. "The Telling and the Told." In W. J. T. Mitchell, ed., *On Narrative* (pp. 255–257). Chicago: University of Chicago Press.

Goodman, Paul. 1964. *Compulsory Mis-Education and the Community of Scholars*. New York: Vintage. (Original work published 1962)
Graham, Robert J. 1989. "Autobiography and Education." *The Journal of Educational Thought*. 23(August): 92–105.
Graubard, Allen. 1972. *Free the Children: Radical Reform and the Free School Movement*. New York: Pantheon.
Greenfield, Thomas B. 1984. "Leaders and Schools: Willfulness and Nonnatural Order in Organizations." In T. Sergiovanni and J. Corbally, eds., *Leadership and Organizational Culture* (pp. 142–169). Urbana: University of Illinois Press.
Gross, Beatrice, and Gross, Ronald, eds. 1985. *The Great School Debate: Which Way for American Education?* New York: Simon & Schuster.
Harrison, Roger, and Hopkins, Richard L. 1967. "The Design of Cross-Cultural Training: An Alternative to the University Model." *Journal of Applied Behavioral Science* 3(October): 431–460.
Hayles, N. Katherine, ed. (1991). *Chaos and Order: Complex Dynamics in Literature and Science*. Chicago: University of Chicago Press.
Heath, Shirley Brice. 1983. *Ways with Words: Language, Life, and Work in Communities and Schools*. New York: Cambridge University Press.
Heidegger, Martin. 1968. *What Is Called Thinking?* New York: Harper & Row.
Hirsch, E. D., Jr. 1987. *Cultural Literacy: What Every American Needs to Know*. Boston: Houghton-Mifflin.
Husserl, Edmund. 1960. *Cartesian Meditations* (Dorion Cairns, trans.). The Hague: Martinus Nijhoff.
———. 1970. *Logical Investigations* (Vols. I and II) (J. N. Findlay, trans.). New York: Humanities Press. (Original work published 1900)
———. 1977. *Phenomenological Psychology* (John Scanlon, trans.). The Hague: Martinus Nijhoff. (Original work published 1962)
Ihde, Don. 1983. *Sense and Significance*. Atlantic Highlands, N.J.: Humanities Press.
Iran-Nejad, Asghar. 1990. "Active and Dynamic Self-Regulation of Learning Processes." *Review of Educational Research* 60(Winter): 573–602.
———; McKeachie, Wilbert J.; and Berliner, David C. 1990. "The Multisource Nature of Learning: An Introduction." *Review of Educational Research* 60(Winter): 509–516.
Jadrnk, Jackie. 1993. "Students Hold Class at Summit." *The Albuquerque Journal* April 28, 1993: p. D-3.
Jager, Bernd. 1971. "Horizontality and Verticality: Exploration into Lived Space." In Amedeo Giorgi; W. C. Fischer; and Rolf von Eckartsberg, eds., *Duquesne Studies in Phenomenological Psychology* (Vol. I: pp. 212–235). Pittsburgh: Duquesne University Press.
James, Henry. 1955. *The Notebooks of Henry James* (F. O. Mathiessen and K. B. Murdock, eds.). New York: Braziller. (Original work published 1947)
James, William. 1968. *The Writings of William James: A Comprehensive Edition* (John J. McDermott, ed.). New York: The Modern Library.
Jerome, Judson. 1973. "After Illich, What?" In Alan Gartner; Colin Greer; and Frank Riessman, eds., *After De-Schooling, What?* New York: Harper & Row.

Jourard, Sidney. 1967. "Fascination: A Phenomenological Perspective on Independent Learning." In Gerald T. Gleason, ed., *The Theory and Nature of Independent Learning* (pp. 79–101). Scranton, Penn.: International Textbook Co.

———. 1971. *The Transparent Self.* New York: Van Nostrand.

Kamm, Adrian van. 1971. "The Addictive Personality." In Amedeo Giorgi; W. C. Fischer; and Rolf von Eckartsberg, eds., *Duquesne Studies in Phenomenological Psychology* (Vol. I: pp. 236–246). Pittsburgh: Duquesne University Press.

Katz, Michael B. 1987. *Reconstructing American Education*. Cambridge, Mass.: Harvard University Press.

Keen, Ernest. 1973. "The Five-Year-Old Changes Her Mind: A Phenomenological Approach." *Journal of Phenomenological Psychology*, III(Spring): 161–171.

———. 1986. "Paranoia and Cataclysmic Narrative." In Theodore Sarbin, ed., *Narrative Psychology: The Storied Nature of Human Conduct* (pp. 174–190). New York: Praeger.

Kerby, Anthony Paul. 1991. *Narrative and the Self.* Bloomington: Indiana University Press.

Kestenbaum, Victor. 1977. *The Phenomenological Sense of John Dewey: Habit and Meaning*. Atlantic Highlands, N.J.: Humanities Press.

Kohák, Erazim. 1978. *Idea and Experience: Edmund Husserl's Project of Phenomenology in Ideas I.* Chicago: University of Chicago Press.

Kozol, Jonathon. 1991. *Savage Inequalities: Children in America's Schools*. New York: Crown.

Kropotkin, Petr Alekseevich. 1975. *The Essential Kropotkin* (Emile Capouya and Keith Tompkins, eds.). New York: Liveright.

Kuhn, Thomas. 1970. *The Structure of Scientific Revolutions*, 2nd ed. Chicago: University of Chicago Press.

Kwant, Remy. 1969. *The Phenomenology of Expression*. Pittsburgh: Duquesne University Press.

Lasch, Christopher. 1992. "Hilary Clinton: Child Saver." *Harper's* 285(October).

Lave, Jean. 1988. *Cognition in Practice: Mind, Mathematics, and Culture in Everyday Life*. New York: Cambridge University Press.

———, and Wenger, Etienne. 1991. *Situated Learning: Legitimate Peripheral Participation*. New York: Cambridge University Press.

Lewin, Kurt. 1935. *A Dynamic Theory of Personality: Selected Papers* (Donald K. Adams and Karl E. Zener, trans.). New York: McGraw-Hill.

Levine, John M., and Wang, Margaret C., eds. 1983. *Teacher and Student Perceptions: Implications for Learning*. Hillsdale, N.J.: Erlbaum.

Lounsbury, John H., and Johnston, J. Howard. 1988. *Life in the Three Sixth Grades*. Reston, Va.: National Association of Secondary School Principals.

Luckmann, Benita. 1978. "The Small Life-Worlds of Modern Man." In Thomas Luckmann, ed., *Phenomenology and Sociology* (pp. 275–290). New York: Penguin.

Mancuso, James C. 1986. "The Acquisition and Use of Narrative Grammar Structure." In Theodore Sarbin, ed., *Narrative Psychology: The Storied Nature of Human Conduct* (pp. 91–110). New York: Praeger.

———, and Sarbin, Theodore. 1983. "The Self Narrative in the Enactment of Roles." In Theodore Sarbin and Karl E. Scheibe, eds., *Studies in Social Identity* (pp. 233–253). New York: Praeger.

McDermott, John J. 1976. *The Culture of Experience: Philosophical Essays in the American Grain*. New York: New York University Press.

McGregor, Douglas. 1960. *The Human Side of Enterprise*. New York: McGraw-Hill.

Menand, Louis. 1992. "The Real John Dewey," review of *John Dewey and American Democracy* by Robert Westbrook. *The New York Review of Books*, June 25, 1992: 50–55.

Merleau-Ponty, Maurice. 1962. *The Phenomenology of Perception*. New York: Humanities Press.

———. 1964. "The Child's Relations with Others" (William Cobb, trans.). In James M. Edie, ed., *The Primacy of Perception and Other Essays on Phenomenological Psychology, the Philosophy of Art, History and Politics* (pp. 96–155). Evanston, Ill.: Northwestern University Press.

———. 1968. *The Visible and the Invisible* (Alphonso Lingis, trans.). Evanston, Ill.: Northwestern University Press.

Meyerowitz, Joshua. 1984. "The Adultlike Child and the Childlike Adult: Socialization in an Electronic Age." *Daedalus* 113(Summer): 24–48.

Mitchell, W. J. T., ed. 1980. *On Narrative*. Chicago: University of Chicago Press.

Murray, E. L. 1971. "Perceptual Psychology, Transactionalism, and Phenomenology." In Amedeo Giorgi; W. C. Fischer; and Rolf von Eckartsberg, eds., *Duquesne Studies in Phenomenological Psychology* (Vol. I; pp. 299–323). Pittsburgh: Duquesne University Press.

Natanson, Maurice. 1968. *Literature, Philosophy, and the Social Sciences: Essays in Existentialism and Phenomenology*. The Hague: Martinus Nijhoff. (Original work published 1962)

———. 1975. "Knowledge and Alienation: Some Remarks on Mannheim's Sociology of Knowledge." In Don Ihde, and Richard Zaner, eds., *Dialogues in Phenomenology* (pp. 160–170). The Hague: Martinus Nijhoff.

Newmann, Fred M., and Kelly, Thomas E. 1983. *Human Dignity and Excellence in Education: Guidelines for Curriculum Policy* (Final Report to the National Institute of Education). Madison: Wisconsin Center for Educational Research.

Ortega y Gasset, José. 1957. *Man and People* (Willard P. Trask, trans.). New York: Norton.

Peirce, Charles Sanders. 1976. *Collected Papers* (Vol. 5) (Charles Hartshorne and Paul Weiss, eds.). Cambridge, Mass.: Harvard University Press.

Pepper, Stephen. 1942. *World Hypotheses*. Berkeley: University of California Press.

———. 1967. *Concept and Quality: A World Hypothesis*. La Salle, Ill.: Open Court.

Polkinghorne, Donald E. 1988. *Narrative Knowing and the Human Sciences*. Albany: State University of New York Press.

Popp, Jerome A. 1978. "Practice and Malpractice in Philosophy of Education." *Educational Studies* 9: 275–294.

Purpel, David E. 1989. *The Moral and Spiritual Crisis in Education: A Curriculum for Justice and Compassion in Education*. New York: Bergin & Garvey.

Ricouer, Paul. 1966. *Freedom and Nature: The Voluntary and the Involuntary* (Erazim Kohak, trans.). Evanston, Ill.: Northwestern University Press.
———. 1980. "Narrative Time." In W. J. T. Mitchell, ed., *On Narrative* (pp. 165–184). Chicago: University of Chicago Press.
———. 1983. *Husserl: An Analysis of His Phenomenology* (E. G. Ballard and Lester Embree, trans.). Evanston, Ill.: Northwestern University Press.
———. 1985. "History as Narrative and Practice." *Philosophy Today* (Fall). Cited in Anthony Paul Kerby, *Narrative and the Self*. 1991. Bloomington: Indiana University Press.
Rorty, Richard. 1979. *Philosophy and the Mirror of Nature*. Princeton, N.J.: Princeton University Press.
———. 1989. *Contingency, Irony, and Solidarity*. New York: Cambridge University Press.
Sarason, Seymour. 1982. *The Culture of the School and the Problem of Change*, 2nd ed. Boston: Allyn & Bacon.
———. 1983. *Schooling in America: Scapegoat and Salvation*. New York: Free Press.
Sarbin, Theodore R., ed. 1986. *Narrative Psychology: The Storied Nature of Human Conduct*. New York: Praeger.
———, and Scheibe, Karl E., eds. 1983. *Studies in Social Identity*. New York: Praeger.
Schafer, Roy. 1980. "Narration in the Psychoanalytic Dialogue." In W. J. T. Mitchell, ed., *On Narrative* (pp. 25–50). Chicago: University of Chicago Press.
Scheffler, Israel. 1965. *Conditions of Knowledge: An Introduction to Epistemology and Education*. Glenview, Ill.: Scott, Foresman.
Scheidel, Thomas. 1986. "Divergent and Convergent Thinking." In Randy Y. Hirokawa and Marshall Scott Poole, eds., *Communication and Group Decision-Making* (pp. 113–130). Beverly Hills: Sage.
Scholes, Robert. 1986. "Aiming a Canon at the Curriculum." *Salmagundi* 72(Fall): 101–117.
Schrag, Calvin O. 1961. *Existence and Freedom: Toward an Ontology of Human Finitude*. Evanston, Ill.: Northwestern University Press.
———. 1969. *Experience and Being: Prologemena to a Future Ontology*. Evanston, Ill.: Northwestern University Press.
Shor, Ira. 1992. *Empowering Education: Critical Teaching for Social Change*. Chicago: University of Chicago Press.
Shulman, Lee S., and Carey, Neil B. 1984. "Psychology and the Limitations of Individual Rationality: Implications for the Study of Reasoning and Civility." *Review of Educational Research* 54(Winter): 501–524.
Singer, Beth. 1976. "Introduction: Special Issue on the Philosophy of Justus Buchler." *Southern Journal of Philosophy* 14(Spring): 3–143.
Sizer, Theodore. 1973. *Places for Learning, Places for Joy: Speculations on American School Reform*. Cambridge, Mass.: Harvard University Press.
———. 1984. *Horace's Compromise: The Dilemma of the American High School*. Boston: Houghton Mifflin.

Solomon, Robert C. 1972. *Phenomenology and Existentialism*. New York: Harper & Row.
Steele, Fritz. 1975. *The Open Organization: The Impact of Secrecy and Disclosure on People and Organizations*. Reading, Mass.: Addison-Wesley.
Straus, Erwin. 1966. *Phenomenological Psychology: Selected Papers*. New York: Basic Books.
Sutton-Smith, Brian. 1986. "Children's Fiction Making." In Theodore R. Sarbin, ed., *Narrative Psychology: The Storied Nature of Human Conduct* (pp. 67–90). New York: Praeger.
Tillman, Frank A. 1972. "Phenomenology." In Robert C. Solomon, ed., *Phenomenology and Existentialism* (pp. 156–159). New York: Harper & Row.
Torbert, William R. 1972. *Learning from Experience: Toward Consciousness*. New York: Columbia University Press.
Wegmann, Robert G. 1976. "Classroom Discipline: An Exercise in the Maintenance of Social Reality." *Sociology and Education* 49(January): 71–79.
Wehmiller, Paula Lawrence. 1992. "When the Walls Come Tumbling Down." *Harvard Education Review* 62(3): 373–383.
Westbrook, Robert B. 1991. *John Dewey and American Democracy*. Ithaca, N.Y.: Cornell University Press.
White, Hayden. 1980. "The Value of Narrativity in the Representation of Reality." In W. J. T. Mitchell, ed., *On Narrative* (pp. 1–24). Chicago: University of Chicago Press.
Wild, John. 1955. *The Challenge of Existentialism*. Bloomington: Indiana University Press.
Willis, Paul E. 1978. *Learning to Labor: How Working Class Kids Get Working Class Jobs*. Westmead, England: Saxon House.
Wolfe, Alan. 1991. "John Dewey: Authentic American Original." Review of Robert B. Westbrook, *John Dewey and American Democracy* (1991). *The Washington Post National Weekly Edition*, July 15–21: 36.
Zaner, Richard M. 1970. *The Way of Phenomenology: Criticism as a Philosophical Discipline*. New York: Pegasus.
———. 1981. *The Context of Self: A Phenomenological Inquiry Using Medicine as a Clue*. Athens: Ohio University Press.

내러티브, 학교교육을 다시 디자인하다

Narrative Schooling:
Experiantial Learning and the Transformation
of American Education

# 찾아보기

## 용어


proception 130

ㄱ

가능화 95, 202
가정법 149
결과가 예견된 목적 119
경험 30, 77
경험에의 참여 89
경험으로서의 예술 167
경험의 의미 69
경험의 재구성 121
경험의 재구성 219
경험적 학습 144, 174
관점의 혼동 82
교섭(exchange) 공동체 261
교수 163
교육과정 213, 243
근원적 은유 38
급진적 반성 122, 144
기계론적 세계관 41
기계론적 은유 38
기계론적인 전달 모델 50

ㄴ

내러티브 30, 40, 187, 193
내러티브 과정 239
내러티브 교육학 36
내러티브 권리 111
내러티브 도식 205
내러티브 삶 228
내러티브 선택 253
내러티브 설명 236
내러티브 연습 33
내러티브 원리 238
내러티브 원칙 199
내러티브 재구성적 과정 141
내러티브 제안 35
내러티브 충동 213
내러티브 포트폴리오 211
내러티브 프로그램 208, 234
내러티브 학교교육 36, 243
내러티브 학습 141
내러티브 형식 254
내러티브와 자아 191
내러티브의 형식 141

내적 무기력 124
내적 변증법 171
노력 154, 157
노에마 138
노에시스 138

ㄷ

대안 교육 185
대안적 규칙 258
도관 모형 170
도관 은유 45
도관(conduit) 152
동화 131, 162

ㅁ

마음의 습관 248
멀티 소스 43
메타금기 251
메타코드 218
문화 실조 110
문화심리학 45
문화와 조화를 이루는 가르침 109
문화적 저항 236
미시복잡성 210
미행 연구 48

ㅂ

반성적 행동 239
발달적 충동 30
방법 숭배 137
방법론 137
방법적 모색 138
변화 촉진자 221
불완전한 경험 124
불확정성의 원리 174
비민주주의적 인식론 29
비판적 사고 144

ㅅ

사회적 실천 이론 43
살아 있는 경험 44
삶의 형식 230
상황 112
상황적 조정 97
생성적인 주제 33
소비문화 57
순행적 지각 130
순행지각 131
스토리텔링 198
습관 126
습관의 재구성 126, 219
시도 163
심리주의 80, 81
심리학자들의 오류 82
심리학적 엄밀성 53

ㅇ

언어 금기 251

언어의 문제 72
에포케 74
예술에 대해 경험하기 134
완전한 경험 97, 124
위험 164
유기적 구성 175
유리된 학교교육 58
유인성 225
의도성 160, 246
의미 66
의미-구성 191
의사소통 141, 173
이차적 학습 96, 144
인지 171
일관성 조건 262

ㅈ

자발적 통제 167
자아 192
자원 공동체 209
자유 149, 164
자유 학교 260
자유공간 165
자유로운 학습자 173
자유의 교육학 36
자유학교 운동 195
재구성적 사이클 147
재구성적 질문 119
재구성적 탐구 194, 219
전심 139, 161
전유 250
전체성 216
정신분석 253
조숙한 종합 228
조작 130, 162
조직 원리 187
존재론적 명령 176
존재를 드러냄 111
좋은 삶 54
주의 155
주제화 150
주제화하기 188
주체성(agency) 30
줄거리 구성 66, 185
중독 85
직관적 지식 199
진보의 원칙 226
진보주의 교육운동 54
진보주의적 주제 42
질문 139
질문하는 방법 162
집단적 숙의 249

ㅊ

체질(habitus) 127
체화 201
추리-통달 과정 252

ㅌ

탐구 139
통합적 경험 167

ㅍ

판단 140, 167
판단 중지 145
포트폴리오 212
표현적 행동 167

ㅎ

학교교육 27
학습 163
학습 주기 208
학습된 무력감 240
학습의 사이클 171
합리적인 모델 39
현상으로서의 교육 75
현상적 세계 175
현상학적 인식 218
현상학적 입장 71
현상학적 접근법 80
현상학적 탐구 75
확산(차별적)-수렴(통합적) 운동 216
후기 전통주의 사회 59
흡수 155
흥미 153

## 인명

A

Allport 131
Archambault 161
Argyris와 Schön 42
Aronowitz 107
Aronowitzer와 Giroux 234
Au와 Mason 108

B

Bakan 34, 82, 252
Barnhardt 108
Bateson 96
Becker 97
Bell 142, 245
Bellah 260
Bennett과 Hirsh 51
Bereiter 44
Bernstein 219
Beyer 110
Bloom과 Hirsch 234
Blum 229
Blumemfeld 40

Bormann 210
Bormann, Putnam, & Pratt 210
Boulding 227, 228
Bowers와 Flinder 97
Bowers와 Flinders 218
Boyer 46
Bredo 97
Brown과 Flinders 38
Bruner 45, 150, 151, 190, 192, 194
Bruzina & Wilshire 78
Bucher 212
Buchler 119, 138, 166, 193, 226, 249

C

Callahan 38
Cazden과 Hymes 111, 187
Chatman 189
Clandinin & Connelly 189
Connelly & Clandinin 189
Cottle 254
Crites 69
Csikzentmihalyi 41
Curtis 217

D

Delpit 249
Derrida 188
Dewey 28, 32, 53, 66, 69, 119, 129, 144, 151, 154, 211, 213, 219, 220, 226, 243, 255

E

Ebaugh 59
Eckartsberg 145
Edie 73, 149
Erickson 34, 36, 107, 233

F

Feyerabend 261
Finn 50, 56
Firestone 256
Frankenstein 198
Freire 33, 186, 208
Frenkel-Brunswik 53
Friedenberg 46, 204

G

Gardner 42
Giorgi 66
Giroux 107
Goodlad 47
Goodman 188, 254
Graham 189
Graubard 195, 220, 256
Greenfield 39

H

Haley 194

Harrison & Hopkins 99
Harrison 99
Hayles 228
Health 109
Heidegger 73
Hernnstein-Smith 189
Husserl 73, 75, 80, 230
Hymes 111

I

Ihde 72
Iran-Nejad 44

J

Jager 156, 203
James 68
Jerome 204
Johnson 107
Jourard 31, 223

K

Katz 206
Keen 75, 90, 122, 194
Kerby 127, 171, 191, 194
Kermode 188
Kerry 246
Kestenbaun 126, 142, 167, 179
Kierkegaard 94
Kilpatrick 54
Kohak 83
Kuhn 150
Kwant 84, 111, 169

L

Lasch 57
Lave 43
Le Guin 189
Lewin 165
Lewin 221
Lounsbury 107
Luckman 55
Luckmann 99

M

Mancuso 198
McDermott 67, 71, 87
McGregor 235
Merleau-Ponty 73, 103, 122, 155, 174
Meyerowwitz 57
Mitchell 188
Murray 202

N

Natanson 74, 145
Newmann과 Kelly 52

O

Ortega y Gasset 176

P

Peirce 68

Pepper 37

Polkinghorne 187

Purpel 34, 35

R

Ricouer 27, 73, 147, 157, 188

Rogers 176

Rorty 67, 262

S

Sarason 61, 241, 257

Sarbin 41, 189

Sarbin & Scheibe 189

Schafer 188, 253

Scharg 160

Scheffler 163

Schieidel 221

Schrag 56, 73, 88, 149, 246

Schulman과 Carey 237

Schutz 73

Shor 198

Shulman과 Carey 39, 261

Singer 132

Sizer 47

Soloman 73

Spiegelberg 74

Steele 251, 253

Straus 73, 77

Sutton-Smith 199

T

Tillman 80

Turner 189

V

van Kamm 85, 216

W

Wegmann 247

Wehmiller 209

Weldon 150

Westbrook 68, 220

White 171, 188, 246

Wild 73, 112

Willis 106

Wittgenstein 230

Wolfe 29

Z

Zaner 73, 78, 95, 158, 192, 202, 225

## 저 자 소 개


**리처드 L. 홉킨스**(Richard L. Hopkins)

University of Maryland의 부교수 역임
학교교육의 진정한 회복을 위하여 내러티브와 경험학습에 주목함.
교육연구에서 학생의 자유와 행복에 대해서 많은 관심을 갖고 연구함.
논문 '자유와 교육: Summerhill의 철학' 외 다수 집필


## 역 자 소 개


**강현석** 경북대학교 대학원 교육학 박사
University of Wisconsin-Madison 박사후 연구원
한국대학교육협의회 선임연구원 역임
경북대학교 사범대학 교육학과 교수(현재)
저서: 브루너 교육의 문화 외 다수

**홍은숙** 서울대학교 교육학과 졸업
Syracuse University 철학박사
성결대학교 교직부 교수(현재)
저서: 내러티브, 인문과학을 만나다

**장사형** 경북대학교 대학원 교육학 박사
University of Wisconsin-Madison 연구원 역임
대신대학교 유아교육과 교수 역임
경남대학교 사범대학 교육학과 교수(현재)
저서: 내러티브 유아교육과정의 이론과 실제

**허희옥** 이화여대 교육학과 졸업
Florida State University 교육공학 박사
순천대학교 컴퓨터교육과 교수(현재)
저서: 교육과학과 교과교육의 실제

**조인숙** 호주 Sydney Macquarie University 석사
경북대학교 대학원 교육과정 전공 박사 수료
저서: 내러티브 유아교육과정의 이론과 실제

내러티브, 학교교육을 다시 디자인하다

초판 1쇄 인쇄 2013년 7월 12일
초판 1쇄 발행 2013년 7월 19일

지은이 | 리처드 L. 홉킨스
옮긴이 | 강현석 · 홍은숙 · 장사형 · 허희옥 · 조인숙
펴낸이 | 김기섭
편집인 | 태선옥
펴낸곳 | 창지사 www.changjisa.com
153-802 서울특별시 금천구 가산디지털 1로 83
파트너스타워1차 (9F, B1F)
전화 (02) 719-2211~3
팩스 (02) 701-9386
등 록 | 1977년 4월 28일 · 제1-421호

ⓒ 강현석 · 장사형 · 조인숙 · 허희옥 · 홍은숙, 2013
• 이 책 내용의 전부 또는 일부를 재사용하려면
반드시 저작권자와 창지사 양측의 동의를 받아야 합니다.
• 저자와 협의하여 인지는 생략합니다.

ISBN 978-89-426-1104-1 (93370)

값 16,000원